関係するこころ

フィリップ・M・ブロンバーグ ［著］
吾妻 壮／岸本寛史／山 愛美 ［訳］

外傷、癒し、成長の交わるところ

The Shadow of the Tsunami
and the Growth of the Relational Mind

by Philip M. Bromberg

誠信書房

The Shadow of the Tsunami : and the Growth of the Relational Mind
by Philip M. Bromberg
Copyright © 2011 by Taylor & Francis Group LLC.
All rights reserved.
Authorized translation from English language edition published by
Routledge Inc., part of Taylor & Francis Group LLC.
Japanese translation rights arranged with Taylor & Francis Group LLC.
through Japan UNI Agency, Inc., Tokyo.

目　　次

謝　辞　v
まえがき（アラン・ショア）　vii
　　　発達：愛着と右脳中核自己の早期発展　ix
　　　精神病因論：愛着外傷と解離が発達中の右脳へ及ぼすネガティヴな影響　xv
　　　精神病因論：病的解離の臨床的病像　xix
　　　心理療法：情動の変容プロセスにおけるエナクトメントの重大な役割　xxv

序　文　1

第Ⅰ部　情動調整と臨床的プロセス

第1章　津波を収める……………………………………………15
　　　「贈り物」　16
　　　津波を収める　19
　　　アリシア　22
　　　マリオ　30
　　　グロリア　34
　　　窮地のハムレットを救うこと　35

第Ⅱ部　不確実性

第2章　「私の心には決して入らなかった」……………………45
　　　単なる靴の中の小石　49
　　　秘密，そして傷ついた欲望　52

第3章　「この気持ち，分かりますか！」………………………57
　　　自己-状態と解離　58
　　　解離とメンタライゼーション　62

　　　　　ロザンヌ　　73
　　　　　コーダ　　80

第4章　解離のギャップに気をつけて …………………………………82
　　　　　臨床的論点　　89
　　　　　マーサ　　100

第Ⅲ部　躓きながら耐え抜くこと

第5章　真実と人間の関係性 ………………………………………113
　　　　　ドグマ心的　　117
　　　　　真実と意識の不連続性　　119
　　　　　神経ネットワークと自己-状態ネットワーク　　122
　　　　　葛藤，抑圧，抵抗　　125
　　　　　安全と危険　　128
　　　　　クローディア　　138
　　　　　人間的な関係性に関する結語　　150

第6章　これが技法であるならば，最大限活用せよ！ ……………153
　　　　　関係的無意識　　161
　　　　　コーダ　　178

第7章　「大人の」言葉——無意識的空想についてのパースペクティヴ…181
　　　　　空想と現実　　187
　　　　　関係的に構成された自己-組織化システムとしての人間の心　　201

第Ⅳ部　間主観性の領域

第8章　「あなたの近しさ」——個人的な終章 ………………………207
　　　　　何となく知っている　　210
　　　　　間主観性の領域　　213
　　　　　癒しの領域　　217
　　　　　トリュフを探し求めて　　222

文　献　233

訳者あとがき
    1　Philip M. Brombergと現代の精神分析（吾妻　壮）　255
    2　Brombergの「人」「なり」「魅力」（山　愛美）　261
    3　関係するこころ（岸本寛史）　265

人名索引　269
事項索引　273

謝　辞

　私の一連の臨床論文が，本書のトピックへとつながる道筋がみえてくるのに，『夢見手の目を覚ます——臨床的道程』（2006a）を出版した後，5年かかった。その間ずっと，多くの同僚の変わらぬ友情と専門的な協働に恵まれた。前著で謝辞を述べた人たちもそこに含まれるが，彼らは皆，疑いなく，ここで改めて謝辞を述べるに値する人たちである。残念ながら，そのほとんどの方々に個別に二度目の感謝を申し上げることはできないが，ここでお名前を挙げられないその方々に対しても，感謝とお詫びを申し上げたい。私の人生において彼らの存在は常に，宝のような贈り物としてあり続けている。

　しかしながら，何人かの同僚からは，私の今の思考を形作るのに，非常に中心的で具体的な影響を受けたので，最後にそのお名前を個別に挙げて謝意を示す場を設けることで，遅ればせながら感謝を表したい。彼らが私に与えてくれたものの性質はさまざまである。その論文と私の論文との間の刺激的なやり取りを通して本書を豊かなものにしてくれた人たちも大勢いるし，科学的な会議とか，一緒に教育を行うといった，共同企画を共有する中で，自然に新たな方法が私の中にわき起こってくるという形で本書を豊かにしてくれた人たちもいる。例外なく，彼らはみな，この5年間にわたるサポートと友情関係を通して本書の成立を可能にしてくれた。それは以下の方々である。トニー・バス Tony Bass，ジェシカ・ベンジャミン Jessica Benjamin，ロビー・ボスナック Robbie Bosnak，ラリー・ブラウン Larry Brown，ウィルマ・ブッチ Wilma Bucci，ヴェレダ・チェッコリ Velleda Ceccoli，リック・チェフェツ Rich Chefetz，エイドリアン・ハリス Adrienne Harris，アニタ・ヘロン Anita Herron，ヘイゼル・イップ Hazel Ipp，ロバート・ランガン Robert Langan，エドガー・レヴェンソン Edgar Levenson，パット・オグデン Pat Ogden，ロイス・オッペンハイム Lois Oppenheim，ジャン・ペトルチェッリ Jean Petrucelli，アラン・ショア Allan Schore，ドン・スターン Don Stern。

　私の患者への謝辞はほとんど必要ないと感じられる。というのも，彼ら

は，冒険における私の対等なパートナーであり，その冒険こそ私の書きたいという思いの源泉になっているのだから。それらの患者に私の特別の感謝を表すには，おそらくそれで十分だろう。必要な変更を加えたが，彼らは個人的な体験を私に預けてくれただけでなく，本書において例示のためにわれわれのギブ・アンド・テイクの関係を詳細にわたって引用することも許してくれた。

　私の編集者，ジョン・カー John Kerr とやり取りをするうちに，彼の鋭い知恵と私のヴィジョンに対する理解のおかげで，各章を貫く癒しと成長に関する一貫した観点を明らかにすることができるようになった。「成長」は本書のタイトルにもなった。前二著と同じく，彼の導きと尽力は計り知れず，彼が私の味方になってくれたことは本当に好運だったと思う。

　ラウトリッジ出版のケイト・ホーズ Kate Hawes には，私の仕事を信頼してくれて，また熟練の専門スタッフには，本をデザインしプロデュースするプロセスをすばらしく協働的なものにしてくれて，感謝を申し上げたい。特に，ラウトリッジの副編集長のクリストファー・スプリング Kristopher Spring には感謝したい。三作目を書くかどうか迷っていたどっち付かずの思いを打ち破るその決断は，私がそうしようと心に決める上で決定的な要因となった。クリストファーの公的な肩書は，彼の献身，彼の心の創造性の広さ，本書を読んで，それが世に出る入口を提供してくれた専門性のレベルを，いささかも伝えるものではない。

まえがき

アラン・ショア　Allan Schore[1]

　このフィリップ・ブロンバーグの新しい本は，今では古典となった『間に立つ Standing in the Spaces』(1998a)，『夢見手の目を覚ます Awakening the Dreamer』(2006a) に続く三部作の第三作である。これらの著作は，われわれの外傷の理解を推し進め，関係の在り方を決めるような，外傷と脳／心の解離プロセスとが力強く結びついている部分に光を当てた。治療において最も深く永続するような癒しと自己成長とは，そうして形作られた関係を通して得られるものである。もっと広く言えば，ブロンバーグは，解離が，正常か病的かを問わず，人間の発達に広く内在しているという認識を高めた。本書を読めば，ブロンバーグの概念が，上記の初期の著書に比べてはるかに拡大されていることに気づくだろう。初期の一連の論文において発展した概念をさらに明確にしていくことだけでなく，臨床的な分析作業においてこれらの概念を使うやり方をはるかに精緻なものにすることで，このことは成し遂げられている。実際，本書には，多数の臨床エピソードが体験に近い形で書き留められて満載されている。そのことで，彼はおそらく現代の最も示唆に富む書き手であるとの名声を得ている。それのみならず，さらにブロンバーグは，心理学と生物学を統合することで，治療に関する関係的な心／脳／身体の概念化を劇的な形で前進させた。2006a の著書の最終章のサブタイトルは「精神分析，認知科学，神経科学の重なるところ」であった。そこで彼は，現在の神経科学の知見を，私自身の業績もそこに含まれるが，彼の臨床的なモデルの核心に取り入れ始めた。すぐ目の当たりにされることになるように，本書のどの章にも神経科学からの重要な情報が含まれている。

　ブロンバーグの前著だけでなく，私自身の著書にも既に馴染みのある読者には，ブロンバーグの臨床精神分析への貢献と私の発達的神経精神分析への

---

[1] アラン・ショア博士 Allan Schore, Ph. D. は，カリフォルニア大学ロサンゼルス校 (UCLA) デイヴィッド・ゲフィン医科大学院の精神医学行動科学部臨床部門，および UCLA 文化・脳・発達センターに所属。

貢献の間に顕著な重なりがあり，彼の理論的概念と私の調整理論における業績との間に深い共鳴があることに気づくだろう。われわれの著書に共通するテーマは，早期の発達的外傷と解離という問題であり，さらには，それらが対人間的に**情動**_{たいじんかんてき} affect を調整する心／脳／体の能力に与える持続的なインパクトである。本著では，それを「津波の影」と述べている。表面上は，われわれはこれらの問題を別の視点から探っているかのように見えるかもしれない。だが深いところでは，共に，科学と心理療法のアート（これは私の次の著書のタイトルなのだが）に興味を持っているのである。いずれも，外傷と情動の中心性に焦点を当てているので，発達，精神病因論，そして治療に関する見方が同じようなところに落ち着いてくるのである。しかしながら，われわれが共有しているのは，理論の知的な共通性だけではない。私は，彼の最近の著書の書評をしたが（Schore, 2007），その中で，患者と分析作業をする彼の臨床スタイルについて，個人的にその肩を持ちたくなると書いた。というのも，それは私のスタイルととても似かよっていたからである。そのとき以来，ニューヨーク市で年に一度開催される情動調整会議でじっくりと対話する機会を継続的に持っているのだが，それによってお互いのアイディアが相手の仕事の中にますます入り込むようになり，もっと大切なことには，深い友情も強まることになった。

　本書は単に，外傷と解離に関するブロンバーグの草分け的な著作をさらに精緻化したものにとどまらない。ここで彼は，自分の臨床的なモデルを拡張し拡大して，あらゆる患者の治療に共通して見られる治療作用の関係的メカニズムについての見解を明らかにしている。実際，われわれは心理療法におけるパラダイム・シフトを経験しているのだと彼は主張する。認知優位から情動 affect 優位への，内容優位からプロセスとコンテクスト優位へのパラダイム・シフトを。そしてそれゆえに，それは，「技法」という概念から離れるようなシフトである。私は自分の著書と発表においても，それと同じパラダイム・シフトを述べてきた（Schore, 2009d, 2011）。私の神経精神分析的な視点からは，それは意識的な認知から無意識的な情動へのシフトと捉えられる。治療同盟に埋め込まれている関係性の変化のメカニズムは，治療者の左

＊（訳注）本書では affect, affective を情動，情動的と訳し，emotion, emotional を感情，感情的と訳した。これは精神分析の慣用に倣ったものだが，脳科学の分野では affect に感情，emotion に情動の訳語を当てることが多いので注意を要す。

脳を通して**内容**に関する解釈を判然とした形で患者の右脳に提供することによって力を発揮するのではなく，右脳同士の間の，情動面におけるコミュニケーションと調整の**プロセス**を通して力を発揮するのだ，と主張した。本書は，そのシフトが臨床的にはどのような形で現れ，どのように感じられるのかを，治療の関係性モデルという観点から体験に近い形で示している。そのモデルは治療関係の双方の，意識的および特に無意識的な心／脳／体に影響を及ぼすものである。本書は，現代の精神分析の用語で書かれてはいるが，広く精神分析の臨床家にとってのみならず，すべてのサイコロジスト，精神科医，ソーシャルワーカー，心理療法を実践するカウンセラーにとっても価値があるものだと思う。

　この序文を執筆して欲しいというフィリップの依頼文には，「分量はお任せします」と書いてあった。私がものを書くとき，決して簡潔には書かないことを知っていて，彼はこのように言ったのである。ということで，この序文には四つの節が含まれることになった。一つ目は発達，次の二つは精神病因論について，そして最後は心理療法についてである。彼の前著の書評を私が書いたときの形式を踏襲して，これらの領域における彼の業績だけでなく，私自身のそれについても詳細に述べるつもりである。彼の臨床モデルと，対人間的神経生物学 interpersonal neurobiology における私の業績との間の直接的な繋がりについても述べる。心理療法についての最後の節では，本著の二つの主要なテーマの神経生物学的な相関について，より詳細に論じる。無意識的関係性のコミュニケーションと「津波の影を収める」という心理療法的な変化のメカニズムである。この序文は，ブロンバーグのアイディアへの注釈として働くだけでなく，対人間的神経生物学の入門書としても役立つであろう。読者の諸兄は，きわめていろいろなことを喚起してくれるブロンバーグの臨床の描写を読んだ後に，この序文を読んでもよいだろう。

発達：愛着と右脳中核自己の早期発展

　『夢見手の目を覚ます *Awakening the Dreamer*』の書評（Schore, 2007）において私は，ブロンバーグが愛着理論と情動科学の進歩を，彼の臨床的なモデルの中核に積極的に取り入れていることに注目した。彼はこう述べている。

柔軟にして頑健な自己感覚が発達するかどうかは，情動調整と情動能力の容量が，どのくらい十分に達せられたかに依る……。対人間の相互交流について，これらの初期のパタンが比較的うまくいっているときは，関係面での情動調整の安定した基盤が形作られ，それらは非言語的で無意識なものとして内在化される。こうして，自己-発達と対人間的（たいじんかんてき）な成熟のレベルも徐々に高まりながら，対人間的なやりとりをうまく交渉することができるようになる。(Bromberg, 2006a, p. 32)

　この発達モデルは本書のどの章にも見られ，ブロンバーグの心理療法的な変化のモデルの中核にあるものである。本書において，彼は，愛着の情動的力動だけでなく，愛着の対人間的（たいじんかんてき）な神経生物学へと深く入っていこうとすらしている。第5章を彼はこう締めくくっている。

　情動調整の能力が発達し成熟することは，自己調整と関係的な調整の間の，絶え間ない，自然な弁証法を利用できるかどうかにかかっている。ショア（Schore, 2003a, 2003b）が明確にしたように，早期の関係性の絆が安定した安全なものとして内在化される度合いが，脳の構造，特に右半球における構造の重大な側面を実際に決定する。これが今度は，後の人生において，個人が，自分自身の自己調整メカニズムを利用できないときに，心理療法的な関係に見られるような相互交流的な調整を利用できるかどうかを決定する。

　調整理論についての多くの著書の中で，私は，最新の研究，発達に関するデータ，臨床的観察を統合して，愛着の対人間的（たいじんかんてき）神経生物学モデル（Schore, 1994, 2001, 2002, 2003a, 2003b, 2009a, 2009b, 2009c, 2010, 2011）を提供してきた。現代の愛着理論（Schore & Schore, 2008）を要約すると，人生の最初の一年間における必要不可欠な課題は，乳児と主たる養育者との間に，感情的なコミュニケーションの安全な愛着のつながりを作り上げ，それに続いて情動調整の能力を拡大させることである。自発的な，右脳同士の，視覚的表情的，聴覚的韻律的，触覚的固有知覚的な感情を帯びた愛着のコミュニケーションを通して，精神生物学的な意味で調律している，敏感な養育者が，暗黙のうちに乳児の覚醒状態を調整する（Schore, 1994）。

このコミュニケーションを始めるには，母親は，精神生物学的な意味で，乳児の中の，身体的な内的覚醒状況のダイナミックな増減に調律しなくてはならない。この相互交流的な調整を効果的に成し遂げるには，母親は，乳児に極端に高いもしくは低い覚醒状態をもたらすような，不適切に高いもしくは低いレベルの刺激を調節しなければならない。感情に駆動された顔の表情，韻律発声，運動的行動の，このような相互的同期的調律において，瞬間瞬間にダイナミックに変動する「状態-共有 state-sharing」は，千分の一秒以内に起こる統合的な対話を示す。そしてそれは，パートナーの両者が状態を適合させ，相手のサインに応じて自分の社会的な注意や刺激，そして高まりゆく覚醒度を調節するような，相互交流的なマトリクスの働きをする。本書のいたるところで，ブロンバーグは，「アラン・ショアが右脳同士の『状態-共有』と呼ぶもの」に言及している。

発達研究は，二者関係 dyad における調律のミス misattunement，愛着の絆の破綻（これをブロンバーグは**間主観的衝突** intersubjective collisions と呼んでいる）がしばしば起こるものであることを示しているが，これは注目すべきことである。発達早期において，大人は，乳児の状態を何とかして調節しようとするが，特に，ある状態が破綻したり，状態が変化した後ではそうである。そして，この介入によって，自己-調整 self-regulation が発達する。この有益な相互交流の鍵となるのは，養育者が，自分自身の（特に陰性の）情動をモニターし調整する能力である。この，調整に不可欠の「破綻と修復」というパタンにおいて，乳児に調律している「ほどよい」養育者は，愛着の絆の破綻を誘発して調律が失敗してしまうことで子どもにストレス反応を起こした後にも，その状況を修正し，「相互交流的な修復」（ブロンバーグの**間主観的な交渉**）を子どもと共に行うことで，子どもが陰性の情動を調整するのを助けることができる。陰性の体験の後で陽性の情動を再体験するというプロセスによって，子どもは，陰性の情動は耐えることができるもので，関係性のストレスは調整可能であることを学ぶ。

1歳になる頃には，右半球側の皮質-皮質下の回路が，潜在的-手順的な記憶 implicit-procedural memory＊の形で，愛着の内的作業モデルを刷り込むの

＊（訳注）procedural は神経科学では「手続き的」，精神分析では「手順的」と訳されることが多い。本書では後者の訳語を採用した。「手順（／手続き）記憶」は身体的な記憶で，例えば歩き方，自転車の乗り方など，学習された技能に関わるような記憶で，無意識に遂行される。

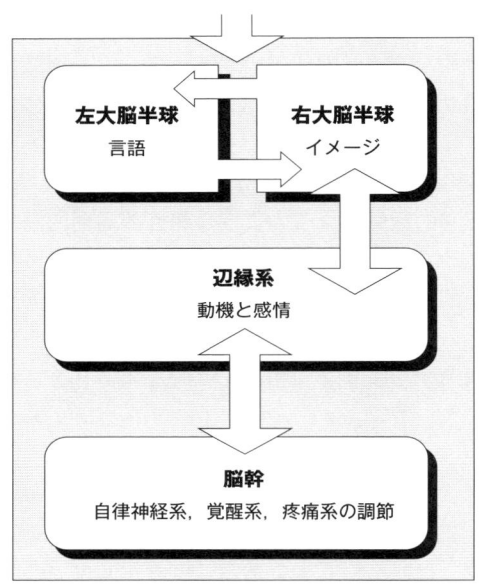

図 1 右大脳半球と辺縁系，自律神経系との接続。図の右側にある垂直の矢印に注目せよ。

だが，それは情動調整の方略を決定し，対人間的(たいじんかんてき)なコンテクストにおいて個人を非意識的 nonconscious にガイドする。このように，感情 emotion は，最初は主たる養育者によって外的に調整されるが，乳児期の間に，神経生理学的な発達の結果，徐々に内的に調整されるようになる。これらの適応的な能力は，自己-調整すなわち他の人間との相互交流を通して感情の精神生物学的な状態を内的に柔軟に調整する能力にとって中心的な重要性を持つ。さらに，緊密なコンテクストにおける相互交流的な調整，そして他者不在の状態における自律的なコンテクストでの自己-調整にとっても，同様である。愛着は，子どもの遺伝的に決定された生物学的（気質的）素因と特定の養育者の環境の帰結であるが，生体間のあるいは生体内での生物学的同期 synchronicity の調整を表している。

これらの非言語的な愛着の，社会的環境との相互交流が，人間の脳の乳児期成長スパートの間に起こっている（Dobbing & Sands, 1973）。この発達段階はまた，発達しつつある早期右脳の成熟に重要な時期である（Chiron et al., 1997; Gupta et al., 2005; Sun et al., 2005）。約 20 年前，私は次のように

論じた。

> 乳児の成熟早期の右脳は，子どもが視覚的な感情情報を処理する上で，乳児が母親の顔を認識する上で，そして覚醒を誘発するような母親の顔の表情を**知覚**する上で優位半球なのだが，精神生物学的には，母親の右脳からのアウトプットに調律している。そしてそれは，感情情報の表出と処理や，非言語的なコミュニケーションに関係している。(Schore, 1994, p. 64, 強調は引用者)

今日，暗黙の情動的愛着の相互交流が，「感情脳」つまり右脳の，経験依存的な成熟に直接影響を与える，という発達の原理を，大量の実験データが支持している（Ammaniti & Trentini, 2009; Schore, 1994, 2003a, 2003b, 2010; Siegel, 1999）。

ブロンバーグが注目しているように，体に基盤を置く愛着の交流は「辺縁系間の会話」(Buck, 1994) を表現している。これらの感情的なコミュニケーションは，発達しつつある右脳の皮質-皮質下の接続を刷り込み，これが，感情を処理する辺縁系と深く接続している（図1の右側の垂直軸を参照）。発達に関する神経科学の基礎研究が現在示しているところによると，「辺縁系回路の機能的な成熟は，早期の社会的感情的経験に大きく影響を受ける」(Helmeke et al., 2001, p. 717)。さらに，生前，生後の対人間的な出来事もまた，発達しつつある中枢神経系の構造を，発達しつつある自律神経系ANSのエネルギー消費的な交感神経系およびエネルギー温存的な副交感神経系と，接続するように配線する。右脳の方が左脳よりも，自律神経系の覚醒において，そして感情状態の身体面においても，大きな役割を果たしているということについては，見解が一致している。この対人間の神経生物学的モデルを確証するものとして，12ヵ月の幼児-母の愛着に関する近赤外分光法の研究は，次のように結論づけている。「われわれの結果は，愛着システムにおける右脳の重要性を主張するショア（Schore, 2000）の結果と一致する」(Minagawa-Kawai et al., 2009, p. 289)。

愛着の交流は，右脳すなわち中核自己の座の，発達の道筋に，長きにわたり刷り込みを残す。神経科学者は今日，生涯にわたって「**声，表情，ジェスチャー，匂い，フェロモンの知覚**の神経学的基盤は，現代の神経画像技術に

よって示されているように，右大脳半球の機能的非対称性というパタンを広く示す」(Brancucci et al., 2009, p.895, 強調は引用者) という見解で一致している。これらの適応的な知覚プロセスは，心理療法を含むあらゆる親密なコンテクストにおいて決定的に重要である。本書の多くの箇所で，ブロンバーグは，間主観的コミュニケーションにおいて，**状態の切り替わりの知覚**の本質的な機能に言及し，そして，臨床家の「主たる調律が自身のコンテクスト化された知覚的経験に対して向けられている」と述べている。彼は「知覚は関係的なプロセスであり，――個人の心と『その外に』あるものとの間の，個人的な相互交流である」と述べている。この「知覚」は，迅速で，暗黙の非意識的な右脳の機能である。

右大脳半球の最高位の皮質辺縁系の中枢，特に眼窩前頭皮質は，ボウルビィの愛着システムの座でもあるが，脳の最も複雑な情動とストレスの調整システムとして作用する (Cerqueira et al., 2008; Schore, 1994, 2000)。右眼窩前頭（腹内側）皮質の調整システムは，以下の部分と直接シナプス接続していることが知られている。一つは，情動の身体的側面を担っている自律神経系 ANS の交感神経枝と副交感神経枝 (Hansel & von Kanel, 2008) であり，第二に，脳の皮質下の主要な恐怖中枢である扁桃体 (Morris & Dolan, 2004)，これはブロンバーグが情動の「煙探知機」とか「早期警告システム」と呼んでいるものである。そして第三が視床下部で，それゆえに，視床下部-下垂体-副腎軸を通してストレスをコントロールするということになる。右側に偏在する感情調整の迷走神経系回路を通して，「右大脳半球は――右大脳皮質および右皮質下を含めて――，脳幹の発信源となる核を介して，自律神経機能の効率的な調整を促す」(Porges et al., 1994, p.175) ことは，今や受け入れられている。基礎研究もまた，最適なストレス調整は，「右大脳半球がストレス関連および感情関連のプロセスの調整に特化していること」(Sullivan & Dufresne, 2006, p.55) に依存していることを立証している。この偏在する系の，本質的に生存的機能を記述しながら，シュッツ (Schutz, 2005) は以下のように記している。

> 右半球は，危険や他の緊急な問題に迅速に反応する分散ネットワークを作動させる。このネットワークは，環境的な困難，ストレス，痛みを優先的に処理し，回避や逃避のような自己防衛的反応を制御している。このよう

に，感情性 emotionality は右脳の「赤電話（非常電話）」であり，精神が遅れることなく，緊急な要件を扱う。(p. 15)

精神病因論：愛着外傷と解離が発達中の右脳へ及ぼすネガティヴな影響

　本書の一番最初の章でブロンバーグは，これまでの著書に一貫して流れているテーマを読者に再度紹介している。つまり，関係的外傷が，上述した発達の道筋へ及ぼす陰性の影響である。最近の著書の中では，「発達的外傷（関係的外傷とも呼ばれている）がそれほど重要であるのは，それが，安定した，あるいは不安定な中核自己になるべきものを確立する愛着のパタンを形作るからである」(Bromberg, 2006a, p. 6) と述べている。その著書の中で，彼は外傷を，自律神経系の過覚醒，すなわち「正気を圧倒し心理学的な生き残りを危うくする，混沌として恐ろしい情動の洪水」(p. 33) とはっきりと結びつけている。そして，圧倒的な情動状態による覚醒の調整異常への根本的な防衛として，そのとき解離の引き金がいかに自動的に即座に引かれるのかについて述べている。実際，生き残りの防衛としての解離に関するブロンバーグの長年にわたる臨床的な探求によって，精神分析的心理療法の実践は大きく変わった。

　この精神病理学的モデルは，本書の中心的テーマである。第 2 章には次のように書かれている。

　　最初の「他者」が主要な愛着人物である場合，たとえば親や対人間的に親に相当するような重要な他者である場合，その人物は，自己の連続性の感覚の元になっているような関係上のつながりを断ち切ってしまうことによって，子どもの精神状態を不安定にしてしまう力を持つ。愛着のつながりを保ち，精神的な安定を守るために，心は，生き残りのための解決法，すなわち解離の引き金を引かざるを得ない。それによって，痛みが和らぐ望みもないまま自分を振り返るという，精神的な解体をもたらしかねない苦闘をせずに済んだり，自己の不安定化によってもたらされる恐怖を回避することができる。

この分野における私自身の仕事に戻るが，上に述べたような，成長を促す適切な愛着シナリオとは反対に，関係的な成長を阻害するような早期環境の下では，主要な養育者は，子どもに陰性の情動が永続するような外傷的状態を誘発することになる。このような養育者は触れ合いの外にいるのであって，乳児の感情やストレスの表現に気づくことなく，不適切かつ／または拒否的に反応し，覚醒の調整プロセスにはさまざまなタイプがあるにもかかわらず，最低限の関わりや気まぐれな関わりが見込めるだけである。そのような養育者は調節するということをせず，代わりに極端なレベルの刺激や覚醒を誘発する。それは極端に高じると虐待につながり，極端に減じるとネグレクトとなる。そして相互交流的な修復を提供することはないため，乳児の強い陰性の情動状態は長期にわたって続くことになる。

　今日学際的研究によって，乳児の外傷に対する精神生物学的反応は二つの別々の反応パタンから成っているということが示されている。すなわち過覚醒と解離である。初期の過覚醒段階においては，母親という安全の拠り所が，突然脅威の源になり，幼児の右脳の警告反応や驚愕反応の引き金を引く。この乳児の右脳こそ，愛着システムと恐怖動機づけシステムの両方の中枢である。母から受けるストレスが，視床下部-下垂体-副腎（HPA）ストレス軸を活性化し，それによって幼児の自律神経系のうちエネルギー消費的な交感神経系を急に活性化する。その結果，心拍数，血圧，呼吸回数が著しく上昇することになる。これが，調整異常に陥った恐れ-恐怖 fear-terror の精神生物学的な代謝亢進状態の身体的表現に他ならない。

　しかし二番目の，関係的外傷に応じて後から形成される反応は解離である。解離状態になると子どもは外的世界の刺激から身を引く。外傷を受けた子どもは，「うつろな様子で，どこを見るともなく見つめている」と観察されるような状態になる。この，温存的-引きこもり的な副交感神経優位の状態は，寄る辺のない，希望のないストレスフルな状況で生じ，そういう状況になると，人は「見られない」ようになるために，自制し，目につかないようにしようとする（Schore, 1994, 2001）。解離的な代謝活動停止状態は主要な調整プロセスであり，生涯を通じて用いられる。たとえば，ストレスを受けた個人は，エネルギーを温存するために受動的に身を引いて，「死んだ振りをする」という危険な態度によって生き残ろうとし，動かないことによって，消耗したエネルギーの源を回復させることができる。この受動的な低代

謝状態においては，心拍数，血圧，呼吸は減少し，一方，痛みを麻痺させ鈍くするような内因性オピエイト（麻薬類似鎮痛物質）が増加する。解離における「深いディタッチメント」を媒介するのは，このエネルギー温存的な副交感神経（迷走神経）のメカニズムなのである。

　実際，脳幹の延髄に二系統の副交感神経系迷走神経システムがあるということは，今や立証された事実となっている。腹側の迷走神経複合体は，心拍出量を迅速に調整し，社会環境に応じて体液量のバランスを保てるようにし，痛みの知覚や不快さに際してそれと連動するパタンを素早く一時的に示すが，これらはすべて，感情的なコミュニケーションの愛着が安全に保たれていることを示している。一方，背側の迷走神経複合体の活動は，強い感情状態や動きが止まってしまうことと関連し，解離における重篤な低覚醒状態や痛みを感じなくなることの一因となっている。外傷を受けた乳児が突然，交感神経の過覚醒から副交感神経の解離状態への切替えを示すことについては，ポージス（Porges, 1997）が「広範な交感神経の活性化を必要とするような，報われない格闘戦略から，背側迷走神経核複合体と関連する，死んだふりに相当するようなエネルギー温存的不動状態への，突然で素早く起こる移行」（p.75）と述べている。精神生理学におけるこの仕事は，外傷が自律神経のうち交感神経系の過覚醒と関連しており，解離は過覚醒に対する一反応であるというブロンバーグの主張と見事に適合するものである。

　ポージス（Porges, 1997）は，迷走神経背側核からの迷走神経性出力の，不随意でしばしば遷延する特徴的なパタンについて記述している。背側迷走神経核性の副交感神経活性化の状態は，乳児の主観的な経験における「デッドスポット dead spot」（Kestenberg, 1985）や，病的な解離によるディタッチメントと関連する「空 void」（Allen ら, 1999）が，広範に持続することを説明するものであり，ブロンバーグが主観的現実における「間隙 gaps」と呼ぶもの，自己-状態を取り囲み，そしてそれゆえに高度に情動が負荷された状態では自己の一貫性を妨げてしまう「間 spaces」のことも説明する。これらの「間隙」は，発達についての精神分析学の文献の中でも考察されている。ウィニコット（Winnicott, 1958）は，母親による抱える環境の特定の失敗が，乳児の「存在し続ける going-on-being」ことへの要求に断絶を生じると述べている。

　ヘッセとメインは（Hesse & Main, 1999）は，虐待やネグレクトと結びつ

いたタイプ「D」の愛着にみられる解体と混乱状態は，表現型的には，解離状態と似ていると指摘している。このことの背景にあるメカニズムは，神経生物学的な考察によってのみ理解可能である。愛着外傷の世代間伝達の出来事が繰り返される中で，乳児は，母親の調整し損なった覚醒状態にみられるリズムの構造に合わせようとする。このような同調は，右脳皮質辺縁系のストレス-感受性領域における発火パタンとして記銘されるが，この領域は人間のストレス反応と生き残りにとって要となる領域である（Wittling, 1997; Wittling & Schweiger, 1993）。これらの右半球の構造は，人間の発達の早期段階における成長の臨界期にある（Allman et al., 2005; Bogolepeva & Maolfeeva, 2001; Chiron et al., 1997; Schore, 1994）。

　これらの母親の多くが，彼女たち自身未解決の外傷に苦しんできたという事実に照らせば，母親の調整異常状態の無秩序な変化が，時空間的にこのように刷り込まれると，精神病因論のプログラムのダウンロードが促進されることも理解できる。このように成長阻害的な関係的環境があるからこそ，愛着外傷に常に敏感であったり，圧倒的で調整異常を来たすような情動状態を前に解離的な防衛をすぐに無意識的に使用してしまいがちであるということがリアルタイムに世代間伝達されてしまうのである。近年の前向き研究において，ドゥトラら（Dutra et al., 2009）は，母親からの情動的コミュニケーションの失敗とストレスフルな覚醒の調整への関与の欠如は，子どもの解離の使用と関連しており，それは「恐怖をもたらす覚醒からささやかな安堵を得るためのなけなしの手段の一つ」であると論じている。このことは続いて，子どもが「生き残るために欠くことのできない養育的関係の中では，痛みや苦痛を認識することができなくなってしまう」ことにつながる（p. 388）。

　乳児と養育者の間の愛着外傷という精神生物学的な調律の失敗が慢性的に広範に続くと，それに続くあらゆる発達段階において，右脳の病的な解離を性格の一部として用いる舞台が準備される。特定のパーソナリティ構造によるこの防衛の使用について述べながら，アレンとコイン（Allen & Coyne, 1995）は，「最初は外傷的な出来事に対処するために解離を用いていたのかもしれないが，その結果として，広い範囲の日々のストレッサーや，自分自身の外傷後症状に対する防衛として解離を用いるようになり，経験の連続性を広範に損なうことになる」（p. 620）と述べている。愛着の研究が明らかにしたところによれば，関係的外傷の既往を持つ人は，後の人生でも解離的行

動を用いることになる——過覚醒と心拍数低下は，解離している乳児，青年，成人に見られる（Schore, 2003a を参照）。これらの精神生物学的な出来事は，主観の中で経験されるだけでなく，親密なコンテクストにおいては暗黙のうちに伝達されもする（右脳同士の転移／逆転移相互交流もそこに含まれる）。

精神病因論：病的解離の臨床的病像

　関係的愛着外傷の既往を持つ人が病的解離を性格的に使用することがもたらす陰性の持続的な影響が，本書の主要なテーマである。最初の章でブロンバーグはこう述べている。

> 外傷によって呼び起こされる情動は，ただ不快であるだけではなく，認知的に経験について考え，自省し，処理する心の能力を今にも圧倒してしまいそうな，混乱させるような過覚醒である。人を離人症の縁に，ときには自己の抹殺の危機の縁まで追いやってしまうような情動の調節異常は，不安という言葉では記述できない。自己の連続性はここで真に危険に曝される。

その後第5章では，こう述べている。

> 外傷の衝撃が最も硬直した解離的な精神構造を生み出すのは，その結果生じる分離した状態の一つが，**愛着に関連した中核自己** core-self によって高度に組織化されている場合，そして，外傷がそれを侵犯する恐れのある場合であると示唆することさえできる。そのような状況において，情動面での不安定化の恐れがあるときには，アイデンティティ危機の可能性が付きまとう。

　これらの臨床的観察と一致する形で，私は，関係的外傷の既往を持つ患者たちにおいては，病的な解離という原始的で自己調整的な防衛が，一生涯にわたって継続的に見られるものであることをはっきりと示している神経生物

学的研究を引用してきた。子ども時代の早期における虐待が，とりわけ右脳に偏在する大脳辺縁系の成熟に影響を与えること，そしてそこで生じる神経生物学的な変化が，情動的不安定さ，不十分なストレス耐性，記憶の障害，解離的障害などを含むさまざまな精神医学的病態の生物学的な基盤となるということは，今日十分に立証されている（Schore, 2002）。経頭蓋磁気刺激法 TMS の研究で，スピッツァーら（Spitzer et al., 2004）は次のように報告している。「解離傾向のある人においては，右脳で知覚され処理される外傷は，『普通は統合されている意識機能の分裂』をもたらす」（p. 168）。機能的磁気共鳴画像 fMRI の研究において，ラニウスら（Lanius et al., 2005）は，外傷後ストレス障害 PTSD の患者では解離している間，主に右脳が活性化されていることを示した上で，患者が解離するのは外傷的な記憶と結びついた圧倒的な感情から逃げるためであり，解離は外傷記憶に対する非言語的な反応を示すものと解釈しうる，と結論付けている。最近の二つの研究は，解離は，特に，高い覚醒度を伴う陰性の感情的な刺激の負荷が大きい場合，右脳の感情処理能力の損傷と関連していることを示した（Enriquez & Bernabeu, 2008; Helton et al., 2010）。

　これらの研究やその他の研究もそうであるが，発達上の調整システムの失敗の探求は今や人生のあらゆる段階にわたって進展中であり，右脳の前頭皮質と皮質下の辺縁系自律神経領域が解離的反応に中心的な役割を果たすということを示す証拠もある。右大脳半球は，左半球以上に，感情を処理する辺縁系領域と相互的に密接に関連しているだけでなく，脳幹の覚醒，および感情の自律神経系（交感神経と副交感神経）的身体的な基盤を生み出す皮質下領域とも密接に関連している（図1の右側の垂直軸を参照）。交感神経系の活動は，外的環境と緊密につながり，高レベルのエネルギーを動員し利用する形で表れるが，副交感神経系の成分は外的環境から身を引いて，内的エネルギーも低レベルの利用に止める（Recordati, 2003）。ANS の二つの成分の連動を断ち切るストレス調整的な力動が，「解離は，人間の外傷反応の精神生物学の基本的な部分として，すなわち，圧倒的な心理的外傷に応じた，意識の変容状態の防衛的活性化として概念化される」（Loewenstein, 1996, p. 312）という記述の基礎にある。

　病的な解離によるディタッチメントは，このように，恐怖と恐れに駆り立てられたぎりぎりの防衛状態を表し，その状態で，ストレスを受けた個人

は,「外的世界と内的世界の両方から」(Allen et al., 1999, p. 164, 強調は引用者) 全般的に至るところで注意を背けることによって対処する。私は,「内的世界 inner world」とは単なる認知以上のものであり,身体的なプロセスの領域,感情状態の中心的な要素である,と示唆してきた (Schore, 1994)。この概念化は,本書 (第8章) における,解離は「内的世界を外部の存在から守ることによって,心／脳が自己の絶滅を避けようとする」メカニズムの基礎にあるというブロンバーグの主張に,直接関係してくる。

現行の,冷たい認知から,身体に基盤をもつ情動を第一とすることへの移行に即して,解離の臨床的研究は,今や「身体表現性の解離」に焦点を当てている。ナイエンハイス (Nijenhuis, 2000) によれば,身体表現性の解離は発達早期に外傷を受けたことの帰結であり,感覚運動性の経験,反応,そして個人とその自己表象の機能との統合の欠如として表現される。こうして,「解離的にディタッチした人たちは,環境からだけではなく,自己から——自分の身体,自分自身の活動,アイデンティティの感覚からもディタッチしている」(Allen et al., 1999, p. 165) のである。この観察は,「感情」のあるいは「身体上の自己」の場である,脳の右半球が損なわれていることを示している。ヴァン・デア・コークら (Van der Kolk et al., 1996) は,次のように結論付けている。「解離とは経験の区画化のことを言う。外傷の要素は,まとまった一つの全体に統合されないか,あるいは統合された自己感覚へと統合されていない」(p. 306)。

数多くの著作の中で,私は,フロイトの無意識体系に相当するような,暗黙の自己 implicit self が右脳に存在するというエヴィデンスを提供してきた (Schore, 1994, 2003b, 2009b)。右脳の低位の皮質下レベル (深い無意識) は,主要な動機づけシステム (愛着,恐怖,性,攻撃性等を含む) をすべて含んでおり,身体的な自律神経表現とすべての感情状態の覚醒強度を生み出す。一方,右脳の高位の眼窩前頭-辺縁系レベルは意識的な感情状態を生み出し,これらの動機づけシステムの情動的な出力を表現する (図1参照)。今日,神経解剖学的研究は次のことを示している。

> 眼窩前頭および内側前頭前皮質からの下降回路は,扁桃体にも接続しているが,前頭前皮質に自律神経系の迅速な影響をもたらす手段を提供し,それは感情の認識と表現の基底で進行する……。扁桃体と眼窩前頭皮質とを

結び付ける驚くほど特異的で双方向的な回路を繰り返し活性化することは，出来事の感情的な意義を意識的に認識するために必要なのかもしれない。(Barbas et al., 2003)

右側に偏在するこの皮質-皮質下系は，象徴的-象徴化以前の symbolic-subsymbolic コミュニケーションの神経生物学的なプロセッサーであるとブッチ（Bucci, 1997a）は論じている。高位の右大脳半球皮質は，象徴化やイメージ機能 imagery function に関与し，低位の右皮質下領域（たとえば，扁桃体，海馬，視床下部-下垂体-副腎軸，脳幹覚醒系など）は，未加工で未定形の情動体験に関与する。したがって，「右大脳半球は，感情と身体に，(そしてそれゆえ，神経学的には，中枢神経系の「下位」の，より古い領域に）より密接に接触している」(McGilchrist, 2009, p. 437)。

右側に偏在するこの皮質-皮質下系の階層的頂点をなす眼窩前頭皮質は，感情脳の上級管理者でもあるが，感情的な刺激の力動的なフィルターとして機能し（Rule, Shimamura, & Knight, 2002），外的環境の全景を提供するだけでなく，動機となる要因と関連のある内的環境の全景も提供する。そして心の理論を，これは現在では「情動的意思決定」(Happaney et al., 2004, p. 4) と呼ばれているが，直感的に定式化する。私は，眼窩前頭皮質を，フロイトの前意識体系（Pcs）に相当するものと考えているが，これは，本質的に適応的動機づけの機能を果たし——非意識的に個人的に意味があるとされる外的環境における変化に反応して，身体に基盤のある内的状態を，比較的流動的に切り替える。至適のコンテクストにおいては，この右脳のシステムは，ブロンバーグが第 7 章で「日常の精神機能に本来的に備わっている類催眠的な脳のメカニズム」と記述しているもの，つまり，自己の一貫性の制約の中で一番手っ取り早く適応的であるような，自己-状態の布置を柔軟かつ滑らかに選ぼうとするようなメカニズムを考慮に入れる。この柔軟性こそ，性格の安定性と変化とを同時に交渉するような目を見張る能力の源である——つまり，変化しながら同じままで留まることができる能力である（第 5 章）。

一方，病的な解離は，早期における関係的外傷が持続している結果だが，適応性のない極めて硬直した右脳の閉鎖系において現れる。このシステムの，暗黙のうちに働く，視覚的，聴覚的，触覚的な知覚的機能は，右大脳半

球後部の頭頂側頭葉，すなわち「知覚と自覚 awareness において重要な役割を果たす領域」（Papeo et al., 2010, p. 129）で実行されるが，この機能が外傷においては根本的に変容させられる。第3章でブロンバーグは次のように述べている。「通常の象徴的なコミュニケーションと象徴化以前の subsymbolic コミュニケーションの間のつながりは壊されてしまう——少なくともしばらくの間は。解離の本質は，それが知覚の経験を変えるということであり，それゆえに，対人間（たいじんかん）のコンテクストから個人的な意味が奪われてしまう」。さらに，この閉鎖系は，下位レベルの間主観的ストレスに，防衛的副交感神経反応，つまり背側迷走神経核由来の副交感神経性低覚醒と心拍出量抑制で応じる。この結果，「心的な死」の瞬間が生じ，内的な「生きた」感覚を保持することができなくなる。マギルクライスト（McGilchrist, 2009）は，解離を「右大脳半球の相対的な機能低下」（p. 235）と記述している。

　神経生物学的に，解離は，右脳の皮質-皮質下の暗在的自己-システムが，外的刺激（関係のある環境からの外受容的情報）を知覚して処理することができなくなることを反映しているだけでなく，刻々とそれを内的刺激（身体，身体的なマーカー，「感じられた経験」felt experience からの内受容的情報）と統合することができなくなることも反映している。このように，高位の右半球と低位の右脳とが統合できなくなり，中枢神経系と自律神経系とが分離することで，主観性と間主観性の両方がたちまち瓦解する。ストレスのかかる情動，特に感情的痛みを伴う情動は，このように，意識においては経験されることはない（ブロンバーグの「私ではない私」という自己-状態）。

　解離は，精神的プロセスの変化以上のものを，それどころか心-身の断絶を伴う，と強調しておくことは重要である。それは，ウィニコット（Winnicott, 1949）が**精神-身体** *psyche-soma* と呼んだ心と体の経験の統合を破綻させ，結果的に自己-全体性を破綻させる。カルシェッド（Kalsched, 2005）は，外傷的な経験の間に子どもが用いる，防衛的な解離プロセスの作用について述べているが，そのような外傷的な経験によって，「体の中の情動は，それに対応する心の中のイメージから分断され，その際耐えがたく辛い意味は消し去られる」（p. 174）。現在では「子ども時代の外傷的ストレスは，内的な感情の状態から注意をそらすことによって辛い情動を自己調節することになることがある」（Lane et al., 1997, p. 840）ことについては意見が一致している。右大脳半球は，情動調整だけでなく，自分の体の一貫した感

覚の維持（Tsakiris et al., 2008），注意（Raz, 2004），そして痛みの処理（Symonds et al., 2006）においても優位な半球であり，解離という右脳の方略も，体に基盤を置く感情的な痛みを遮断する究極の防衛を表している。それゆえ，人生早期において関係的外傷の悲劇的な状態を慢性的に経験していると，最終的には，適応し防衛する能力，あるいは自分自身のために行動する能力がますます損なわれることになり，ついには，情動と痛みを心に記銘する能力が遮断される。これもすべては生き残りのためのぎりぎりの対処法なのである。

　人生のあらゆる時点において，解離は短期的には有効な方略となるかもしれないが，長期的な機能という面では有害である。それは特に，感情的な成長に必要な，親密な間主観的コンテクストに埋め込まれた関係的な学習経験の可能性に触れる機会が妨げられるという点においてそうである。ブロンバーグが述べているように，病的な解離の機能は，「早期警告システム」として作用し，外傷が襲ってくる前に外傷を予期することで，潜在的な感情の調整異常を予測する。早期外傷が「心的な破局」と経験されると，解離は「耐えられない状況からのディタッチメント」，「逃げ場がないときの逃避」，「圧倒するような，心的な死をもたらしさえする危険が不可避であることに屈服し盲従すること」，そして「防衛戦略の最後の手段」として働く（Schore, 2003a, 2009aの文献を参照）。この精神生物学的な生存のための防衛は，発達早期において愛着外傷を体験した人のパーソナリティの中で特徴的なものになっていく。

　そのようなパーソナリティの脆い無意識的システムは，代謝亢進的な過覚醒の影響だけでなく，心身の代謝低下状態における破綻の影響も受けやすい。後者は，右脳内のエネルギー依存的シナプス接続性が突然失われるという形で現れ，暗黙の自己の突然の内部崩壊，自己の連続性の破綻，特定の意識的情動を経験する能力の喪失といった形で表現される。このように暗黙の自己が瓦解することは，恥と嫌悪の情動が増幅し，絶望と無力を認識することからわかる。右大脳半球は感情状態のコミュニケーションと調整を媒介し，間主観性の破綻は，安全と信頼を即時に霧散させる。これは，重いパーソナリティ障害を示す右脳の欠陥の治療に共通して見られることである（Schore, 2003a, 2009b）。近年の研究によると，不安定な愛着を経験した解離的な患者は，精神力動的心理療法中に生じる陰性感情に反応して解離する

ため,治療の結果があまり思わしくないことが示されている(Spitzer et al., 2007)。ブロンバーグも私も,この最終的な防衛こそ,心理療法における変化のプロセスの感情的-動機づけ的側面に対する大きな抵抗勢力であると主張してきた。

心理療法:情動の変容プロセスにおけるエナクトメントの重大な役割

次に,本書は心理療法の本質的なメカニズムである「治療作用 therapeutic action」の理解を深める上で重要な臨床的貢献をしているのだが,それにもっと直接的に焦点を当てることにしよう。これから続く各章は,主に臨床におけるエナクトメント*の問題をテーマとして扱っている。これは非常に難しい臨床的現象で,私の最近の著書(Schore, 2011)でも中心的に扱っている。ブロンバーグは論じる。「臨床的には,解離という現象は,どの治療においても多くの場面で観察することができるのだが,エナクトメントの間にもっとも際立つ。そのとき分析家は,自分自身および患者の自己-状態の,それまで気づかれることのなかった情動的シフトに注意深く調律しなければならない(第7章)」。『夢見手の目を覚ます Awakening the Dreamer』という著書を私が書評した際,その本の真骨頂は,臨床的にも理論的にも,エナクトメントにおける解離的なプロセスに意識を向けることが関係的外傷の既往を持つ患者たちの治療には不可欠であると説得力を持って示していることだ,と結論付けた(Schore, 2007)。実際,臨床的な研究によって,病的な解離,すなわち,圧倒的な情動に対しての原始的な防衛は,幼児の愛着障害,小児の虐待の障害,解離的同一性障害,PTSD,精神障害,摂食障害,物質乱用,アルコール依存,身体表現性障害,境界例,反社会性パーソナリティ障害の鍵となる特徴であることが示されてきている。

---

*(訳注)エナクトメントとは,無意識に留まっているものが,十分意識化されないまま,治療の場において実際的な行動として現れてしまう事態を意味する言葉で,「実演」とも訳されている。エナクトメントは,しばしばあからさまな行動,さらには表情や仕草などの形で現れるが,のみならず,解釈や限界設定など,通常の治療技法の範疇に収まる動きの中にも隠微に忍び込んでいる場合がある。エナクトメントは,当初治療者の側の逆転移と関連する克服すべき問題として取り上げられたが,近年では,無意識的世界に到達するための手がかりを告げるものでもあることが論じられている。

本書でブロンバーグは，彼の外傷-解離モデル（「津波の影を収める」）を，あらゆる患者の治療へと拡げ，第7章では次のように示唆している。エナクトメントの治療的な共同処理過程 joint processing によって，

> いわゆる「良い」分析患者との仕事は一層強力なものとなるが，それは，「手に負えない抵抗」や「治療の行き詰まり」というような，解釈には反応しない臨床的現象を，**知覚的に** *perceptually* 扱うことを可能にするような，より経験に近いパースペクティヴが利用可能になるからである。さらには，「分析可能性」という考え方は無用のものとなり，分析家は，境界性，シゾイド，自己愛性，そして解離性などの，「困難」であるとか「分析不能である」としばしば考えられている幅広いスペクトラムのパーソナリティ障害に対して自分の専門性を用いることができるようになる。

　とはいうものの，本書でこれから扱われる論点は，関係的外傷や病的な解離の既往のある患者についてである。彼はこう述べている。「人々が大きく異なる点は，突然の情動的な過覚醒が発達上未処理の外傷の領域，不快なだけではなく精神的に耐えられないので認知に利用できない外傷の領域に触れる程度である。これが起こってしまう危険性が，エナクトメントと取り組む上で一番問題になる」。自身の発達的・神経生物学的な臨床的観点に基づき，ブロンバーグは論じる（第5章）。「エナクトメントは，患者の過去における愛着に関わる発達的外傷を再現している程度に応じて，脳の『恐怖システム』を活性化する」。皮質下の右扁桃体，「見えない恐怖」を処理する脳のシステム（Morris et al., 1999）に関する前の議論を思い出していただきたい。本書の数多くの臨床事例は，エナクトメントにおいて間主観的に活性化される無意識の対話的愛着プロセスを，ほとんど詩的と言える形で記述している。このまえがきの最後の部分で，私は，調整理論 Regulation Theory の神経精神分析的観点を用いて，エナクトメントに埋め込まれている二つの主要なプロセスについて論じたい。無意識の関係的コミュニケーションと，心理療法的な変化のメカニズムとしての「津波の影を収める」ことである。

無意識の関係的コミュニケーション
　本書全体を通して，エナクトメントとは，外傷によって情動調整のための

能力が損なわれてしまった患者の自己経験の領域についての無意識のコミュニケーション・プロセスである，とブロンバーグは繰り返し主張している。エナクトメントは二者関係的な解離的プロセスであり，象徴的というよりは，象徴化以前のコミュニケーション，「自省機能が袋小路に陥った」ようなコミュニケーションを通して伝達される。この二者関係的なプロセスにおいて，セラピストが，「関係のあり方そのものについて自らの内的体験を生き生きと感じることなく，あまりにも長く『素材』に耳を傾けてばかりいると，しばしば解離のプロセスがセラピストの中で起こってしまう。それは，最初は患者の中で始まったものなのかもしれないが，すぐに患者とセラピストの両者を繭のように包み込んでしまう」（第2章）。彼はさらに，エナクトメントという現象（「私ではない私 not-me」の象徴化以前のコミュニケーション）と，間主観性という現象（関係的な「私」の象徴的なコミュニケーション）とは，はっきりと区別されるコミュニケーションのチャンネルを表していると提唱している。これらのコミュニケーションは，「鮮明さと即時性」によって特徴付けられる「転移／逆転移の場」において生じる。これらの解離されたコミュニケーションを臨床家はどのように受け取るのか。ブロンバーグの示唆するところでは，臨床家は，対人関係的／関係論的な聴き方のスタンスを取り入れなければならない。そしてそこでは，「セッションの間自分にとって患者と一緒にいるということがどのような感じなのか，患者にとって自分と一緒にいるということはどのような感じなのか，それについて分析家の経験は刻々と変動するのだが，分析家の心の状態がそれに調律していることである……。分析家の『素材』は，常にシフトしていく経験のコンテクストであり，そのもっとも強力な要素は，感覚を通してまず分析家のところに届くのであって，認知を通してではない」（第6章）。

　この聞く姿勢の中で，セラピストの注意の焦点は，内容そのものというよりは，瞬間ごとに内容を組織する，心の状態の変化の方に向けられる。この間主観的なコンテクストにおいて，「言語的内容は，今-ここでの場，すなわちエナクトされているものと話されているものとの間の，絶えず変遷する情動的弁証法によって作られる場，の一つの構成要素であるに過ぎない」。このような，「開かれた聴き方」のスタンスをとれるようになるために，臨床家は「合理的思考を傍らに置」かなければならない。このエナクトメント・コミュニケーション・モデルを支持して，彼はシーモア・エプスティン

(Epstein, 1994)の「認知的および力動的な無意識の統合」という論文を引用している。この論文は、「情報処理には、二つの、並行して相互交流するモード、すなわち、合理的システムと感情的に駆動されるシステムの二つが存在する」（p.709）と述べている。この概念化と同調する形で、ブロンバーグは、治療の中でも情動の高まる瞬間であるエナクトメントにおいては、大切なのは「セラピストが情動面で正直になること」であり、それは「内容や言葉そのものによって伝えられることはほとんどない。それは主に関係の絆によって伝えられるのであって、ショア（Schore, 2003a, 2003b, 2007）や私も含む他の分析家は、右脳同士の状態-共有を媒介として神経生物学的に伝えられる、と考えている」。このまえがきの前節で、私は、右脳の状態-共有の発達的・間主観的な神経生物学について論じている。

　実際私は、調整理論の著作の中で、これらの右脳の無意識的な関係的コミュニケーションについて詳しく述べたので、ここでその著作の簡単な要約を記しておく。私の研究の主要な見解の一つは、発達的愛着研究が治療プロセスにとって重要であるのは、養育者-乳児関係およびセラピスト-患者の関係（治療同盟）が、暗黙のうちに右脳同士が情動を伝達し調整するメカニズムとしての共通性を持つためである、ということである。治療的な二者関係の中では、左脳の、言語的明示的な患者-セラピスト間の合理的な対話ではなく、右脳の、非言語的暗示的で感情負荷的なコミュニケーションが、愛着の力動を直接表現する。左脳が、意識的で言語的な行動を介して、相手の左脳にその状態を伝えるように、右脳は、非言語的に、これらのコミュニケーションを受け取るように調律された相手の右脳に、その無意識的な状態を伝える。

　感情を処理する右脳に関する神経科学の最新の知見は、患者-セラピスト間の情動的なコミュニケーションのモデルに直接適用することができる。ディセティとシャミナード（Decety & Chaminade, 2003）は、適応的な対人間的機能、特に治療同盟の中で表現されるような対人間的機能には、右脳の働きが必要だ、と述べている。「自己にとって本質的には私的なものであるはずの精神状態が、個人と個人の間で共有され得る……自意識、共感、他者への同一化、さらには間主観的プロセス全般は……、最初に発達する部分である右大脳半球の能力に大きく依存している」（p.591）。そして、治療同盟の内部における受容的な関係の形成のメカニズムに関しては、キーナンら

(Keenan et al., 2005) が次のように主張している。「右大脳半球は，実際に，自身の脳の精神状態だけではなく，他者の脳（と心）の精神状態も本当に解釈するのだ」(p. 702)。

　調整異常の感情状態は，右脳によって転移／逆転移を介して暗黙のうちに伝えられるのだが，それは臨床的には，臨床的エナクトメントにおける情動の高揚の瞬間においてその真骨頂を見ることができる。前意識-無意識レベルの，自発的で非言語的な転移／逆転移の相互交流は，右脳から右脳への非言語的で暗黙のコミュニケーションを表しているのだが，それは，患者とセラピストの間での，身体的に感じられるストレスに満ちた感情状態の，迅速かつ自動的な調整の状態，特にその異常について伝えるものである (Schore, 1994)。転移とは，右脳の自伝的記憶が活性化されたものであるが，それは，自伝的記憶の中で陰性の感情価をもった強烈な感情が，特に（左ではなく）右の内側側頭葉から引き出されるからである (Buchanan et al., 2006)。転移とは，「現在の何かが引き金となって，関係のあり方と感情的な応答の仕方が決まったパタンで生じることを指すが，しばしば，現在の経験よりも，過去のそれと関係のある情動的状態や思考を呼び起こすものである」(Maroda, 2005, p. 134)。無意識的な感情の記憶について，ガイノッティ (Gainotti, 2006) は，次のように断言している。「右大脳半球は，精神分析的な治療の間に再活性化されて取り組み直す必要のある，感情的記憶に決定的に関係している」(p. 167)。いまや，右大脳半球が，非言語的な (Benowitz et al., 1983)，そして感情的な (Blonder et al., 1991) コミュニケーションに関して，優位半球であるということは，十分に立証されている。

　先に私は，愛着状態が右脳から右脳への視覚的表情的，聴覚的韻律的，触覚的固有知覚的な感情を帯びたコミュニケーションによってどのように伝達されるのかを論じた。それは自発的に，暗黙のうちになされるのだが，調整がうまく行っていることもあれば調整異常を来している場合もある。私は数多くの論文の中で，これらの非言語的なコミュニケーションがエナクトメントの中で急速に表現されることを示す，学際的なエヴィデンスを提供してきた。フッターとリス (Hutterer & Liss, 2006) は，身体言語だけでなく，音調，テンポ，リズム，音色，韻律，響きの幅などの非言語的変数が，治療技法の本質的な側面として重要であることを指摘した。情動的な韻律の神経生物学を扱った最近の総説の中で，ロスとモノー (Ross & Monnot, 2008) は，

「このように，言葉は左大脳半球に優位で局在した機能であるという伝統的な考え方はもはや支持されないのである」（p.51）と断言している。彼らは次のように結論付けている。

> ここ30年間で，右脳こそ，言葉とコミュニケーション能力にとって本質的なものであるという認識が高まりつつある。というのも，右脳は，情動的な韻律や身振り的行動を調節し，暗示的な（標準ではない）言葉の意味を解読し，主題を推論し，比喩や複雑な言語的関係，文字通りではない表現（慣用表現）などを処理する能力があるからである。（p.51）

興味深いことに，基礎研究が示すところによると，韻律的で感情的なコミュニケーションは，左耳の方で，つまり右大脳半球の方で，より効率よく処理される（Sim & Martinez, 2005）。このことは，至適な聴き方をしているときは，患者の状態の微かな変化を，臨床家の右耳（左半球）ではなく，左耳（右半球）が処理しているということを意味する。右大脳半球が「声の知覚」においては優位半球である（Brancucci et al., 2009），ということを思い出して欲しい。実際，後に本書の中で，ブロンバーグは「臨床的な耳は，自己のもう一つの部分の声を聞く」と仮定している。

重要なことは，この神経精神分析学的な観点もまた，臨床家が調律に失敗することでストレスを誘発する際，それは患者の左耳で処理されることを示していることである。相互エナクトメントが起こると，右大脳半球によって非意識的に処理されたこれらの非言語的で聴覚的な脅威の兆しが（臨床家の左半球による言語化ではなく），即座に，恐怖によって誘発される自己-状態の変化を患者の中に引き起こす。このモデルを支持するものとして，読者の皆さんには，第4章のマーサの事例のエナクトメントを見ていただきたい。それを，ブロンバーグは，「自己-状態の切り替わりを見抜く聴き方」と記述している。だが，相互的で間主観的な衝突というこのコンテクストにおいて，二者関係の相手側である患者の知覚的処理の焦点は，分析家の発話の韻律的な部分に当てられていたことを，彼は述べている。

> それにもかかわらず，彼女がわれわれの「課題task」から目を逸らそうとしていると私に思われたと私が口にしたとき，そこには十分不快なものが

あったので，彼女の早期警告システムの引き金は引かれたのだ。マーサの自己-状態は切り替わった。彼女の笑いが消えただけではなく，その笑いに伴っていたあらゆるものも消え去った。彼女の身体的存在全体が，おびえた不幸な小さな女の子のそれになった。

　ブロンバーグがその後過ちを正し，相互交流を通して修復した結果，彼自身の自己-状態が切り替わることになり，「ようやく私は少しショックから立ち直ったのだが，私の声には，私が感じていた柔らかさが表れていたに違いない」と記している。
　エナクトメントについての鋭い多くの臨床的記述に加え，ブロンバーグは，その基礎にある神経生物学についての仮説も述べている。この後の章（第 2 章）では，無意識的な関係的コミュニケーションにおける右脳の皮質領域だけでなく，皮質下領域も特定している。彼は次のように述べる。「エナクトメントを通じて明らかにされつつある秘密とは，患者が言葉で何かを話し，それに対してあなたが何らかの応答をしている間に，二人の間で進行する二番目の『会話』があるということである。バック（Buck, 1994, p. 266; Schore, 2003b, p. 49 に引用されている）はこれを，『辺縁系の間の会話』と呼んでいる」（以上，本書第 2 章より）。彼はここで，「象徴的な」そして特に「象徴化以前の」暗黙のコミュニケーションにおいて，右側に偏在する，皮質-皮質下の辺縁系-自律神経系軸を直接の要件としている（前出の議論を参照）。繰り返しになるが，私は読者に，この領域の私の仕事を簡単にまとめて示しておきたい。
　『情動調整と自己の修復』（Shore, 2003b）において，私は，「投影同一化の心理神経生物学的モデルの臨床的影響」という章を書いた。ブロンバーグ（Bromberg, 2006a）によると，投影同一化とは「エナクトメントのプロセスにおいて核となる要素」（p. 185）である。私の書いたその章全部が，「ある瞬間」に，文字通り「何分の一秒 a split second」のうちに生じるエナクトメントの中で行われ，瞬間瞬間の暗黙のうちになされるような非言語的コミュニケーションに焦点を当てている。ここで私は，フロイト（Freud, 1915a）の「人間の Ucs（無意識）が，他者の無意識に，**Cs（意識）を介さずに働きか**けることができるというのは，とても注目に値することである」（p. 194，強調は引用者）という格言は，神経精神分析的には，ある人の関係的無意識か

ら他者のそれへの右脳同士のコミュニケーションと理解される，と論じた。
　エナクトメントの間に生じる「辺縁系の間の会話」は，より正確には，右側に偏在する辺縁系と自律神経系の間の会話である。同じ著書の第7章で，私は次のように示唆した。

> 顔の表情を介する右脳同士のコミュニケーションは，意識下のレベルで，自律神経機能の調整（調整異常）を引き起こし得る……。自律神経系は，**意識には決して入り込まない知覚刺激**に反応し，非意識的な情動の生成に関わるが，そのような情動の引き金となるのが感情を表す顔の表情を視覚的に知覚することだということは，今や十分に立証されている……。この無意識のプロセスは……「原初的な感情の感染」（Hatfield et al., 1992）と言ってもよい。私はまた，この非意識的な情動の伝達は，**右扁桃体同士のコミュニケーション**によって媒介されると論じたい。（Schore, 2003b, p. 227，強調は引用者）

　このように，「私ではない not-me」状態の象徴化以前のコミュニケーション（相互的な深い投影同一化）は，皮質下の非意識的コミュニケーション，すなわち，右扁桃体，右島，右側に偏在する，患者と治療者の，交感神経と背面迷走神経の副交感神経系などの間で交わされるコミュニケーションである。これらの無意識的な関係形成的コミュニケーションは，精神的なものというよりも精神生物学的なもの，体に基盤を置くものであり，セラピストの身体的な逆転移の中で理解されるものである。
　多少なりとも効率的な右脳同士のコミュニケーションシステムが共に創造された結果として，セラピストは今や，患者の，調整異常に陥った（解離された）意識的および無意識的な情動状態を調整する役割を担うことになる。本書の第5章でブロンバーグが述べているように，「ショア（Schore, 2003b）はまた，分析家の，精神生物学的な調節役の役割と，共に参加する者としての役割の，二重の役割を強調している。そしてこの二重性は特に，情動の動きが高まったときに重要になる。言い換えれば，分析家の役割が治療的な力を持つのは，彼の調節役としての働きが，共に参加することと独立したものではないからである」。このような，治療的な愛着のメカニズムは，「患者と分析家双方の内的な対象世界を作り上げている刻々とシフトしていく自己-

状態に情動的に生き生きと対人間的に関わること」，すなわちブロンバーグが「共構築された王道」と呼ぶものの支えになるのである。この右脳同士の無意識な関係的コミュニケーションと調整のシステムは同時に，「衝突と安全の間の交渉」に中心的に関わるものである。「安全だが安全過ぎない」という，これらの対人間的経験によって，新しさと驚きが可能となり，「患者のパーソナリティ構造が柔軟になり，自発性が向上する」ことが促進される。ブロンバーグが述べているように，治療が進むにつれ，「思考することのできない『私ではない』自己-状態の，今-ここでの出来事としてのエナクトメントへの変化が生じる。それは，安全な驚きという形で，対人間的に演じられて，同じ出来事についての分析家の主観的な体験と比較され，患者にとって重要な『私』の布置になる」。

津波の影を収める心理療法的変化のメカニズム

　この最後の節で，私は，心理療法の本質的な変化のメカニズムを解明する上での本書の重要な貢献について，幾つかの考えを記したい。各章には「治療作用」についての仮説が含まれているが，ここでは，「津波の影」，解離，そして外傷的となり得る情動の調整異常に対する患者の恐怖などを心理療法で効果的に治療した際にもたらされる，心理学的および生物学的な変化とブロンバーグが見なしていることのみに集中することにする。このような神経精神分析学的視点については，このまえがきの初めの節を参照されたい。間主観的な衝突と交渉，安全な驚きと新しさ，解釈の限界などに関するブロンバーグの新しい議論に対する神経生物学的な見地からのコメントをもっと読みたい方は，ショア（Schore, 2007, 2011）を参照されたい。本書の最初の章で，ブロンバーグは次のように論じている。

　　私は，すべての患者にとって，その傷つきの範囲や持続時間がどれほど最小限のものであったとしても，分析的治療におけるパーソナリティの持続的な成長は，患者／治療者関係の持つ，感情的な過覚醒に対する患者の閾値を増す力と深く関わっていると言いたい。このような形で患者／治療者関係を用いることは，エナクトされた（解離された）コミュニケーション・チャンネルを，両者が共同して非線形的に取り組むことで生じる。そのチャンネルによって，感情を調節できなくなるという患者の恐怖（津波

の影）を「収める」ためには，実際に感情を圧倒してしまうような精神的ショックを受けてしまう可能性を，自発性を発揮することの危険性と常に表裏一体のはらはらするような「ぎりぎりの」体験から，安全に区別するような能力を広げることである。調節できなくなるという患者の恐怖は，エナクトされた現在においてもう一度生きられるにつれ，認知的な出来事として徐々に抱えられるものになり，こうして，心／脳が，感情的な「煙探知機」として自動的に解離に頼るということを減らせるようになる。

後に第4章で，彼は神経生物学的な変化のメカニズムについて，さらに思索を重ねている。

　……解離的なギャップに一緒に気をつけることを通して，不安定をもたらす可能性のある過覚醒に対する守りとしてすぐに解離の引き金を引いてしまう，自動的な神経シナプス的警告信号は，脳のレベルでもっと選択的なものとなり，フィードバック・ループを介して，患者の心が間主観性をますます発達させるのを支えられるようにする。内的葛藤に耐えられる患者の能力は，それを認知的に保とうとする精神的格闘を和らげることによって，少しずつ増していく。

特に私の仕事とブロンバーグの仕事を統合するごく最近の論文において（Schore, 2011），私は，われわれが共に探求している，心理療法的な変化のメカニズムの神経生物学的な基礎について論じた。近年の臨床的関係モデルと，学際的な科学的データが指し示すところによれば，初期に形成される愛着の病理と重篤なパーソナリティ障害に対する有効な心理療法は，無意識的な情動と生き残るための病的な解離の防衛，そして，「通常は**統合されている精神プロセス**（たとえば，思考，感情，意欲，記憶，アイデンティティなど）の構造的な分離」（Spiegel & Cardeña, 1991, p. 367, 強調は引用者）に焦点を当てねばならないと私は論じた。過覚醒を伴う，調整されることのないままの，圧倒するような外傷的感情は，患者の感情生活に適応的に取り込むことはできないという臨床上の教訓は，「ストレスと感情に関連したプロセスを調整することに特化した右大脳半球」の機能異常の表現である（Sullivan & Dufresne, 2006, p. 55）。先に述べたように，解離的な欠損は，特

に，感情脳の右側に偏在する辺縁系-自律神経系回路の統合の欠如の帰結である（図1を参照）。

　エナクトメントにおいて外傷的情動と解離という防衛を扱うとき，一般的な臨床的原則がある。それは，精神生物学的な意味で調律した敏感なセラピストのもとで，うまく調整されていない情動を，安全な環境のコンテクストの中で，情動的に耐えられる分量だけ，患者が再び経験できるようにすることである。その結果，圧倒的な外傷的感情 feeling が，患者の感情生活 emotional life の中で，調整され統合されることが可能となる。ブロンバーグは，このような情動が高まった瞬間において，治療的な関係は，「安全だが安全過ぎない」ものであらねばならないと指摘している。これらの情動の治療的な取り扱いは，情動的に耐えられるぎりぎりの調整限界（Schore, 2009c），あるいはブロンバーグが，圧倒するような過覚醒すれすれの関係的空間，「ぎりぎりの体験」と呼んでいるところで生じる。

　間主観的調律，衝突，交渉による修復が進展しているとき，治療における情動的覚醒の相互調律によって，社会的なストレッサーに対して右脳のストレス反応が活性化されるかどうかの閾値は左右される。前書でブロンバーグ（Bromberg, 2006a）は，次のように述べている。

　　外傷の「引き金」に対する患者の閾値が増すと，起こりつつある関係的な経験（セラピストと，今ここで，体験していることの複雑さのすべて）をそのままその場で持ちこたえられることがますますできるようになり，解離する必要は次第に減っていく。今ここで生じていることを処理することが速やかにできるようになればなるほど，それを経験的として自分の過去と結びつけることがさらにできるようになる。(p. 69)

　右脳の精神生物学的な覚醒状態の高低を一定限度内に収めるように調節することがうまくできれば，情動の耐性は広がり，患者は，さまざまな情動が入り交じった結果生じる，より強く複雑な感情を，幅広く意識的に体験し伝達することが徐々にできるようになる。

　このように，調整された治療的なエナクトメントは右脳の発達的成長の航路を陽性の方向に切り替え，その皮質-皮質下のシステムの統合をトップダウンにもボトムアップにも促す。このように構造的な成熟が進むことで，覚

醒度の高低を伴う陰性および陽性の情動を（自己調整および相互交流的な調整によって）調節し，より広範囲にわたって耐える能力が機能的に広がる。情動に焦点を当てることにもっと特化した効果的な心理療法は，右脳内部での接続性を促し，特に，眼窩前頭皮質，前帯状回，島，扁桃体そして HPA 軸〔p. xvi 参照〕の間の接続性を促す。右側に偏在する辺縁系−自律神経系のストレス調整回路の，経験依存的な成熟は，防衛反応の複雑性を増す。これは，ストレスに満ちた身体的な情動に対処するための右脳による方略であるが，病的な解離よりも柔軟で適応的である。発達がこのように進むと，一度に二つ以上の意識的な情動を経験することができるようになり，それによって，心の中の葛藤に耐えて適応することができるようになる。

　これらの，右側に偏在する垂直軸方向の神経生物学的な変化は，右脳において自己の核がさらに発達することに表現される。というのも，「一貫した内的経験を可能にするような，さまざまな状態を貫く自己感覚を**統合する**情動調整のパタン」（Schore, 1994, p. 33, 強調は引用者）の形成には，右脳が中心的な関わりをしているからである。最近の神経科学の研究が示すところによると，「右大脳半球は，左大脳半球よりも有意に効率がよく，相互連結も多い」ため，「**統合課題**」（Iturria-Medina et al., 2011, p. 56, 強調は引用者）では，「主要な役割」を果たす。このように，右脳が治療によって広がることにより，ブロンバーグ（Bromberg, 2006）が解離された「私ではない not-me」状態と呼ぶものを，右側に偏在する自伝的記憶と関係的「私」に統合することが可能になる。それゆえ，本書で述べられているような，情動に焦点をあてた心理療法は，明示的な自己と意識的な心の拡大を促すだけでなく，暗示的な自己と無意識的な心の拡大も促す。現在の神経科学は，左大脳半球が人間においては優位であるというこれまでの主張に，重大な反論を突き付けている。この右側に偏在する皮質−皮質下のシステムは，言語機能と随意運動の行動ではなく，非言語的コミュニケーション，情動調整，ストレスコーピング，ホメオスタシスの維持，生き残りといった，もっと本質的な能力にとって優位なのである！

　この注目すべき書物の主なテーマは，それは実はブロンバーグの生涯にわたるテーマでもあるが，初期の関係的外傷の結果もたらされた，右脳による「ぎりぎりの」生き残りのための防衛である病的解離に対する，効果的な関係的治療の追求である。マギルクライスト（McGilchrist, 2009）によると，

「解離は……全体として経験されるべきものの断片化――普通は一緒に処理されるであろう経験要素の，精神的次元での分離である……これは右脳の問題を示唆する」(p.236)。右脳の本質的な機能，フロイトが人間の無意識の生物学的な母体と記述したものの本質的な機能には，現在，以下のことが含まれると考えられている。

> 意識の基盤としての共感と間主観性。世界に対して意図を持った集中した注意を向けるというよりは，開かれた注意を根気よく向けることを重視すること。暗黙的な，あるいは隠された性質の真実に関わり，定常状態というよりもプロセスを強調すること。到達地点よりも旅そのものを大切にすること。知覚の優位性。現実の構成において身体を重要と考えること。独自性の強調。客観化するという視覚の性質。あらゆる価値を効用に還元することを拒むこと。そして，意図的に作られたプロセスというよりは，作りながら明らかになっていく（言葉にできない）プロセスとしての創造性。(McGilchrist, 2009, p.177)

ほぼ一世紀にわたって，精神分析は，そして実にあらゆる類の「談話療法」は，非常に多くの重篤な精神医学的障害を理解する上で根本的に重要である心身の外傷の基本的問題を無視してきた。この回避が一因となって，臨床精神分析における心理療法的技法は，この一世紀の間，ほとんど変化しなかった。しかし1990年代になってようやく，外傷に，体に基盤を置く感情に，そして脳と精神の接点に，科学的および臨床的研究の焦点が強く当てられるようになった。この変わり目の時期になって，メンタルヘルスの領域で，人間存在の暗部を防衛的に抑圧し，実際解離しようとする風潮の終わりがようやく見えてきた。ブロンバーグの草分け的な仕事は，早期の関係的外傷の既往を持つ患者に対する深い理解の定式化において，世界中の臨床家の先駆けとなった。彼はこれまで，これらの主題について『間に立つ』(Bromberg, 1999)，『夢見手の目を覚ます』(Bromberg, 2006a) を著し称賛を浴びてきたが，それに今，本書『関係するこころ』〔原題は『津波の影』〕が加わる。これらの著作において彼は，外傷と解離に関する最近の発達的および神経生物学的知見が，いかにわれわれの臨床的モデルを変容させ，治療作用に関する概念を変えたかを力強く示している。

実際，私と同じく（Schore, 2009d），ブロンバーグは，われわれが今経験しているのはメンタルヘルスの分野における一つの進歩であるだけではなく，パラダイム・シフトなのだと主張しているのである。ある一章で彼は，次のように主張している。

> 対人関係論と関係論の著者たちは，われわれは実際パラダイムの変化に直面しているという考え方を受け入れ，それを一者心理学から二者心理学への変容として概念化した。私はこの定式化は正確であり，この概念的シフトの中には三つの重要な臨床的シフトが見られるように思う。一つは内容の優位性からコンテクストの優位性へのシフトであり，もう一つは認知の優位性から情動の優位性へのシフトであり，最後に，「技法」という概念から遠ざかる（それをまだ捨て去っているわけではないが）ようなシフトである。

彼はさらに，心理療法におけるこのようなパラダイムの変化が，「焦点を**内容**から**プロセス**へと置き換えるということ」も含むと結論している。

私がこれまで神経精神分析について著してきたものの中で，私は，パラダイムにおける同様のシフトについて述べた。それは，意識的認識から無意識的情動へというシフトである。調整理論が主張するのは，治療同盟に埋め込まれている関係的変化のメカニズムは，セラピストの左脳を通して患者の右脳に**内容**の解釈を明示的に伝えることによってではなく，相互の双方向的な右脳同士の情動的コミュニケーションと調整**プロセス**によって作用するということである。このまえがきの冒頭で私は，ブロンバーグと私が，理論的な理解についてだけではなく，患者と関係的・情動的に分析作業をする臨床スタイルについても似ていると述べた。本書は，そのパラダイム・シフトが，関係的治療モデルという，経験に近いパースペクティヴからどのように見えるかを明らかにすることに捧げられている。このモデルは，意識と無意識の双方に影響を与えるもので，特に治療的二者関係の双方における解離的なプロセスに影響を与えるものである。

そのキャリアを通じてフィリップ・ブロンバーグは，患者とセラピストの内的世界の接点で生じる，かすかではあるが本質的に間主観的な出来事を見事に記述するということで国際的な名声を勝ち得てきたが，それも当然のこ

とだろう。左脳の，距離をとった，線形的な言語的やり取りで書かれた通常の事例提示とは異なり，彼は治療的対話の新しい形式を作り出した——右脳の非言語的な視覚的および聴覚的イメージ，メタファー，さらには詩があふれる言語で書かれた，治療者と患者の意識的および特に無意識的な心の間で交わされる瞬間瞬間の非線形的な出会いを，さまざまな感覚を動員しながら喚起的に描き出すというスタイルである。このまえがきの締めくくりとして，私の親愛なる友人にして同僚の創造的な精神を，皆さんにやっとお伝えできるのは，私の喜びとするところである。今皆さんの目の前にあるのは，心理療法の大家の手になる，精神分析，文学，哲学，ポピュラー音楽，神経科学，外傷理論，そして生物学の豊かな合金(アマルガム)なのである。

序　文

　本の序文というものは，通常，すべての章がほとんど完成しており，本が間もなく独り立ちし，世に出ていくことを書き手が少なくともある程度は自覚しているときに書かれるものである。微妙なストレスの瞬間だ，これは。書き手が自分自身の主観性と「他者」――その読者――の想像上の主観性との間の交渉を行うために最も頼りにするべきコンテクストが，それが最も必要とされるその瞬間に阻まれそうになる。その理由は，彼の本はほとんど完成しているからである。彼の読者は，書き手が書いたものを嫌ったり，面白くない書き手だと感じたり，頑迷だと感じたり，さらには最悪なことに――**書き手のことが理解できない**と感じたりする，誰にも妨げられない自由を手にすることになる。書き手には，「あるがままの自分」として理解されることを想像することが難しくなってくる。序文が書かれる頃までには，本は，この不安の源泉を減じる力を失ってしまうのだが，それは，本と書き手はもはや一体ではなくなってしまっているからである。

　心強いことに，書き手の中には通常，理解されることをコントロールすることができなくなりつつあると経験している内的な声に加えて，もう一つの声が存在し，このもう一つの声にとっては，**読者が自分自身のために考える力を持っている**ことが心躍るものなのだ。ここにおいて，序文を書くことは面白くなる。まだこれから書かれることになっているのだから，もし読者が耐え忍ぶならば何か本当に良いものがこの先の章の中に見つかるのかもしれない，と読者に信じ込ませるに十分なほどにじれったい序文にすることが可能かもしれない。書き手にとっての本当のチャレンジは，このことを正直に行うことにある。

　このような不安と期待を胸に，私は，それぞれの章の内容を予示するという，簡単で，ほとんど自動化されてしまっているやり方をしないことを選んでみた。私がそう考える理由は二つある。私の全体的なパースペクティヴに既に馴染んでいて，2006 年の『夢見手の目を覚ます *Awakening the Dreamer*』の出版以来，臨床的な探求を続ける中で私がどこに導かれて行っ

たのかを発見したいと思っている読者にとっては，章ごとのプレビューは必要ないだろうと感じた。私の参照枠は今や私の書くものに深く根付いているため，それぞれの章固有の内容の中で本質的に伝えられているからである。私は同時に，この本で初めて私の仕事に触れることになる他の読者にとってもこの序文が役に立つ必要があることも自覚しているのだが，彼らもまた，内容について前もって知らないことの価値を理解してくれるのではないかと思う。私がどのように理解されることを好むのかについての「助け」を与えることなく各章に取り組む最大限の自由を**すべての**読者に与えることによって，読者としての彼らの自己-状態は，著者としての私の自己-状態と一層自発的に関わることになるのであって，どの読者にとっても，一つの章を**理解する**プロセスの方が，私の考えを直接同化する場合よりも，読者と私の間の関わり合いを多く必要とすると私は信じている。読者と私自身の間に呼び起こしたいと私が思っているのは，ある種の「状態-共有 state-sharing」(Schore, 2003a, pp. 94-97)――各人の心の状態が他者に暗黙のうちに伝わるような右脳から右脳へのコミュニケーション・プロセスである。このプロセスを始めるために，この序文は，この先に書いてあることを，要約するのではなく，喚起したい。

　私のこれまでの仕事を知っている読者にとっては驚くべきことではないと思うが，私はまず，文学に向かうことにする。私は文学という人間の創造性の領域にいろいろな意味で親しみを感じているのだが，その理由の一つは，精神分析的関係の，言葉では摑むことが非常に難しい側面――ロバート・フロスト Robert Frost によるものとされている有名な言葉を用いれば「翻訳すると失われてしまう lost in translation」部分を，情感を込めて喚起する力を文学が持っているからである。私は「によるものとされている」と述べたが，それは，出版されたフロストのどの作品にも，詩の中にも散文中にもその言葉が見つからないからである――しかし，だからといって彼がそれを言わなかったということにはならないだろう。精神分析におけるのと同様，文学においても，「確かなデータ」がないからといって物事の現実性が減弱するということはなく，この点で，私が少しインターネットを用いて調べてみたことは意味があった。文学についてのブログへの書き込みの中で，ルーバ・V・ザカロフ Luba V. Zakharov（2008 年 3 月 8 日）は，フロストの箴言の最初の出所を明らかにした。ルイス・ウンターメイヤー（Louis

Untermeyer, 1964）の，自身のフロストとの関係についての回想の中のことである。

　ウンターメイヤーによると，フロストのインタビューの中で，ある批評家がフロストの詩について述べた論評について一緒に話し合っているとき，フロストは次のように述べた。「何度も私が言うのを聞いたと思うけど——もしかすると言い過ぎかもしれないけど——詩というものは翻訳すると失われてしまうものなのだよ」。ウンターメイヤーの記憶を信じて，フロストがそのように言ったと考えて問題ないだろう。しかし私の注意を惹くのは，フロストが続いて言ったとウンターメイヤーが述べていることである。「それは，解釈すると失われてしまうものでもあるんだよ」。解釈すると失われてしまうものでもある！　解釈の概念は真剣に再検討される必要があると考えている精神分析の書き手にとって，それは何という発見だろう。

　ウンターメイヤーはフロストの長年にわたる友人であり，彼を非常に高く評価していた。二人が，語らいを通して彼ら独自の「状態-共有」を達成していたと想像したとしてもこじつけではないだろう。ウンターメイヤーの報告は，ジョン・チアルディ（John Ciardi, 1959）とのインタビューにおけるフロストのコメントと一致している。そのコメントは，その結果，この序文における——そしてこの本における——私のジレンマに繋がっている。分析家と患者が共に努力することによって達成されるものが「翻訳」と「解釈」の両者に抗うものだとするならば，なぜそれについて書くのか？　もし達成されるものが「混乱 mess」なのだとしたら——私はその通りだと主張するのだが——なぜそれについて後からわざわざ秩序立てようとする必要があるのだろうか？　共創造されるプロセスが本質的に予測不能だとしたら，なぜ章ごとにきちんとテーマを決めて，きちんとした順番に並べるのだろうか？　そしてなぜ全部を紹介するような序文を書くのだろうか？　フロストのコメントに，私は希望を見出す。次の言葉は，フロストがチアルディに述べたものである。

　　「詩とは無秩序を止めることである」

　フロストの秩序へのコミットメントは，逆説的な，ほとんど限定的なものである。彼は無秩序を止めることについて語るのみである——すべてをきち

んと整理する，息を吞む明快な説明については語らない。私もここまでの頁でフロストよりもうまくやっているということはない——詩ほど難しいものを私が試しているわけでもない——そしてこの序文の中でも，よりうまくやることはないだろう。しかしそれでも——フロストのもう一つのパッセージ，今度は散文の中の一節に私は訴えたい（とはいえ，読者もお分かりのように，フロストは詩ではないものを書くことは苦手なのだが）。分析的プロセスを捉えることがいかに不可能なことであるとしても，繰り返すが，質の高い詩を書くことほど難しくはないことは確かだということを私は承知している。しかしそれでも，それは精神分析の書き手としての私自身の気持ちをよく捉えている。

　そのパッセージの中で，フロスト（Frost, 1939）は形式的質についてではなく，詩が共創造されていく絶え間ないプロセスの間に形作られる，**詩人と詩の間の情動的絆**について述べている。彼はこの絆を「詩が作る形」と呼んでいる。

　　もしもそれが野生的な調べであるならば，それは詩である。だとすると，現代の抽象主義者としてのわれわれの問題は，野生性をそのまま純粋に保つことである。野生的である必要のまったくないことについて，野生的であることだ。**われわれは逸脱者として取り上げるのだ，方向の定まらぬ連想に身をゆだね，ある暑い日の午後にバッタが飛び跳ねるように，一度限りの示唆から次の示唆へとあらゆる方向に向かって自らを蹴り飛ばしながら。**主題があれば，それだけでわれわれの気は鎮まる。最初の謎が，計器のような真っ直ぐさの中でいかにして詩が調べを持ち得るのかということであったように，第二の謎は，いかにして詩が野生性を保ちながら同時に満たすべき主題を持ち得るのかということである。**それがどのように可能なのかをわれわれに示すことは詩にとっての愉楽であろう。詩が作る形というものを。**[1]

1）心理学者のウィリアム・ジェイムズ William James は，1892 年（ミアーズ Meares, 2001, p. 757 に引用されている）に，内的生活の本質をその自発的な運動として描く中でほとんど同一のことを書いている。「心象の流れは自身の甘い意志を彷徨い，今や厳粛な習慣の墓場を重い足取りで歩く。ホップ，スキップそしてジャンプと，時間と空間全体の場を矢のごとく突き抜けて」（p. 271）。

フロストはさらに続ける。

> それは喜びに始まり，衝動に傾き，最初の行が書き下されると方向を定め，一連の幸運な出来事を経て，最後に生の明確化へと至る——セクトやカルトの礎となるような偉大な明確化では必ずしもなく，**混乱に抗して一時的に留まる間のものである**。……それはごまかしのような詩に過ぎないのであって，もしも詩の最高の部分が最初に既に考えてあって最後のために取っておかれるのだとしたら，それはもはや詩とはいえない。(p. 440, 強調は引用者)

　分析の書き手としての私のジレンマについてはこれくらいにしておこう。私の「最初」と「最後」を扱う頃合いだろう。読者は，この本の章のタイトルが「津波を収める」で始まり，「あなたの近しさ」で終わっており，その他の章のタイトルが「本立て（ブックエンド）」book-ends の間の**道のり**の性質を明らかにはしていないことに気づかれたかもしれない。精神分析的関係も同じである。それは，もともとは関わりを持たない二人を一つの道に沿って連れて行くのだが，その道程で，津波，すなわちいつもすぐそこに待ち受けているかのように思われる解離された人生早期の情緒的災難は，少しずつ収められていき，二人は「あなたの近しさ」へと次第に近づいていく。これら二つの章を最初と終わりに持ってくることは，治療がうまくいったときには見事に絡み合っていると見なせるような二つの達成を私なりのやり方で位置づけることでもあるが，この意味では，それらに名前をつけようという試みでもあって——「癒し」という報いと「成長」という報いを，それぞれ個別に認めるための一つの方法である。しかし，両者が線上の離れた所に位置するということは，そのような文脈で意味を持つに過ぎない。本においても治療においても，本当の意味での章の始まりというものは存在しないし，最終章に達するための真っ直ぐな道のりというものもない。分析的関係における両者がやがて理解していくのは，その理解はおそらく「最終」章が近づくにつれて最も深まると思うが，彼らの近しさが「本」の終わりを越えて生き延びるということであり，そして，この道のりに沿って起こったことは「これ」が「あれ」に通じたという理由で起こったのではなく，道のりそのものがそれ自身の目的地だったという理由で起こったのだということである。

これら二つの達成についてもう少し述べるべきなのかもしれない。津波の影から始めよう。もし人生早期において，人との関係性が混乱しても対人間的にほとんど修復が可能であるという経験をしたことがあれば，「成人発症の」外傷への脆弱性などを含め，発達的外傷が成人してからの生活に与えるインパクトは，概ね内的葛藤として抱えることができ，自省することも可能で，また，良い関係におけるギブ-アンド-テイクの助けを通して癒されるものである。

　しかし，そのような経験を持たない者にとって，発達的外傷は非常に異なるインパクトを与える。認められることなく，自分の自己-経験を否定されるようなことが続くと——それは積もり積もって，存在するものとしての自己の全側面が認められないことにつながる——発達的外傷と甚大な外傷への脆弱性が織り合わされてしまうという事態が生じる。成人期においては，創造的で，自発的で，安定しており，そして関係的に真正な人生を生きるためには，並外れた天賦の能力と，そしておそらくは，その天賦の能力を**用いる**ことを可能にしてくれるような誰かとの間に癒しとなる関係を持つことが必要になるだろう。この誰かがセラピストであることはよくあることだが，そうである必要はない。

　そのような関係が与えてくれるのは，他者の心の中で一つの対象以上のものとして存在する権利を正当に感じる能力を取り戻すことであり，解離された情動的津波として心の回廊につき纏い，生を支配してしまうような，自己の中の「私ではない私」という，正当性を奪われた部分によって苦しめられることから解放されることである。発達的津波がどこを襲おうとも，癒されないままであるとしたらそこには影が残される。人は影と共に生き，そして程度の差こそあれ，その影は大人になるまでその人につき纏う。ときには，影は生涯を通して人につき纏い，解離的な精神構造として保持される。解離的な精神構造によって与えられる保護——関係を通して処理されていない外傷の残遺物と関連する情動の調節異常が回帰する可能性を阻止しようという脳の先取り的努力——の代償は，非常に大きい。

　その人物の現在と将来は，認知的象徴化と自省の余地を与え得るような関係性があまりにも乏しかったという過去の発達的外傷の影響のために，あまりにも硬直化した，「私」と「私ではない」自己-状態との間の隔壁によって，妨げられてしまう。他のところで論じたように（Bromberg, 2010），この二

重性の解離的本質によって，成人期を横断する道のりは単に一つの旅路ではなく二つの旅路となる。一つは意識化と選択が可能なものであり，もう一つは最初の旅路の中の影のように存在するもので，――それ自身の生を持ち，どんな選択をしても同じもののバリエーションへとさしむけるので，予め決定されている結論へと向かうかのごとく見える。「最良」を意図したつもりが，ほとんどの場合，予想せぬ失敗や，「何となく」身に覚えがあるものの気づいたときにはいつも遅過ぎるという，生の破壊的なパタンに終わってしまう。

　そのような患者たちの「主訴」にもかかわらず，彼らが最終的にセラピーに来るのは，このように取り憑かれていることから自由になりたいという満たされたことのない切望のためである。なぜか？　それは，どれだけ懸命に努力しようとも，「私ではない」自己-状態は，完全にあるいは無期限に麻痺させることは決してできないし，多くの者にとっては，それらがもたらす不安定化の洪水の恐怖も同様に麻痺させることはできないからである。それらは幽霊のように感じられるにもかかわらず，お祓いすることもできず，自己のこれらの部分が人間関係の目に見える関わりから「消失した」ように見えるときでさえ，遅かれ早かれ，関係面が空虚であるという痛みがそれを耐える心の能力を上回る。そして，これらの自己-状態は解離された囚われの身を打ち破り，ひどい内的な調節異常を生じるので，どれだけ「不承不承」ではあっても，助けを求めることを考えさせられることになる。私が「不承不承」と言ったのは，このような苦しみを抱え，自分自身を守るための唯一の確かな方法としては解離を用いるしかない者は，心理療法を始めるという知恵についても「幾通りもの考えを持つ」ものだからである。患者が明確に認識していようとしていまいと，少なくとも患者の一部分は，自分の自己-防御の片側的なシステムがこの関係のまさしく本質のためにリスクに曝されるということをはっきりと分かっている。

　そして患者の予想は実に正しいものである。遅かれ早かれ，「津波の影」が呼び起こされ，それがそもそも生じることになったもともとの関係的コンテクストがエナクトされて再び生きられることになる。そして想像を上回る多くの患者にとって，離人症の深淵へと滑り込んで行くような情動的記憶を呼び起こす――壊滅の瀬戸際である。このような患者すべてにとって，解離的な精神構造がその仕事を「適切に」し損なっているように見えると，安定

性を回復することが最優先となる。それはセラピーにおいては，「心から物事を放り出してしまう私の能力には触れないで欲しい」ということを意味する。患者がセラピストに会いに来ることを選択するのは，そうすることで人生をより良く，自発的に，そして創造的に生きることができるのではないかと暗に期待してのことなのだが，発達的外傷が大きな問題となっているような患者のほとんどは，「安全なのは自分自身だけで，そしてあなたは私ではない」と信じることによって既に相対的な安定性を得ているものである。したがって，セラピーの中心となるのは他者性の交渉についてなのである。一個のまとまった人間として存在する権利を患者が回復するのを助けるというセラピストの目標は，分析的関係の中にその場所を**獲得**しなければならないのであるが，逆説的なことに，それは患者の疑念の**ゆえに**獲得されるのであって，疑念にもかかわらず獲得されるものではない。

　患者／分析家関係は，自己-状態の衝突のエナクトメントを通して，真に生産的な分析的プロセスへの最もパワフルな入口となる――それは関係的な心の成長にとって必要な条件を共に創造していくプロセスである。関係は津波を――あたかも過去は病気であるかのように――取り除くための媒体ではない。そうではなく，その影の中で共に生き，少しずつそれを収め，「あなたの近しさ」への，そしてこれからも続いていく安定性への信頼と喜びを感じる患者の本来の能力を開放してやるための手がかりなのだ。

　「あなたの近しさ」を，喜びをもって経験する能力はわれわれに天賦のものであるが，それは単に生まれたというだけで使えるものになるような贈り物ではない。われわれは生まれる。われわれは育てられる。われわれは発達する。発達の過程でわれわれは関係的外傷のインパクトに曝される。津波の影が「あなたの近しさ」を安全に信じる能力を減弱するとき，ある者にとっては解離的な精神構造がすべてを呑み込むようになるが，他の者にとってはそれほどではない――しかしすべての患者にとって，**癒し（この構造を解凍させること）とパーソナリティの成長は，たとえ各々の要素を個別に概念化することが可能であっても，単一のプロセスのうちに含まれるものである。**

　「あなたの近しさ」という言葉で私は何を意味しているのだろうか？　そして同じように的確な問いだが，なぜそれを良い関係を持つ能力と単に呼ばないのだろうか？　母親-乳児の相互交流の研究者が論じていることはこの点を非常に明快にしてくれる。エド・トロニック（Ed Tronick, 2003）は，

あなたの近しさについて，それを「意識の二者関係的状態」と見なし，達成されるならば，「自分自身よりも大きく感じられる」(p. 476) ことに繋がっていくだろうと論じているが，読者に彼の言わんとするところを考えてみていただきたいと思う。

　　相互調整が特に成功したとき——すなわち，一人の人間の意識状態における年齢相応の意味の形式（たとえば，情動，関係に関する意図，表象）がもう一人の人間の意識状態における意味と協調して動くとき——**意識の二者関係的な状態が立ち現れると私は仮定する**。意識の二者関係的状態は間主観的状態と共通の特徴を持つものの，単に間主観的経験であるにとどまらない。意識の二者関係的状態は力動的な効果を持つ。それは乳児の意識状態の一貫性を高め，乳児の（そして相手の）意識状態を拡大する。**したがって，意識の二者関係的状態は発達にとって肝要であり，おそらく必須でもある。**

　　意識の二者関係的状態を達成することで経験されるのは，自分自身よりも大きく感じられるという効果である。したがって，世界と意識状態についての乳児の経験は，自身の自己-組織化のプロセスによってのみならず，乳児の意識状態に影響を与えている二者的な調整のプロセスによっても決定される。

　　根本原則は……相互交流の形式，およびやり取りを調整している関係的な情動と意図の意味とは，共創造されるプロセスから立ち現れる，というものである。**共創造のプロセスは，共にあるということの特有の形式を産み出すが，それは母親-乳児関係に限らず，すべての関係において言える**ことである。共創造は，関係の特有性の背景にある，関係の力動的で予測できない変化を強調する……。共創造性とは，一連のステップのことを指すわけでも，最終的な状態のことを指すわけでもない。むしろそれは，二人の人間がコミュニケーションを相互にやり取りする際に，二人がどのように共にあることになるのか，二人の間の力動と方向性がどうなるのかは分からないのであって，彼らの相互調整の中から立ち現れるとしか言えないということを示している。したがって，われわれは既に起こったやり取りを見てその説明の物語を作ることはできるのだが，一方，やり取りが起こる前には，あるいは起こっている間でさえも，そのやり取りを形づくる

物語や青写真は存在してはいなかったということをわれわれは理解しなければならない。**この違いを理解すること――既に起こったことの物語を作ることが可能であるが，今起こりつつあることの物語は作ることができないということ――そしてこの区別を大切にすることは，治療関係を含む関係において何が起こっているかを理解する上で決定的に重要な点である。**
（pp. 475-476，強調は引用者）

「自分自身よりも大きく感じられる」というフレーズに関して，ここで述べておかねばならないトピックがあるが，それについては本書で触れてはいるものの（最終章で一番多く触れている），私の仕事を全体として特徴づける心の必要状態では，**十分に書くことはまだできていない**。ロバート・フロストは，この心の状態を「逸脱者」と呼んでいる。この心の状態において，書き手は，「野生性をそのまま純粋に保ち……ある暑い日の午後にバッタが飛び跳ねるように」飛び込む――経験そのものに身をゆだねる――ことができるようになるのであり，同時に彼が「詩が作る形」と呼ぶものによって，書き手にはいかにして詩が「野生性を保ちながら同時に満たすべき主題を持ち得る」のかが**示されるようになる**。私の言うトピックとは，おそらくは生来の資質によって，あるいはよく分からない理由によって，われわれが心の合理的な枠組みと呼ぶものの中では理解することのできないやり方で，「他者」と互いに触れ合うことのできる一見**不思議な**能力を持っているような人，あるいはそういう能力を発達させる人々の存在である。現時点では，このトピックの議論のための概念的基盤として私はエリザベス・ロイド・メイヤー（Elizabeth Lloyd Mayer, 1996, 2001, 2007）の仕事を頻繁に引用しているものの，私の臨床ヴィニェット（臨床エピソード）の多くは実際この「野生的な wild」現象がセラピー中およびその周辺において驚くほどにどこにでも見られるものであり，私が「あなたの近しさ」と名づけているものに本質的なものであることを示している。

しかしこれは，私が**既に**書き上げた本のための序文であって，どのように書くかまだ分からない本のためのものではない。この文章にまだ読者をつなぎ止めるに十分な「野生性」が残っていることを期待しよう。私は読み手を想像しながら書き続けてきたのだが，彼あるいは彼女にさよならを言い，そして**現実の**読者の前にこの本の運命を不安のうちに委ねるにあたって，最後

に，二重の達成について見てみることで私の序文を終わりたい。精神分析的な関わり合いの中では，人の繋がりへの信頼，自信，そしてその喜びは，パートナー双方が「あなたの近しさ」に心を開いていくことを通して作られていく——累積的に，非線形的に，少しずつ。このようなことが起こると，**同時に**，関係的な情動調節の能力が高まり，それが津波の影を「収める」ことになる——これもまた，非線形的に，累積的に，少しずつ。しかしながら，経験としては，「津波を収めること」と「あなたの近しさ」とは，非線形的で同時に起こるプロセスではあるが，別個の**現象**だということであり，ゆえに別個に探求することが非常に有意義であり，この本の中でもそのように探求する機会が与えられている。この探求を通して，読者が，「関係する心が成長すること」とは二つの両立し得ない現実が共存すること——線形的な現実と非線形的な現実——によって可能になるということを，**パラドックス**として受け入れ，尊重することができるようになればと願う。今-ここでの経験として分析的関係が非線形的に生きられつつあるときでさえ，二人の人間にとって時は刻まれていき，それぞれ年老いていくのだが，やがて，一つの関係に喜びを感じることが可能になったその時に，終わらねばならないその関係にさよならを言わなければならないという非合理的な非両立性を尊重することができるようにならなければならない（Salberg, 2010も参照のこと）。パラドックスは尊重されなければならない。それは解離によってしか避けられないものなのだから。

　同じことは，悲しいかな，この序文にも言えることである。序文のおかしさだ。読者にとって，それはこんにちはである。著者にとっては，それはさよならなのだ。

第Ⅰ部
情動調整と臨床的プロセス

第1章
津波を収める[1]*

　個人的なことから始めてみたい——母がお気に入りの，私の思い出話である——4歳のときに起こった，ちょっとしたジョークだ。あの頃既に私はもの想いに耽りがちで，母の隣に座りながら我を忘れて静かに考え事をしていたが，突然「目を覚まし」，尋ねた。「ママ，僕が生まれたときどうして僕の名前がフィリップだって分かったの？」と。
　私は今でもその答えを考えている。4歳で，非実在nonexistenceという概念に興味を持ち始めたものの，まだ幼かったので，そのことで思い悩むことはなかった。自分は生まれる前から存在したと単純に思い込んでいたので，詳しく知ろうとしていたのだ。「存在しないnonbeing」といったようなことや，大人たちが「死」と呼んでいた，深淵などというものの影などありもしなかった。それは考えようもないものだったのだ。存在しない，ということは，私にとって何ら個人的意味を持たなかったのだ。生まれる前はどこにいたのだろう？　どこにいたのであれ，ママと一緒だったはずだ。自己-経験self-experienceに不連続はなかった。まだ私は，自己の連続性self-continuityが損なわれてしまいかねないほど深刻な発達的外傷を被ってはいなかった。そんなことはあり得るのだろうか？　もちろん，ある。でもそれはある程度までのことで，外傷を，特別な状況としてではなく連続体として見るならば，つまり，自己の経験の連続性を損なうか損なう恐れがあるときだけわれわれの注意を引くものとしてみるならば，の話であるが。

1）本章の初出，「津波を収める——情動調整，解離，そして洪水の影」(Shrinking the Tsunami: Affect Regulation, Dissociation, and the Shadow of the Flood) は，『現代精神分析』*Contemporary Psychoanalysis, 44*, 2008, 329-350. に掲載された。
＊（訳注）原題は Shrinking the Tsunami. shrink は精神分析を連想させる語でもあり（headshrinker 精神分析学者，shrink one's head 精神分析をする），「津波を収める」という意味だけでなく「津波を精神分析する」というニュアンスも掛けられている。

しかしながら，私の小話が何の意味も持たないような人たちが確かに存在する。何らかの形で，存在しないという経験，それはしばしば恐ろしい経験なのだが，そのような経験をしてきた人たちである。4歳のときでさえそういう経験をすることはあり得るし，もっと幼くてもそうだ。そのような人たちにとっては，私が母にした質問は，決して触れることのできないトピックに触れるものとなる。彼らの中の何かが，存在しないことは本当にあり得る脅威だと告げるのだ。混沌と崩壊をもたらすような情動の，強力で恐ろしい津波 tsunami がその中に潜んでいる，と。

もし発達的外傷が人格形成の核をなす現象であると考えるならば，誰にとってもそれは存在するのであって，程度の違いがあるに過ぎないと考えることになる。そうであるならば，安全な愛着によって達成された安定感さえも，程度の問題ということになる。つまり，誰でも自分の心が扱い得る以上のものに直面しなくてはならない経験をし得るのであって，どのくらいなら耐えられないのかということに関しての人々の間の違いが，「発達的外傷」あるいは「関係的外傷」とわれわれが呼ぶ広いグレー領域においてわれわれが取り組んでいるものなのである。

「贈り物」

スコットランドの詩人，ロバート・バーンズ（Burns, 1786）は，「他者がわれわれを見るごとくわれわれが自分を見るという贈り物〔／能力〕the giftie を／何らかの力が与えてくれればいいのに」と書いている。しかし，「他者」の目を通して見られる自分のイメージを受け入れるのは，そう簡単なことではない。自分について他者が抱くイメージが，自分にとっては自己の解離された部分──「私ではない私 not-me」──に基づいている場合はとりわけ困難である。だから，私が詩のこの一節を聞くときはいつも，バーンズに向かって，その「能力」には気をつけるように，祈り求めているものには注意するように，と言いたくなる自分が出てくる。

にもかかわらず，バーンズが言及しているこの贈り物〔／能力〕は，紛れもなく発達的には一つの達成と言えるものである。それを使うことには生涯にわたる内的苦闘を伴うし，その苦闘のためにときにその贈り物〔／能力〕

を店に返品したくなるようなときもあるわけではあるが。皮肉はさておき，それは，およそ人間が受け取るものの中で最も価値ある贈り物〔／能力〕かもしれない——間主観性という能力である。

　自分で自分自身を見るという経験のあり方を解離してしまうことなく，他者が自分を見るかのように自分自身を見ることができるならば，それは間主観的な関わり方である。問題は，間主観性に関わる人間の能力とは変わりやすいもので，むらがあり，ときには太陽の黒点を見つめるかのような芸当も求められる，ということである。誰にとっても，他者の目を通して自分のことを見るということは，あまりにストレスのかかることとなる。なぜか？ 他者の見方は，自分の中で今現在生じている経験とあまりに離れていると感じられるので，同時に二つの見方を心の中に保つことが難しいからである。そのようなときには，心は，ギアを入れ替えて，そのようなストレスを減らすために，正常な脳のプロセスを防衛的に使う——解離する dissociation のである。われわれは，解離は内的なきっかけによって引き起こされるものと考えることに慣れているが，実際には，そのプロセスを開始させるシグナルは，典型的には，「他者」から，その他者が他人であれ，自分の中のもう一つの部分であれ，他者から来るのである。ともかく，あまりにも相容れない複数の自己-経験は，その後適応しようとして，少なくともしばらくの間は相互のやり取りがなされないような別々の自己-状態 self-states の形で保たれることになる。

　人によっては，「しばらくの間」とは短い時間に過ぎないが，他の一群の人にとっては，それは非常に長い時間あるいは永遠に続くということを意味する。後者のグループの人にとっては，解離は，単に日常のストレスを一定の時間だけ処理する精神的なプロセスではない。それは，生きられる範囲を狭めることによって人生そのもののあり方を規定するような一つの構造である。心／脳はその自己-状態を予知的防御システムへとまとめあげる。それによって，ある瞬間に「私」として経験されるような解離的に狭まった自己-状態とうまく繋ぐことのできないような自己-状態は，予防的に，経験できないものとしてシャットダウンされることになる。このような，解離的な精神構造を用いた自己-状態の厳格な隔離は，ある人々にとっては人格の中心を占めるものであるため，事実上，あらゆる精神機能を形成することになる。一方，解離による隔離の範囲がもっと限定されている人もいる。しか

し，その程度や範囲にかかわらず，その発達的な機能としては，自省機能はあってもごく小さなものにとどめて，自己の連続性が確実に生き残るようにすることである。心／脳は，自省して認知的に判断することを厳しく限定することで，辺縁系を，ヴァン・デア・コーク（Van der Kolk, 1995）のいう「煙探知機」の機能を持つ「専用回線」として多かれ少なかれ自由に使えるようにする。それは，情動の調節ができなくなるような引き金を引く可能性がある予期せぬ出来事を「探知する」ように設計されているのである。

　認知的に自省する能力を犠牲にして自動的に安全を優先するということは，予防的な解決であるため，代償が伴う。そうなると，絶えず〔外傷の引き金を引く可能性のある情動の侵入に〕目を光らせているというプロセスから二次的に派生するような生き方を「こっそり取り入れる」のが関の山である。そういう警戒態勢は，皮肉にも，大抵は情報理論が「偽陽性」と呼ぶものを作り出してしまう。そういうことであれば，その人は，自分の人生で何かがうまくいっていないのは，人生の大半を何か悪いことが起こるのではないかということを恐れて時間を費やしてしまっているという事実と関係があるのではないかと，遅かれ早かれ理解することになってもよいように思う。そこをつなげようとしないのは，解離の構造そのものが，認知的に自覚できる部分の外で作動するように作られているからである。それぞれの状態には，交渉の余地があまりない情動的な「真実」があるのだが，それは，他から隔絶したそれ自身の現実のヴァージョンを補強すべく自ら「証拠」を選んで並べることによって支えられているに過ぎない。もしその人が，「なぜ私はこのように自分の人生を生きているのか」という問いについて自省しようとすると，幾つもの相容れない個人的現実のヴァージョンの間に情動的な衝突が誘発され，内的に不安定になってしまう可能性が生じる。このような問いを立てるだけでも，心／脳にとって情動の混沌に対して唯一頼りになる安全装置である解離的な精神構造の統合性を脅かす。それにもかかわらず，この問いは，しばしば苦肉の策として，間接的ではあるにせよ，問われる。その結果，心理療法家を探し求めることになったりもするが，その人の自己の他の部分が心理療法を受けるという考えをあまりに激しく非難するので，その人がオフィスに到着してみると何故自分がここにやって来たのかを言えないということもときどき起こることである。

　いったん治療に入ると，彼あるいは彼女が，そこにいるということについ

て「幾つかの考えを持っている of more than one mind」という事実が，また別の問いをエナクト enacted された形で浮上させる——そして，それを言葉にしようと不断に格闘することが，治療の全プロセスを形作ると言えるかもしれない。この二番目の問いは，暗に，次のような問いとして考えることができるのかもしれない。外傷の可能性に対する守りは，そのために犠牲にしていることに比べて，どのくらいの価値があるものなのか？　初めは，その問いは，患者のさまざまな自己-状態の間の内的な論争という形で展開される。情動的な安全を第一に考える状態から，危険を伴っても人生を向上させるものを認めようという状態までいろいろある。この自己-状態間の戦いが，治療者／患者関係をその中に引き込む。こうして治療者と患者は，患者が自分自身の内的対象との間に持っている不安に満ちた関係の，今-ここでのエナクトメントを介した外在化に参加する機会が与えられることになる。

津波を収める

　エナクトメントは共有された解離的な出来事である。それは無意識的なコミュニケーションのプロセスであり，患者の自己経験のうちでも，外傷のために（発達上のものであれ，大人になってからのものであれ）関係性のコンテクストにおける情動調節の能力が程度の差こそあれ損なわれ，それゆえに自己発達が思考と言語による象徴的な処理のレベルにおいて損なわれてしまったような自己経験を表している[2]。それゆえに，エナクトメントを治療的に用いるにあたって最も重要なことは，情動状態を調節する能力を増大させることである。その能力を増大させるためには，分析における関係性が危険

2）エナクトメントという言葉を，患者／治療者関係に限定して用いるのが私の好みである。この解離的なコミュニケーション・チャンネルは，人間のあらゆる言説においてどこにでも見られるような基本的な側面なのだが，それでもそのように用いたい。関心のある読者には，トニー・バス（Bass, 2003）の，このジレンマに関する鋭く明快な議論を参照されたい。その中で彼は，これまで発表された多くの論文の中でエナクトメントという言葉がさまざまに用いられていることを踏まえ，その使用法を区別するための取りあえずの方法を提唱している。それは，**臨床的な**含意を持たせるときには頭文字を大文字で［E］nactment と綴る方法である。この提案は，「大規模の外傷 massive trauma」を「発達的外傷」から区別するために，前者を大文字で［T］rauma と表記した試みと同様，実践的なニーズに目を向けたものだが，われわれがいずれも認めているように，もっと深い疑問が依然として残されたままではある。

と安全を同時に支えるような場となることが求められる——早期の外傷を，単に過去を盲目的に繰り返すことなく，痛みを感じながらもう一度生きること reliving を可能にするような関係性である。それは，私がかつて「安全だが安全過ぎない safe but not too safe」(Bromberg, 2006a, pp. 153-202) と述べたような関係性であることが望ましい。その意味するところは，分析家が患者の情動面の安全を常に気にかけていることを伝えながら，**同時に**，もう一度生きるという，痛みを伴うが避けられないプロセスの価値へのコミットメントをも伝えるということである。

〔「安全だが安全過ぎない」というのは〕素晴らしい表現だが，私は当の患者ではない。外傷のサバイバーにとっては，「安全だが安全**過ぎ**ない」という言葉は，最初は何の意味も持たない。なぜなら，**経験**としての相対的な安全は，主観的現実としては意味がないからである。外傷のサバイバーには，津波の影が忍び寄る。実際，私が「安全だが安全過ぎない」と言うとき，私は，自分の中に，言葉にできないような申し訳なさを感じる部分があることを自覚している。その申し訳なさは，「津波を収める」というタイトルが浮かんできたときに感じたものとそう違わない。もし個人的に本当の津波を経験していたら，打ち切りにしてその言葉を比喩としてタイトルに使うことはできなかっただろう，と確信する。もしそうしたら，それは胸に迫り過ぎただろう。外傷のサバイバーにとっては，言葉は，解離的な外傷の経験を情動的にもう一度生きる引き金を引く可能性を持っている。それに比べて，私は，**収める**という言葉で遊ぶ〔／プレイする〕のと同じくらい，**津波**という言葉でも自由に遊べる〔／プレイできる〕立場にあった。治療においては，それまで過去の外傷の解離された影としてしか存在しなかったものを用いて自由に遊べる能力が育つことが「津波を収める」という言葉で私が言いたいことであり，本書の以下の部分も主にそのことについて述べることになる。

「安全な驚き」(Bromberg, 2003b) となるような相互交流を通じて，非外傷的な自発性を外傷の可能性（洪水の影）から情動的に区別する患者の能力が，どのように増してくるかをこれから述べる。ここで目を向けたいのは，分析治療における，思考することのできない「私ではない」自己-状態の，今-ここでの出来事としてのエナクトメントへの変化である。それは，安全な驚きという形で対人間的に演じられて〔／遊ばれて・プレイされて〕，同じ出来事についての分析家の主観的な経験と比較され，患者にとって重要な

「私」の布置になる。

　私は，津波を収めるという変容のプロセスは，情動調節の能力の向上をもたらすだけにとどまらず，心理療法における成長プロセスのまさに中核そのものであるという考えを提示したい。ロナルド・レイン（Laing, 1969）の「二人の人間が二人の間の関係性を通して人間の全体性を回復しようとする頑ななまでの試み」（p.53）というフレーズは，このことをぴったり言い表していると私は思う。

　この成長プロセスの基礎となるのは，主観性の間の衝突をうまく交渉することを可能にするような分析状況の存在である。その交渉を生み出すのは，共有された心の状態――バック（Buck, 1994）が大脳辺縁系間の会話と呼ぶものを支える，暗黙のコミュニケーションのチャンネル――を作り出すことである（Schore, 2003a, p.276 に引用）。これは，どちらか一方だけにではなく，双方に属するような関係的無意識を共創造 cocreation することに他ならない。患者／分析家関係は，自己と他者の間の境界が次第に透過可能になったその程度に応じて，治療的な環境となるのである。[3]

　患者の外傷的な過去が演じられる play out というとき，ここで私が用いる上演 play の概念は，フィリップ・リングストロム（Ringstrom, 2001, 2007a）が**即興**と呼ぶものに近い。それは，それぞれの主体の相互認識が，リングストロムの言葉で言えば，判然と言語化されるというよりは暗黙のうちに演じられるような上演形態である。彼が言わんとすることは，私が論じた衝突と交渉の概念（Bromberg, 2006a, pp.85-150），ショア（Schore, 2003a）が論じた状態-共有の概念と重なるが，リングストロム（Ringstrom, 2007b）は加えて他のことも強調しているので，それをここで繰り返しておくべきだろう。「即興はしばしば，**対象** *object* としての他者と共に演じること playing を伴う。[なぜなら]二人が，互いに対象としての相手と共に演じることができているとき，二人は**主体** *subject* としての自分自身についての何かを自然と開示してしまうものだからである」。このことがとりわけ大切なのだが，それは，私が衝突と交渉のプロセスと呼ぶもののうちの衝突の部分は，実際，コントロールしたりされたりする対象として他者を経験することから，

3）ここでの私の観点（Bromberg, 2007 を参照）は，ジェシカ・ベンジャミン（Benjamin, 1988, 1995, 1998, 2007）の「サードネス thirdness」と明確化したものと呼応する。彼女はこれを，「対立物の共存」への道を開くような，共有された過程であると述べている。

（初めは対象としてではあっても）互いに遊ぶこと play のできるような関係へと移っていけるように，患者と分析家の能力を発達させることに他ならないからである。**プレイ** play の意味の中でもこの意味こそが，交渉を可能にし，間主観性——互いに相手を主体として経験できること——へとつながるのだと私は信じている。

　例を挙げよう。私は，分析家の心の状態の詳細，そして分析家が感じる心／体に生じるシフトなど，分析家が患者との関係そのものを主観的にどのように経験しているのか，それを患者と共有することの価値を信じている。私は以前，**共有すること**の影響も含め，自分がしていることが患者に及ぼす影響についての，個人的な気遣いを患者に伝えることの重要性について書いた。そうすることで患者は，分析家が「するべき仕事をしている間」にも，患者の情動的な安全について考えてくれているということを知ることができるのである。私はいつも忘れずにそうしているだろうか？　いや。忘れているときにそのことについて聞くことはあるだろうか？　しょっちゅう！　それについて聞くのは好きだろうか？　特には。しかし，自分の眼を通して私を（特に私が解離していた私の自己の部分を）見るという患者の「贈り物」を私が受け入れれば受け入れるほど，コントロールしたりされたりする対象として私を経験することを止め，患者の主観性を認めることにコミットしている人間として私を経験するように患者は変化していきやすくなる。たとえ私がその瞬間には不器用にしか受け入れられていないとしても，である。

アリシア

　そのような変化が起こる瞬間が特に生き生きと感じられたセッションについて話してみたい。アリシアは，小説家として名声を博し，経済的にも成功し，批評家にも高く評価されていた女性だったが，隠遁した生活を送っていた。彼女が私の患者となった頃，私はもう何年も彼女の作品のファンだった。彼女が社会的に引きこもっているという噂が広く知れわたっていたが，そのことも私は承知していた。しかし，その後初めて分かったことだが，彼女の隠遁の背後には，他の人と本物の authentic 話し合いをすることができないという衝撃的な事実があった。彼女が本物の authentic 対<ruby>人間的<rt>たいじんかんてき</rt></ruby>コミュ

ニケーションができないことに，私は真に当惑した。アリシアは作家として，鋭い機知を用いて，洗練された形で，味覚をくすぐる意外性をはらんだものへの天賦の嗅覚でもって社会的な相互交流を描いた。彼女の小説に出てくる登場人物たちは，明らかに，人間関係の複雑さを理解している心によって生み出されたものだった。しかし私がやがて彼女から聞き，また彼女との経験から知ったのは，避けることのできない数少ない社会的な交流の場面では（当然のことながら，彼女はブックツアー*は拒んでいたのだが），読書経験をとても素晴らしいものにしてくれる彼女の本の持つまさにその性質が，彼女と面と向かってみると正反対の形でしか存在しないということだった。このことは公然の秘密として知られていた。

　われわれの作業の初めの頃は，私にとって容易なものではなかった。分かりにくく，ストレスのたまるものだった。私は，作品を通して知っていた刺激的な人物と会えることを心から期待していたために，幾分解離した形で失意を抱えることになった――まるでアリシアの小説を書いたのは誰か別の人で，その人を私が知ることは決してないだろうとでもいうような思いになった。われわれの関係において彼女のパーソナリティを特徴づけていたのは，想像力のない具体性で，それが彼女の言葉すべてにあふれていて，しかしながら彼女は知性が欠如しているようには見えなかったし，その文字通りの応答が抑うつに由来するものであるようにも見えなかった。彼女の思考や関係の様式の一次元的な性質は，彼女が言うように，「周りに人がいるときの私の在り方そのまま」であった。作家としての彼女の自己-状態が「周りに人がいる」ときの自己-状態から劇的に解離していることを私が理解するのはそれほど難しいことではなかった。その隔たりに目を向けさせようと彼女に自分を意識させることは，同時に彼女の具体性をも強めることになってしまうが，しかし当初からそれ以外の道も見当たらなかった。

　時間が経つにつれて，われわれの間ではエナクトメントを**扱うこと**の作業が次第に大きな役割を持ち始め，彼女の中の相異なる自己-状態の間の解離的なギャップはゆっくりと少なくなっていった。アリシアがセッションの中で自分について話す話し方の中に「作家」の存在を認識することが，前よりも容易になってきた。彼女の作品の中にあれほど明瞭に見られる機知や遊び

＊（訳注）国内の書店などを広く回って，講演やサイン会などして販売を促進すること。

心の性質が，われわれの直接のやり取りの中ではごくわずかしか見られないことはそのままだったのだが。にもかかわらず，私は生じつつある変化に励まされるように感じ，彼女のさまざまな自己-状態の間の一貫性の増大が，実際よりも安定したものであると思い込むようになった——そして私は気が弛んだ。

　私がここで描くセッションで——「変化が起こる瞬間」である——アリシアと私は，再びいつものエナクトメントを演じていた。それまでもしばしばそうしていたように，何かが情動的に「違う」と私には感じられているという経験——言葉で話されていることと何かが隔っているように感じられているということ——を彼女と共有した。しかし，同じような瞬間に私の心の状態を共有する衝撃について注意深く尋ねたときとは違い，このとき私は，アリシアの中の別々の自己-状態のそれぞれに私の自己開示という行為が与えた影響について，どちらの自己-状態からも聞き出そうとはしなかった。その瞬間でさえ私は，自分の怠惰は，部分的には，自分のお気に入りの作家の一人と刺激的な会話をするチャンスを持ちたがっていたためだ，とかすかに自覚していた。もはや彼女を「普通の」患者であるかのように扱う必要はないと一方的に決めつけることで，私はその機会を作りたいと思っていたのだった。私は自己開示を終えて，それまで待ち望んでいたように，お互いの経験を創造的に話し合うことを楽しみにしていた。すると彼女はたった一文でもって答えた——「一つのジョーク one-liner」だったのだが，それは私がいつも望んでいた以上のものだった。アリシアは，片目をキラキラ輝かせもう片方の目では睨みつけるように私を見つめて，「あなたは**誠実**妄想 delusions of *candor* を持ち始めていると思います」と言った。私は噴き出し，彼女も噴き出した。ついに現れた——自発性，機知，そして威勢のよい遊び心が——それはわれわれのどちらか一人だけのものではないやり方で生じていた。それは二人で創造した関係の無意識であり，それ自体の生命を持っていた——この共同創造によって，「間に立つ」という私の概念は，物理的（Ogden et al., 2006 を参照）および対人間的（たいじんかんてき）現実として具現化されたのだった。それはまた，彼女のキラキラ輝く目と睨みつけるような目の二つに表れているもので一緒に戯れることを誘うような，繋がりの瞬間でもあった。

　エナクトメントを抜け出すような，あるいはその中を突き進むようなこの

変化によって，関係性のコンテクストにおいて自発性をもって創造的である能力が患者の中で大きく変化することになったということは，ほとんど疑いの余地はない——私が押し進めている治療モデルを直接的に支持する結果を提供していると思う。しかし，もし実際これがそれほど立派な治療モデルであるならば，何故このような変化が現れるのにこんなに時間がかかるのだろうか？　エナクトメントと取り組むのにあたって，安全と危険の間のバランスを取ることは何故こんなに難しいのか？　そして分析プロセスの中でこのバランスを不安定にするのは何なのか？　大きな自信を持ってこれらの問いに答えることはできない。しかし，このような患者の対人間的な創造的自発性の能力がそもそも何故犠牲にならなければならなかったのか，そしてひとたび犠牲になると何故そのままでなければならないのか，これらを理解することによって先行きはかなり明るくなると思う。この問題はわれわれを津波の影へと，そして自己の連続性の脅威へと，連れ戻す。

　マイケル・カニンガム（Cunningham, 1998）は，ヴァージニア・ウルフについて書いた素晴らしい小説『めぐり合う時間たち *The Hours*』の中の意地悪く挑発的な二つの行の中で，多様性と全体性の間の自然な調和が損なわれるときには創造性と狂気の間の安全な境界は守られなければならない，と警告している。「ローラ・ブラウンは，自分自身を**見失おう**と努めている。いや，正確にはそうではない——パラレルワールドへの入口を得ることで，自分自身を**保とう**と努めている」（p. 37，強調は引用者）と。

　治療においては，解離してしまった過去の恐怖があまりにも強く情動的意味によって現在を満たしてしまう。だから今の状況が他の人にとってはどれだけ「明らか」に安全であっても，患者が自分は安全だと知覚的に自覚することは，自己の安定性を脅かす危険性として感じられることになる。その危険性は，以下のような事実から生まれてくる。つまり，彼女が関係の中で安全だと感じれば感じるほど，希望を強く感じ始めるようになり，希望を強く感じ始めれば始めるほど，情動の調律異常への「フェイル・セーフ」機構＊として絶えず目を光らせている解離的な精神構造に自動的に頼ることが少なくなる，という事実である。その結果，情動的な安全を保つことだけに専心している自己部分が，患者が「安全だが安全過ぎない」と感じられるものを**信**

＊（訳注）誤作動や誤操作に対する安全を保障する機構。

頼し始めることを示すいかなるサインも，嗅ぎ出して反対するのである。

　解離的な精神構造は，心が耐えるにはあまりに重い**可能性のある**ものを認知的に表象することを防ぐように作られているが，それはまた，象徴化されていない情動経験を解離的にエナクトされた形で伝えることを可能にする効果も持っている。エナクトメントを通して，解離された情動的経験は，共有された「私ではない私 not-me」という繭（Bromberg, 1998a）の中から伝達され，それは関係的交渉 negotiation を通じて，認知的かつ言語的に象徴化されるまで続く。エナクトメントの初期においては，共有された解離的な繭は，精神的に表象されることのない暗黙のコミュニケーションを支える。この繭の中で，直接的な関係を作ろうとしている患者の自己-状態が切り替わる switch と，セラピストの自己-状態も，同じように解離的に切り換わることになり，そうして変化した状態は時間と共に，患者の解離された状態の切り替わり state-switch を受け入れ，応答できるようになる。

　心的表象機能が外傷によってダメージを受けていることを考えると，ラウプとアウエルハーン（Laub & Auerhahn, 1993）の次のような有名な見解について考えてみることは重要だろう。「防衛と欠損の両方のためにわれわれの認識の目を逃れるのが，外傷の本質と言える。……外傷はまた，それを有機的にまとめあげる能力を圧倒し打ち砕く」（p. 288）。外傷経験は，エピソード記憶の形をとることもあり，それはしばしば情動を通してしか近づくことができない。しかしそれは身体感覚あるいは視覚的イメージからなることもあり，その場合には，物語的な意味を持たずに，身体症状もしくはフラッシュバックとしてのみ戻ってくることになる。それはすなわち，その経験の感覚的な痕跡は情動的な記憶の中に保たれ，孤立したイメージと体感として保持され続け，自己のその他の部分から切り離されているように感じられるということである（P. Ogden, 2007）。情動を無意識に保っている解離的なプロセスはそれ自身の生命を持っており，それは対人間でも精神内界でも関係を持とうとする生命で，患者と治療者の間で，われわれが**エナクトメント**と呼ぶ二者的な解離的現象の中でも演じられる生命である。

　分析家の仕事は，エナクトメントを用いて，患者の「私ではない」という経験に，共有された現象としての表象的な意味を与えられるようにすることである。そのためには分析家は，解離された経験，そして行為者もしくは経験者としての今-ここでの自己との間を，患者の作業記憶の中で認知的につ

なげる。そのプロセスは，今-ここでの状況に，「私ではない」ものが暗黙のうちに入り込むことで始まる——患者の解離された主観性と対応する形で**分析家**の内的世界において同時に起こりつつある，情動的に切り離された出来事を通して，始まるのである。

　そのプロセスが不安定だと感じられるのは，それが非線形的だからである。エナクトメントは繰り返し起こり，その度ごとに少しずつ処理される。繰り返されるように見えるのは，非常に限られた程度の外傷しか表象されないのだが，外傷を受けた人が当初抱くのはそのような類の表象だけだからである。そしてエナクトメントを重ねることで，エピソード記憶はさらに象徴化されていき，ゆっくりと，長期記憶の中で認知的に表象可能なものとなっていくことが期待される（Kihlstrom, 1987 を参照）。象徴化されない情動が強ければ強いほど，過去に関して，そして過去の扱い方とその必要性に関して別々の現実を持つ自己性 selfhood の孤立した島々の間のコミュニケーションを妨げようとする力は強くなる。エナクトメントの中で外傷の解離された部分を再び生きることを通して，作業記憶が外傷の象徴化されていない側面を表象できるようになるためには，分析関係に二つの必要不可欠な性質——安全と成長——の間の相互交流が含まれる必要がある。患者はエナクトメントを，不安定をもたらす情動の影が感じられるくらいには強く，しかし**自動的な**解離の使用が増えるほどには強過ぎないように経験するのでなければならない（Bucci, 2002 も参照）。

　外傷的な情動と不安を区別する上で，サリヴァン（Sullivan, 1953）は**外傷**という言葉ではなく**重度の不安** severe anxiety という言葉を使っているが，彼が考えていたのは，今日の言葉で言えば，不安定をもたらす可能性があまりにも強いために自動的に解離をもたらしてしまうと思われるような経験である。外傷によって呼び起こされる情動は，ただ不快であるだけではなく，認知的に経験について考え，自省し，処理する心の能力を今にも圧倒してしまいそうな，混乱させるような過覚醒である。これは特に，人を離人症の縁に，ときには自己の抹殺の危機の縁まで追いやってしまうような情動の調節異常について言えることである。自己の連続性はここで真に危険に曝されるのだが，恥の感覚によって自己評価がひどく下がるのもこのときである。

　突然起こる恥の感覚とは恐怖に匹敵する脅威であり，自己が辱められている，あるいは辱められようとしている事態を知らせる。かつての情動的な津

波の再来を防ぐべく，心-脳は解離の引き金を引く。外傷に絡む恥とは，恐ろしいほどに予想外の暴露の感覚で，つい直前までの自分はもはやどこにもない。恥というのは，その人がかつて**行った**悪いことに関連する情動ではない。ヘレン・リンド（Lynd, 1958）が述べたように，「私は自分の**あり方**を恥じる。このような全般的特徴のために，恥の経験は，自己全体に何らかの変化が起きなければ変えることも乗り越えることもできない」（p. 50）。外傷が分析治療の今ここで再び生きられたとき，再び生きたその経験を患者が言葉で伝えることは，痛々しくも困難なものとなる。それは，リンド（Lynd, 1958）が「二重の恥」と呼ぶもののためにである。

> 恥を析出させる出来事が外向きには些細なことであるために，その情動の強さは，それを惹き起こした出来事と比べると，不適切で，ふさわしくなく，不釣り合いであるように見える。**この故に，二重の恥が生まれる**。最初のエピソードのために恥を感じ，そして分別のある人なら注意を向けないような些細なことをそれほど深く感じてしまったことにも恥を感じてしまうためである。（p. 42）

分析の仕事においてもっとも難しい部分の一つは，治療プロセスそのものによって惹き起こされた恥を探し当て，関係性のコンテクストの中で話し合うことである。私は**調律する** *being attuned* という言葉よりもむしろ**探し当てる**という言葉を使いたいが，それは，恥が今ここの「恥についての恥」に埋め込まれていて，恥の経験全体が解離されてしまうことになることがよくあるからである。今ここで患者の恥が解離されている分だけ，分析家はそれに気づくことは難しくなり，特に患者の言葉に専ら注意を払っているときにはそうなりやすい。したがって，患者が外傷を再び生き始めたことに気づいたら，その領域で仕事を進めていくにあたっては，明らかな恥の欠如が恥の所在を探し当てる上での手がかりになる。分析プロセスの一部としての恥は避けることのできないものであり，分析的作業のエッセンスは，分析家がそのことを考えているということを患者が知ることにある。患者がそれを知るならば，患者は，解離された今ここでの恥を一緒に心に留めてくれている分析家と共に深淵の縁から戻ることができる。なぜならそのとき患者は，認識することを通して自省への移行を可能にしてくれる「他者」と共にあるから

である．もっと簡潔にいうならば，エナクトメントの作業におけるゴールは，**怖がっている** scared と感じることと**傷跡がある** scarred と感じることとの違いを患者が認識できるよう手助けすることである．

　臨床的にも神経生物学的にも，うまく行った精神分析的治療は，患者とセラピストの間の情動的／認知的コミュニケーションを通して情動調整の損なわれた能力を取り戻し，それが続いて間主観性の発達を促す，ということを示すエヴィデンスが増えている．このことの精神分析的な「技法」にとっての重要性は，精神力動の源泉としての抑圧の存在を常に想定することはできないのであって，われわれの分析家としての仕事には自己の隔離された部分の間のつながりを修復することも含まれるということを受け入れるとき，とりわけ意義深いものとなる．そのような修復は，内的葛藤とその解決のための必要条件なのだ．このことはつまり，葛藤解釈の有効性は，情動の調節不全と解離との間にある弁証法的関係と結びついているということである．

　非常に稀な場合を除けば，象徴化されない外傷的な情動を治療的に再び生きて認知するプロセスは，純粋に外傷的な経験を生むことはなく，患者と分析家の両者が，ときに「瀬戸際」（Bromberg, 2006a, pp. 92-95）の近くまで来たと感じるときでさえそうである．どうして，真の外傷にはならないのか？　セラピストとの間で繰り返しエナクトされるシナリオは，あたかも患者がもともとの外傷の中に戻ったかのようであり，実際自己の一部はそれを再-経験している．しかし今回は自己の他の部分が「待機」していて，それらは何が生じているのかも，驚くことは起こらないことも知っているし，必ず起こるであろう裏切りと取り組む用意もできている．このエナクトされたシナリオを通して，患者は，もともとの外傷の縮小版を再び生きるのだが，隠れたところで警戒態勢が敷かれていて，警告なしに（これは外傷の必要条件である），それに襲撃されることから自分を守っている．しかし，外傷を受けた重症の患者にとっては，その経験は，しばしば極めて危険な「ギリギリ」のところにいる経験となる．

　私が仕事をしている中で最も実り多いと感じさせるのは，患者が自身の解離のプロセスとそれが果たしている機能に気づくようになるセッションである．そのような瞬間は，ほとんど決まって，予期しないときに訪れるが，それは変化は常に洞察に先んずるからだと思う．ここで示した例は，私がなぜ，精神分析的成長プロセスの今ここの非直線性を認識することにそれほど

の重きを置くのかを明らかにしてくれる。

マリオ

　マリオは非常に強い解離状態に陥ることが続いていた。それは，今-ここにおいて他の人と一緒にいることなど実質的に不可能であるほどだった。彼には，他の人と間主観的にやり取りをするということが——つまり，自分を経験している相手を自分がどのように経験しているかということを通して相手のことを知ることが，そしてその逆も——，どういうことかまったく分からなかった。マリオは，関係の外側に立って人を「評価 size-up」する並はずれた能力を持っており，その能力を使って，自分が観察したことを通して彼らと関わっていた。それ以外，彼は基本的には，「心盲 mind-blind」だった。

　マリオは，人と関わる新しいやり方をついに見出せるのではないかと感じ始めたセッションでは，醜く人を寄せ付けないような存在として自分を経験するような自己-状態に入っていくのだった。この状態において，彼は自分のグロテスクさが，たとえばデートの相手にとって，いわんや結婚相手にとって，いかに受け入れがたいものであるかについてマントラ（呪文）を唱え，私の気を逸らすのだった。やがてわれわれは，セッションを重ねる中で，この状態，およびその中で唱えられるマントラは，彼の恥と恐怖を私が十分に認識しなかったことに対する反応を彼がエナクトしたものの核心だと考えるようになった。もしも彼が警戒態勢を緩め自発的な交流の安全性を信用してしまうと，自分自身の心を持つ人々の世界の中で危険を冒し，恥の感覚で圧倒されてしまうことがないように，自分を守る必要が出てくるのだが，何となく彼は，私がその重要性にそれほど注意を払っていないことを感じることができるようになっていた。

　以下のヴィニェットは，マリオの治療を始めて何年も後のものである。その頃彼は，自動的な反応として解離に頼ることは最小限となり，同時に，自省，自発性，間主観的な関係形成といったことが大いにできるようになっていた。このセッションで，マリオは，自分にとってはまるで大したことではないといった様子で前夜のことを思い出した。彼は，まさに寝ようとするときに，マントラについて洞察を得たのだった。注目すべきは，この回想が，

私の厚かましい言語化に対する反応として生じたということである。私は図々しくも，自信を持ってこう述べたのだった。彼が今友情をはぐくもうとしている女性について抱いている不安が示しているのは，彼がすでに，女性について「前と同じ」問題を持っているのではなく，前とはとても違う形でこの女性と関係を持とうとしているのである，ということではないかと。私は，彼が今抱えている困難は，新たな関係を結ぼうとするときには誰もが感じる正常な不安の類であると言った。さらに私は，彼女と一緒にいるときの彼のあり方が彼女とよく「つながって」いるのを感じることができるし，この女性とのことが最終的にどうなろうと，彼が自分の内側に，恐怖に苛まれずにデートを生活の一部に取り込む力があることを感じることができる，と付け加えた。そのような思い上がった祝辞めいた言葉は，普通は，あまりにグロテスクであまりに醜いので誰も彼と付き合おうとはしない，というマリオのマントラの自己-状態を誘発したであろう。そして私は，自分の熱意をおそらくは抑えるべきなのだろうと考えた。しかし私は，その自己-状態の切り替わりの引き金を引かないよう用心しなければと**感じては**いなかった。われわれは，まだ言葉にならない新たな情動領域をどことなく共有しているかのようだった――以前ならあり得ないことだったが，危険を冒してでも，お互い何か言おうとしている状態を共有しているかのようであった。奇妙なことに，私の言葉は遠くに響くように私には感じられたが，つながっていないとは感じられなかった。

　沈黙の後，マリオは前の晩に自分が理解したことについて語ってくれた。彼はこの女の子についてずっと考えていて，彼女に電話すべきか否か，考えていた。ちょうどベッドに入ろうとするとき，気づけば彼は自分のマントラを繰り返そうとしていたが，間違っている気がして，マントラを唱えたくないと感じた。彼は，その女の子に電話するのが不安であること，そしてマントラの効果は不安を締め出してくれるトランス状態に自分自身を入れることであり，眠りにつくためにそれを必要としていたのだと悟った。それからマリオは，マントラという方法によって，それを繰り返すことでグロテスクという自己イメージをどんどん恐ろしいものにし，ついには，それから逃れるために解離するのだと認識した。いったん解離してしまえば，彼は眠りにつくことができるのだろうが。なぜなら，現実世界において電話で話をする状況を想像して不安になり，それで一晩中目が覚めてしまうことはなくなるか

ら。私にとって、マリオとのこの瞬間は、安全な驚きといってよいものだった。私はそれまで、マリオが一人のときにどのようにマントラを用いるのか、詳しくは知らされていなかったからである。

　マリオのマントラの使い方は、壁についている汚れをじっと眺めているうちに、目がどんよりして自分の中の「安全な場所」に入るのと同じようなものである。私はそれまで、この特有のタイプの自己-虐待 self-abuse が解離的なトランス状態の引き金を引くことで自分自身を宥めるのに役立つのだと、解離の患者がこれほどまでにはっきりと認めるのをほとんど聞いたことがなかった。それは明らかに、むちゃ食いと排出、そして自傷行為と類似性を持っているものの、私が思うに、このようにしてトランス状態を誘導するのが自分を宥める方法だと理解することは、ときに困難なことである。なぜなら、治療者はそれは単に自己破壊的なもの、あるいは強迫的な反芻を表しているものと見てしまいやすいからである。

　解離と、右脳から右脳への状態-共有との間の関係は、患者／治療者関係に非常に強烈なインパクトを与える。そこでショア（Schore, 2003b）は、「解離は最後の手段として用いられる防衛の方略であり、パーソナリティ障害の心理療法の効果を挙げるにあたって、最大の難関かもしれない」（p.132）と述べている。マリオの例は、確かにこのよい一例だったが、ショアは同時に、解離を**コミュニケーション・プロセス**とも見なしていることを私は強調したい。解離は防衛的な方略として治療プロセスを妨げているのだが、この解離のコミュニケーション・プロセスにおいては、右脳から右脳への状態-共有がまさに同じ治療プロセスを促進する経路になる。ショアは、私と同じく、精神状態を共有することは本質的に私的なことだが、それこそが心理療法のすべてである、と論じている（私信, Schore, 2007）。マリオと私の両方の、あの瞬間に危険を冒そうとした能力は、その本当によい一例だと思う。

　精神状態が共有される中で、これまで凍結されていた愛着のパタンを二人で経験し、共有された精神空間において認知的および言語的に処理することが可能となるが、それは患者が早期の関係的外傷に適応していくのを助けることになる。このことに伴い、エナクトメントは、繰り返されるたびに、交渉の度合いに応じて間主観性を発達させることに繋がるのだが、再エナクトメントの非線形性が単なる反復のプロセスとは異なるのはそのためである。

衝突と交渉の非線形的なプロセスが続くにつれ，患者の間主観性に対する能力が，以前は締め出されていたか，不十分に留まっていた領域で徐々に増してくる。自己性と他者性との共存は，それまでよりも実現可能になってくるのみならず，一層自発的な形で，恥の感覚を以前ほど伴わず，情動も不安定にならずに，徐々に起こり始める。

ショアの定式化と私のそれとが相補的であるのは，自己-状態間の不連続，状態変化の非線形性を互いに強調しているためであり，そして何よりも，ショア（Schore, 2003a）が述べているように，「不連続な状態 states は，情動的な反応 responses として経験される」（p. 96）という事実のためである。さらに詳しく，彼はこう書いている。

> ダイナミックに動揺する瞬間瞬間の状態-共有は，千分の一秒単位で生じる有機的な対話を表象し，双方が状態を適合させ，そして同時に，相手の出すシグナルに反応する形で，その社会的な目の向け方，刺激，速やかな覚醒を調節する……。適切な瞬間に生じる些細な変化が，そのシステムの中で増幅され，**質的に異なる状態**を発動させる。（p. 96，強調は引用者）

解離と状態の適合との間の関係は，特に，無秩序／無方向型愛着（タイプD）の既往がある患者では注目に値する。この点を最初に指摘したのはヘッセとメイン（Hesse & Main, 1999）だが，ショア（Schore, 2007）はさらにこれを展開した。

> 虐待やネグレクトと関連する無秩序／無方向型愛着（タイプD）は，表現形は解離状態と類似する……。愛着外傷の世代間伝達のエピソードの間に，幼児は，**母の調節異常を来した覚醒状態のリズムの構造に合わせよう**とする。（p. 758，強調は引用者）

他者のリズムの構造に合わせること（同期 synchrony）は，長らく，催眠誘導の基本的な技法だった。私はグロリアという患者と分析作業をしているとき，同期と解離の間のこの関係を直に発見した。グロリアは長い間「自分にあった」治療者を見出そうとしてきたのだが，彼女は，たまたま，ミルトン・エリクソンと一緒に研究をすることになった患者である。

グロリア

　グロリアは，長らく私の「お気に入り」の患者の一人だった——すばらしく穏やかな気持ちで安心していられる人物で，すべて順調であるように感じていた。しかし，それもあるセッションまでのことだった。そのセッションで私は，取り上げて話す必要があると分かっているものの，それについて彼女は考えたくないだろうと思われることについて，彼女に尋ねる気になれないということを，不快ながら意識したのだった。そのとき私は，それまでグロリアと私が共に維持してきた解離的な繭から抜け出し始め，初めて何か別のことに——ちょうど私の目の前のことに——**知覚的に** *perceptually* 気づいた。私は，自分が姿勢を変えると，彼女も鏡に映すかのように自分の姿勢を変えるということを初めて意識したのである。

　何故私はこれにもっと早く気づかなかったのか？　グロリアは，他の人たちのために何かをしてあげるということが特徴であるような生き方をしている人で，一見完全に満足しており，非常に強く他人に合わせていて，利己心がないように見えた。彼女の一見満足げな他人への順応は，彼女の一貫した性格であるように思われた。実際，彼女が他人に合わせるのは少なくとも部分的には自己防衛なのであって，彼女の別の部分はこのことについてもっと知っているかもしれないという可能性を，私は彼女と話そうと試みたのだが，それはいつも空虚な知的なやり取りになってしまった。

　しかしこのセッションでは，彼女が自分のリズムの構造を私のそれに合わせることに私が感じていた，まさにその快感そのものが，妙に不快に感じられ始めた。このタイプの不快は，ドネル・スターン（Stern, 2004）の適切な言葉を引用すれば，「情動的な『擦れ』もしくは緊張，想定外のことが臨床のやり取りの中で起こっているという，どこからともなくおこる『ヒント』もしくは『感覚』」（p. 208）である。分析家がひとたびこれを感じ始めると，解離されていた何か新しいものに**知覚的に**気づくことができるようになる。以前ならば強いられたように感じられたであろうが，今ではうまく構成できないけれども真正であると感じられるような一定の筋に沿って，分析家は患者のことを考えるようになる。グロリアの場合，私の中で最終的に焦点を結ん

だのは，彼女は他人に対して十分にしてあげたと満足することができない場合の方が多く，自分自身の寛大さを決して高く評価することがないということだった。単に他人の欲求に対する献身のように私に映っていたものの中に，解離された部分と関連する強迫的な要素が含まれていることが今や明らかになった。私は，他の人のニードを満たすことが彼女の人とのやり取りの中心となっており，それだけが彼女にとって大切なことのようだったという事実を，別の角度から見るようになった。やがて，彼女もそうするようになった。

窮地のハムレットを救うこと

　本章を臨床ヴィニェット（エピソード）で締めくくろうと思う——そう，それはある意味で臨床的だ——津波を収めることの変遷をめぐるヴィニェットである。それはシェイクスピアの『ハムレット』（1599-1601）からの一シーンなのだが，ハムレットとその友人ホレイショーの間の関係性を描き出すことを通して，ショアの状態適合の概念の良い例ともなっている。私がなぜ，このシーンに「窮地のハムレットを救うこと Saving Hamlet's Butt*」という風変わりなタイトルをつけたか，間もなくお分かりいただけると思う。

　ハムレットは，劇の最終幕の中ほど（第5幕第2場）で，秘密を明らかにする。ジムで時間を過ごしたわれわれのほとんどが，そのままにしておいてほしいと思うような秘密である——どれほどあなたがトレーニングをしようとも，結局お尻 butt は垂れ下がってしまう，ということだ。シェイクスピアはもちろん，もっと詩的に述べている。「人間がどんなに荒削りにしておいても／目指したことは神の力できれいに仕上がる」。

　このシーンでハムレットは，進退窮まるところまできて，叔父をまだ殺していないのは自分の責任ではないことを友人のホレイショーに説明している。彼が言っているのは，要するに，高次の力——神の力——は異なる目標を持っているがゆえに，物事は計画通りに進めても必ずうまくいくというわけではないということである。私はその瞬間，その前後のどんな瞬間より

＊（訳注）butt は「お尻」の意で，saving 〜 's butt は慣用的に，〜の窮地を救う，という意味を持つ。次段落では，文字通りお尻とかけてある。

も，ハムレットにはっきりと人間らしさを感じた。それは，ハムレットが述べたような意味で私が神の力を信じるとか信じないということとは関係ない。それは彼のスピリチュアルな目覚めのタイミングと関係するものであり，塹壕の中に無神論者はいない，という古いことわざと関係するものである。

　第5幕に差し掛かる頃には，ハムレットは多くのストレスを抱え込んでいる。そうならないはずがあろうか？ 劇は終わりに近づいているが，彼はまだ行動を起こしていない。そしてそのことについて何度も考えながら，狂気の淵に近づいている。何をなすべきか？ ハムレットはパキシル〔抗うつ剤〕の処方箋を持っておらず，彼の周りの人は，ホレイショーを除いては肚に一物ある。ホレイショーは彼のことを真面目に聞いてくれるが，彼はあまりに公明正大なので，人のよいホレイショーが彼にしようとしていることを正確に理解するのは簡単なことではない。何をすべきかがはっきりしていないことはもちろんなのだが，しかしそれでも，ホレイショーの役割を考えると，治療計画を持たない治療者にマネージド・ケア会社が向けるような視線＊で彼のことを見てしまいたくなる。行動を起こすためには，ハムレットは自分を強迫観念から解き放たなければならない。その強迫観念のために，彼は「決意 resolve」と呼ぶものを欲する力を奪われていたからである。ホレイショーは治療計画を持っていない。

　しかしシェイクスピアは，ハムレットに粋な解決を見出している——神はまさに適切なときに訪れるという洞察であった。ハリー・スタック・サリヴァン（Sullivan, 1953）は，この種の，利用者には使いやすい洞察を「ハッピー思考 happy thoughts」と呼ぶことが多かった，と言われている。なぜならそれらは，最も苦痛なジレンマをいとも簡単に解決してしまうからである。ハムレットは今や，自己非難を留保して行動を起こすことができるようになった。自分の外のこととして説明できるようになった——「私ではない」ものによるという説明ができるようになった。というのも，どれほどわれわれが汗水を垂らしても最終的な結末はそれ自身の意思を持っているように思われるという，心がかき乱されるような事実があるからである。おそらく最終ラインは，ハムレットが論じているように神の意志によるのであって

───────
＊（訳注）米国の民間保険会社で，医師に代わり医療の内容を決定する力を持つこともある。

──**私の意思**によるのでないことは確かだ！

「そう」とハムレットは言う。「問題なのは**私** *me* ではない。『私ではない私 not-me』の方なのだ。**私** *I* がクローディアスを殺したいのだ。邪魔をしているのは**私**ではない」。そしてここで，神性が自ら計画を携えて入ってくる。その神性によって，今や，情動的な津波を何か「考えることができるもの」──内的葛藤──に変えようとしてもできない苦しみから解き放たれたハムレットは，クローディアスを殺したいという欲求に個人的な決意，それまで欠けていた決意を感じとる。以前は色褪せていた彼の欲望が，今は色づいたものと感じられる。彼がその「決意の本来の色合い」と呼ぶものが戻り，それにより彼が起こす行動は，疑いようもなく純粋な目的を伴うものになる。

考えてもみれば，「私ではないもの not-me」による解決を見出すハムレットの傾向は，まさに劇の始まりからあった。クローディアスを殺そうというのは，そもそも誰の考えだったのか？ ハムレットのではなかった。それは，彼の父親の亡霊から来たものである。そして，その後のそれについての疑念も，本当に自分のものとしては感じられていない──それは，自分の性格の中の，名前のない割れ目として感じられ，それをコントロールすることはできない。

「私」と「私ではない私」について語ることは，解離のプロセスを人間的な状態の一部分として理解できるようにするのに役立つ。洪水になってしまう可能性のある影に直面すると，心はその中の幾つもの自己-状態を，密かな生き残りチームのメンバーにする。そのメンバーがお互いの存在に気づくのは，知る必要のあるときに限られており，お互いに関わり合わないようにすることによってそれぞれのスキルを発揮する。それぞれの自己-状態は，自分だけの課題を持ち，その自分にとって真実だと思われることを支持するのに専念する。その一つ一つが，すでに津波の怖さを知っている自己の部分を隔離し，解離の存在自体を覆い隠すように仕組まれた，英雄的な企ての一部である。類催眠的な脳のプロセスがそれを引き継ぐのだが，それは，レイン（Laing, 1969）の鮮やかに込み入った言葉で言うならば，われわれは気づくべきではないことがあるということに気づいておらず，そして気づかないでいる必要があるということには気づかないでいる必要がある，ということに気づいていないのである。

ハムレットもその点においてまったく変わらない。ある瞬間に「私」とし

て感じられたものは，異なる自己-状態に取って代わられると，「私ではないもの」となるのだった。それぞれの「私」にとって，それに対立するような自己の部分など存在しておらず，そのためどの瞬間においても，ハムレットは，自身の声や欲望のための場所を「私」の中に見つけることができずにいる幾つもの状態によって取り憑かれることになるのであった。ハムレットには隠れる場所がなかった。彼の苦悩に解決の道はなかった。というのは，彼の母と叔父は四六時中彼の回りにいたし，頭の中の声の不協和音は，夜ベッドの中ですら彼につきまとって離れなかったからである。ハムレットは，外傷に苦しむ人たちが「頭の中の戦争」と記述する事態を，信じられないほど現代的に記述しているが，そこでシェイクスピアが選んでいる言葉は，どんなセラピストにとっても大きく響くものであろう。「心の中で何かが戦っているようで，まんじりともできなかった」（第5幕5-6行）。

　あらゆる自己非難にもかかわらず，ハムレットは，それについて内的葛藤を少しも感じることができなかった。この点で，彼の精神機能は，自己-状態の衝突があまりに大きくて心が耐えられないので，一つの心の状態の中に抱えることができないような場合に典型的なものといえる。しかし私はここで，誰もが単にハムレットの異なるヴァージョンに過ぎないと示唆したいわけではない，ということをはっきりさせておきたい。自己-状態の間の抜き差しならない衝突は，普段の精神機能に内在しているものであり，われわれは皆，情動の調節がうまくできなくなる危険に晒されている。ある種の状況ではその危険は一層高くなる。発達早期の外傷次第で，成人になって晒された外傷は，ある人には特に「甚大なもの」となり，またある人にはそれほどでもないのだが，ハムレットの状況は，発達早期の外傷の持つそのような力の一例だと私は思う。

　ハムレットの父が殺されたことは，成人になって晒された外傷と呼んでよい出来事であり，それは情動的に「甚大なもの」となった。というのもそれは，間違いなく母と父の両方が絡む発達早期の外傷の引き金を引いたからである。クローディアスを殺すというハムレットの計画は，一時的な穴埋め以上のものではないという運命にあった。なぜなら，解離による一面的な解決がすべてそうであるように，内部からもう一つの声――彼に安らぎを与えよ

＊（訳注）松岡和子訳を参照した。

うとしないもう一つの「私ではないもの」の声——が聞こえていたからだ。これらの声の間の解離的な溝の力は、何物によっても弱めることができないのであった。

　つまり要点はこうだ。われわれは単にハムレットの異なるヴァージョンなのではないというのはまったく事実であるが、以下のことがわれわれ皆について言える、と私は信じる。**自己の敵対する部分間の内的戦争を、単に一方の力を増強しようとするだけで回避し続けることはできない。**

　誰にとっても、解離は、予期的な防衛として取り入れられると、問題点を伴うものである。その人は多かれ少なかれ生き残ることはできるが、多かれ少なかれ生きることもできなくなる。そしてこのことは特に、情動が過重に負荷されたことを苦しむ人には当てはまる。ハムレットが発達的外傷と成人になってから晒された外傷との間にある薄い膜を何とか保ち続けようとしつつ直面していたのも、そのような苦しみであった。

　ハムレットは狂気に陥っていたのだろうか？　つまり、精神病になっていたのだろうか？　意見はさまざまで、劇中の主な登場人物のほとんどは、彼が狂気に陥っていたと確信している。彼は「より現実的な」現実を作り出すための役者たちを周りに集めていたが、にもかかわらず、私自身の見解では彼は狂気に陥ってはいなかった。彼は狂気の淵までは行ったが、シェイクスピアは、話しかけることのできる人、聞き手のホレイショーを与えることで、「彼を窮地から救った saved his butt」のだ、と言いたい。

　ホレイショーは、「これはあなたにとってきっと恐ろしいことでしょう」というようなことを言ったわけではないが、十分に耳を傾け、ハムレットの心の状態にとてもよく反応していた。情動の調節異常を治療的に扱うための基盤としての状態-共有というショアの概念にハムレットとホレイショーがぴったりなのは、そのためである。父親の亡霊のことについてハムレットが直面化を迫られたとき、ホレイショーは、「彼の亡霊？　悪いけれども、私には見えませんでした。あなたがその亡霊を見たということ、その意味を考えるべきかもしれませんね」などとは言わなかった。また彼は、ハムレットが突然宗教に救いを求めたことについての説明が大切だろうと示唆することもなかった。実際、ホレイショーは多くは語らなかった。そして彼が口を開いたときに言ったことを、「それは興味深いですね。もう少し話して下さい！」のパロディに過ぎないと考えることも可能である。しかし彼らの対話

は，私の読みでは，それよりもはるかに深いところに達していたと論じたい。ハムレットは結局死を避けられなかったとはいえ，ハムレットのホレイショーとの関係は，津波の影がハムレットの心を圧倒することを防いだ主な要因だったと思う。ハムレットの状態に応じて自分の状態を一貫して合わせていくホレイショーの能力のおかげで，ハムレットは落ち着いて先に進むことができた。

　発達的外傷は，関係性に関わる現象の核であり，あらゆる人間のパーソナリティをさまざまに形成する。それはあらゆる人間にとって，情動の調整異常の可能性をもたらす。それは常に程度の問題であって，安全な愛着のおかげである程度の安定とレジリエンスをもっている人たちにとってさえそうである。われわれは皆，予期せずして自分自身の「他者性」に直面するという経験に傷つきやすいものである。そのような「他者性」は，ときに，一時的ではあるが，自分の心が扱え切れないほどに「私ではないもの」と感じられるのである。人間とは，このような面を持つものだ。人々が大きく異なる点は，突然の情動的な過覚醒が発達上未処理の外傷の領域，不快なだけではなく精神的に**耐えられない**ので認知に利用できない外傷の領域に触れる程度である。これが起こってしまう危険性が，エナクトメントと取り組む上で一番問題になる。私は，**すべての患者に**とって，その傷つきの範囲や持続時間がどれほど最小限のものであったとしても，分析的治療におけるパーソナリティの持続的な成長は，患者／治療者関係の持つ，感情的な過覚醒に対する患者の閾値を増す力と深く関わっていると言いたい。このような形で患者／治療者関係を用いることは，エナクトされた（解離された）コミュニケーション・チャンネルを，両者が共同して非線形的に取り組むことで生じる。そのチャンネルによって，感情を調節できなくなるという患者の恐怖（津波の影）を「収める」ためには，実際に感情を圧倒してしまうような精神的ショックを受けてしまう可能性を，自発性を発揮することの危険性と常に表裏一体の，はらはらするような「ぎりぎりの」体験から，安全に区別するような能力を広げることである。調節できなくなるという患者の恐怖は，エナクトされた現在においてもう一度生きられるにつれ，認知的な出来事として徐々に抱えられるものになり，こうして，心／脳が，感情的な「煙探知機」として自動的に解離に頼るということを減らせるようになる。

津波を収めるという変容のプロセスは分析における成長プロセスそれ自体の深みに根本的なものであり，その力は，安全と危険という二つの本質的な性質が分析的関係の中で同時に存在することに由来する。患者と分析家双方の主観性を抱え込みつつ，いずれか一方を排除してしまうことのないような二者的空間の創造を通して，患者／分析家関係は，「安全だが安全**過ぎ**ない」ものであることで，治療的な環境となる。分析家がその「仕事」に継続的にコミットしつつ，その仕事の**間ずっと**，同時に患者の情動的な安全について心配しているということが伝わるように努力することで，安全と危険の共存は治療作用の本質的な要素となる。ここにおいて，闇雲に過去を反復するのではなく，もう一度生きるという成長のプロセスが可能になるのだ。

第Ⅱ部

不確実性

第2章
「私の心には決して入らなかった」[1]

　　　　　　昔，あなたは私に注意した。あなたが私のことを無視しても，
　　　　　　私はまた，乙女の祈りを歌う羽目になるだろう，と。
　　　　　　そして私は，またあなたにそばにいてほしいと願い，
　　　　　　かまってほしいと願うだろうと。
　　　　　　私の心には入らなかった。
　　　　　　　　　　　　──ロジャース&ハート（Rogers & Hart, 1940）

　本章は「秘密」についてである。だから，私の秘密の一つを語るところから始めさせてほしい。私が変化をひどく嫌うことを考えるならば，自分が精神分析家になったことについて，妙に心地よい自己矛盾をいつも感じてきた。私は，近所で新しい自転車を買った最後の子どもだったが，それは古い自転車にとても忠義を感じていたからだった。また，私は分析家の多い私の街区でコンピュータを買った最後の一人だったが，それは私の黄色のノートパッドとタイプライターと離れるのが耐えられなかったからである。私が抵抗をやめてからでさえも，友人たちは，私の添付ファイルを容易に開くことができず，私が用いているフォーマットに難渋しており，時代遅れになった私のワープロのプログラムについて，まるでノーマン・ベイツの母親に出く

---

[1] 本章の初出，『「私の心には決して入らなかった」──欲望，解離，暴露／発覚についての省察』は，J. ペトルチェッリ編『憧れ──欲望についての精神分析的夢想』(J. Petrucelli (Ed.), *Longing: Psychoanalytic Musings on Desire*)（London: Karnac, 2006, pp. 12-23）に掲載された。もともとは，ニューヨーク市のマウント・サイナイ医療センターでの2004年の会議で発表された。これは，ウィリアム・アランソン・ホワイト研究所の摂食障害，強迫，嗜癖サービス部門の主催で行われた。
＊（訳注）ヒッチコックの映画『サイコ』に出てくる登場人物。ノーマン・ベイツの母親は，声ばかりが聞こえ最後に少しだけ顔を見せる。ノーマンの顔に母親の顔がオーバーラップするラストカットは，ヒッチコックが意図的に制作したものだが，初公開時には「骸骨が映っている」と騒ぎになった。

わしたかのように話した——私は彼女が亡くなったと認めようとしておらず，彼女を埋葬することは拒否している，と言うのだった。私は，これが良いことだと主張するつもりはない。私はそういう人間だというだけである。それについて私が耳にした一番の褒め言葉は，ある患者からのものなのだが，その患者には何も隠しようがないように私は感じている。彼女はそれを，私の「モダニティへのレトロなアプローチ」と呼んだのだった。私が既知の物に愛着を抱くのは，限界はあるにせよ，この世界での私のあり方に心地よく馴染むからである。一つの見方をすれば，私は「手順記憶*」(Bromberg, 2003b) について述べているのであって，別の見方をすれば，私は私が生きている異なる自己への忠誠について述べているのである。

　同じ態度が私の仕事の特徴と言える。完全に絶望した状態にいるという理由だけで私のところに来た，ある男性との最初の面接のことを思い出す。彼の結婚生活は崩壊寸前であり，事態を改善しようとして行うことすべてがうまくいかないのはなぜか，彼には「分から」なかった。しかし，彼がこう言っているときでさえ，私は，彼の中にはもう一つ別の部分，いやいやながら私の診察室まで引っ張られてきた部分があることを感じることができた。その部分は，「より良い」生き方を学ぶためには，自身の存在を消し去ることが今求められていることを感じていたのだった——その生き方は自身とは無関係のものだと感じられるようなものだろうとその部分は予め知っていたのだが。彼に同情を感じて，ふと気づくと私はこう言っていた，「一つ秘密を明かしましょう。私は分析家ですが，にもかかわらず変化は嫌いなんです。だから心配しないでください。治療を終えるときにもあなたは同じままでいられるでしょう」。彼は笑いもせず，私が言わんとしていることを必ずしも理解していないのが私には分かった。しかし，彼が涙目になっているのも見えた。彼の中には私が言わんとしていることを**感じる**ことのできる部分があるのが私には分かったのだ。**なぜ**涙が出てくるのかを意識的に自覚してはいなかったが，彼は泣いた。その瞬間が分水嶺となり，後に，異なる目標を持つ別々の自己-状態の間に立たされて耐え忍ぶことになるときの支えとなった。詩人にして科学者であるダイアン・アッカーマン（Ackerman, 2004）が『心の錬金術 *An Alchemy of Mind*』の中で述べているように，「意

＊（訳注）p. xi 訳注参照。

識というのは，物質の偉大なる詩である」。さらに，意識的な自覚というのは，「実際には世界に対する反応ではなく，むしろ，世界に対する一つの意見といった方がよい」と彼女は書いている（p. 19）。

> 生は持続し，直接的で，絶えず展開しているものと感じられる。実際のところは，われわれはいつもパーティに遅刻しているのだが……パーティに遅刻するからこそ，世界は論理的だと感じられ，感覚とは食い違うことがないのである……。舞台裏で起こるすべてのこと。意識に課すにはあまりに細々として混乱を招く仕事だ。意識には，他にするべき雑多な仕事が，他にやることがある……。代わりに，われわれは，自身の運命，魂，説教と詩の素材の，立派なソロ演奏者であり，船長であるかのように感じている。（pp. 20-24）

アッカーマンが「説教と詩の素材」と述べているものを，私は「変化しながら同じままで留まること」という概念で捉えようとしてきた（Bromberg, 1998b）。この言い方そのものに秘密が含まれている。「変化しながら同じままで留まること」という秘密は，論理的には不可能なものである。〔実際には〕共存しているが，〔論理的には〕共存することのできない二つの現象を具体化する。「変化」のプロセスによって，理由は定まらないが，異なる内的な声の間のやり取りが可能になる。それぞれの内的な声は，変化しないこと，すなわち「同じままで留まること」に専心して，自己の連続性を保とうとする。同じままで留まることと同時に変化することとの共存が不可能であるために，精神分析における「変化」の道のりを辿ろうとするとき，遂にそこに到着したときには「そこにはもうそこはない there's no there there」（p. 298）というガートルード・スタイン（Stein, 1937）のコメントが思い出されるのである。「自己の変化」の直接的な経験は，実際，意識的な自覚の目を逃れる秘密である。そのような経験は，自分自身であることの比較的切れ目のない連続性の中に呑み込まれてしまうのだが，ある特定の瞬間に「私」であるような部分から秘密のままの自己の部分は，必然的にその中に含まれているからである。

ロバート・フロスト（Frost, 1942）は，「われわれは輪になって踊り想像する／が，秘密は真ん中に座っていて知っている」（p. 362）と書いている。

どのセラピストも，これが真実であること，特に発達的外傷が患者の早期の人生の重要な問題であった場合はそうであることを知っている。セラピストは，患者に届く手段として，言葉では不十分だということを感じ，しばしば，「本当に」彼女を知ることについて虚しい感覚が増すのを経験する。この虚しいという気持ちは，フロストの言う「真ん中」に居て言葉で伝えることができないでいる患者が感じる，底知れない絶望の縮小版である。セラピストと患者は，「輪になって踊って想像する」が，二人の言葉のダンスは，秘密の場所の中では繋がらない。なぜなら，「真ん中に座って知っている」秘密は，人間の通常の対話では伝えられない現実の主観的な形だからである。それは，ウィルマ・ブッチ（Bucci, 1997a, 2001, 2003, 2010）が**象徴化以前の** *subsymbolic* と命名した経験によって構成されており，エナクトメントによって伝えられる。

　エナクトメントは二者的な解離プロセスである——それは一つの繭であり，その中で象徴化以前のコミュニケーションが生じているのだが，自省機能の及ばぬ死せる状態にあるため，当座接近不能である。人間関係においては，どの人の生きる能力も，生きている「他者」なしに保つことはできない。それゆえ，もしその他者がセラピストである場合，セラピストが，関係のあり方そのものについて自らの内的体験を生き生きと感じることなく，あまりにも長く「素材」に耳を傾けてばかりいると，しばしば解離のプロセスがセラピストの中で起こってしまう。それは，最初は患者の中で始まったものなのかもしれないが，すぐに患者とセラピストの両者を繭のように包み込んでしまう。典型的には，その一連の出来事は，セラピストによって認知されるというよりも感じられるものである。なぜなら，セラピストの自己-状態は，患者のそれが切り替わるや否や解離的に切り替わってしまうのが常であり，そのため通常その切り替わりはセラピストによって知覚されないままだからである。セラピストがそれに気づくのは，それがセラピストにとって甚だしく不快になったときであり，ドネル・スターン（Stern, 2004）は，これを「擦り傷の痛み chafing」と呼んでいる。そのようなときが来るまでは，臨床プロセスは，面接の初めには生き生きとしてセラピストに感じられていたにせよ，その生き生きとした感じが微妙に減じてしまっており，概してセラピストもそのことを認知的に自覚しないままである。このような心の状態の変化のため，セラピストはついには「素材」に焦点を当てたままでいられなく

なる。なぜか？　それは，生きている相手への情動的なニードが，それに対して死んだように反応しない別の心によって否定されるとき，セラピストも他の誰とも変わらないからである。解離することによって，セラピストは，「他者 other」から言葉で表現できないものを求めることの虚しさから逃れる。はじめは「素材」だったものが，空虚な言葉となっていくのだ。

　セラピストと患者は，双方に均等に属している対人間的な場 interpersonal field を共有しているので，どちらかがその領域から少しでも前触れなく撤退しようとすると，相手の心の状態に混乱が生じることになる。しかしながらその混乱は，通常，少なくとも最初のうちは，両者のどちらによっても認知的に処理されることがない。セラピストにとって集中し続けることが徐々に困難となり，この経験が苦痛なものとなることで知覚的自覚の閾値に達したときに初めて，セラピストの集中しようとする苦闘は，今-ここで双方の間に生じている死へと追いやる力を知覚的に経験するための通路となるのである。セラピスト自身のこれに対する反応（反応の欠如と言ってもいいかもしれないが）は，相互交流を通して，患者の過去の経験の再現を認識し，そして同時に新しい形の経験のための文脈を確立するようなコミュニケーション・プロセスの構築に寄与するのが常である。

単なる靴の中の小石

　解離とエナクトされた「秘密」との間の関係を理解するためには，臨床的に考えるのが一番なので，私の仕事の中からのヴィネット（臨床エピソード）を紹介しようと思う。その中で，エナクトメント enactment の最中にいる私のことを示し，同時にその只中でそれについてどう考えているかを示そうと思う。[2]

---

[2] 『夢見手の目を覚ます Awakening the Dreamer』(Bromberg, 2006a, p. 89) の中で，このエナクトメント enactment について手短に記述した。本章でそれに立ち戻る理由は，古い自転車を手放すことに耐えられないというだけではない。それを選んだ理由は，それが特に劇的に，ここでの議論に関連するたくさんの鍵となる事柄に光を当ててくれ，その点については以前の著作では十分に練れていなかったと感じるからである。その一つは，切望 longing と欲望 desire の間の関係が，精神的な経験の暗示的な形と宣言的な形の間のより広い関係の例となっているということについてである。

ある過食の患者は，その解離された〔自己誘発嘔吐による〕排出行為を，治療セッションを重ねるにつれ，以前よりも感情を伴って思い出せるようになり始めていたが，両親の手による虐待のフラッシュバックが起こり始めた。最初，彼女はこれらのイメージをはっきりと思い出そうとする気になれなかった。彼女はそれを，靴の中に小石が入っていて取り出せない状況のようだと述べた。しかし，小石がどんなふうに感じられるかについて話し始めるにつれ，彼女の中で虐待の記憶を持ち続けている部分が，それを秘密にしようとしていること，そして小石は，実際の感情をもう一度生き relive なければならないということの代わりであるということを認識した。さらに，セッションの中で，彼女の**嘔吐**に何かとても苦痛なものがあると感じる経験をすることで，彼女の過去の痛みは「現実的な」ものとして感じられるようになり，本当にあったのかどうか分からないようなものではなくなっていった。彼女の痛みは，私とそれを再び経験すればするほど，ますます複雑なものとなり，より強いものとなっていった。その経験がより現実的に感じられれば感じられるほど，その存在は，彼女を傷つけた者〔親〕を裏切る恐れを増し，彼女の中の彼らと同一化している部分を裏切る恐れをも増した。これらすべての理由のために，虐待について少しでも語ろうとする可能性は，「彼女の心には決して入らなかった」。しかしその小石は，単なる小石のままだと思われていたにもかかわらず，やがて巨石のように感じられ始めたのだ。

　私がこれから述べようとしているセッションは，ある点ではそれまでのセッションと同じだが，別の点では異なっていたのが印象深い。「なぜ私は，ただ誰かに分かって欲しいというだけで，一番親しいと感じる人たちを傷つけたくなるのでしょう？」と彼女は悩んでいた。その瞬間，私は彼女の苦悩を幾分感じ始め，彼女が秘密を打ち明けるのを助けたいという自分の欲望に伴う恥の感覚を経験し始めていた。その恥の感覚は，その瞬間私が親しいと感じている人に，必要のない痛みと感じられるものを与えてしまっていることについてのものだった——私は彼女のことを知りたいというだけで，彼女を傷つけていたのだ。その瞬間に至るまで，私は**個人として**，「切望 longing」（私は分かってくれる誰かを**必要としている**）が「欲望 desire」（あなたに話すことを**欲している**）に変わるのを許容したために彼女に課せられることになった彼女自身のもう一つの部分による解離された痛みに，彼女がどれほど傷つきやすくなっているかまったく気を留めていなかった。愛され

る価値があると感じることのできた彼女の唯一の部分は，家族の秘密を守ることで存在していた。自分が欲しているという理由でそれらを思い出して打ち明け始めたために，彼女は自身の他の部分からの内的な攻撃を受けざるを得なくなった。私は，彼女が内的に，悪魔として，罰せられ，糾弾されているのか，その実際を経験したくはないと思っていたのだった。このセッションは，特に激しく吐いた夜の次の日のものだったのだが，彼女は怒って私に向かって叫んだ，「あなたは，私が吐くのを決してとめられない。私は絶対に秘密は漏らしません」。

　その瞬間，私は，彼女を傷つけているという，私自身の解離された恥の感覚に痛いほど触れることになった。そして，**私が**「秘密を明かす」ことに心を決めた。私は自分の心に触れたことを彼女と共有し，私たちの「進展」にあまりに夢中になったために，彼女を一人痛みの中に置き去りにしてきたことに気づき，個人的に悔やんでいると伝えた。そして続けて彼女に，今私が言ったことについて，私がそう言ったということを含め，自分自身の気持ちに気づいているかどうかを尋ねた。少しの沈黙の後，彼女は二通りの気持ちを同時に感じているということ，そしてそれについて考えると頭痛がするということを認めた。彼女は私への激怒を感じることもできたが，同時に，彼女は私が好きで，傷つけたくないとも思っていたのだった。彼女が私に対してあからさまに怒りを表し，「あなたは，私が吐くのを決してとめられない。私は絶対に秘密は漏らしません」と言ったとき，私は初めて，彼女の怒りの下にずっとあったもの――それをたった一人で耐え抜かねばならない痛みと恥の感覚――に目を開かれた。私は彼女にそれを伝えた。

　過去をもう一度生きることをもたらす上で，治療上の「成功」と私が見なしてきたことがきっかけとなり，彼女の未だ満たされぬ切望を，これが彼女にとってどんなものであるかを私に個人的に知って，気にかけてほしいという彼女の切望を，私は情動的に経験することができたのだった。私は，それを最も個人的に感じることのできたであろう自分の部分を解離させてきた。私が「秘密を明かし」，彼女の痛みに目を開かれていく経験を共有したことは，私にそのことを個人的に知ってほしいという彼女の切望とつながることになった。彼女の切望は言葉にできないものであった。それは認知的に自覚できるレベルには達しておらず，意識的な「欲望 desire」とはなっていなかった。それでも，切望という形で，それは作用し続けていた。それは，そ

の自己-状態にとっての真実であり続けていたのだ。解離が働いているときには，それぞれの意識状態は，それぞれ自分自身の経験というカプセルに包まれた「真実」を保持し，それが繰り返しエナクトされる。エナクトメントを通じて明らかにされつつある秘密とは，患者が言葉で何かを話し，それに対してあなたが何らかの応答をしている間に，二人の間で進行する二番目の「会話」があるということである。バック（Buck, 1994, p. 266: Schore, 2003b, p. 49 に引用されている）はこれを，「辺縁系の間の会話」と呼んでいる。

　患者と私が，自分たちの解離された状態を言葉にしていくにつれ，彼女の切望，彼女にとりついた身体的な情動が「彼女のもの」として表現できるものとなり，少しずつ，情動から感情へと，「欲望」として知られている感情へと発展していった。エナクトメントの間に生じているそれぞれの経験を共有し比較することで，そしてお互いが納得する意味を持つような言葉を探すことで（Bromberg, 1980），彼女は秘密**である**状態から，秘密**を知る**状態へと移ることができたのだった。そのときまでは，われわれはその秘密を単に「想像」するに留まっていた。その瞬間までは，フロストの言葉でいえば，われわれは「輪になって踊り，想像する」ことを強いられていたのだ。今や，二重の意味で恥の感覚を持つ秘密が明らかになり，われわれは共にそれを「知る」こととなった。

秘密，そして傷ついた欲望

　秘密というものは，私の患者の場合がそうだが，自己が保持している主観的な現実が「翻訳の間に失われてしまった lost in translation[*]」という事情によって「私ではない私 not-me」とならざるを得なかった自己についての暗黙の記憶という形で情動的な経験を含んでいる。これらの自己-状態は，言葉によって意思伝達可能な状態にはないのだが，その理由は，人間関係の中で存在することを許されているようなある一つの「私」というものの全般的なあり方の中で，それらは象徴的意味を持つことを否定されているからである。私自身の臨床経験から，まだとても若い時分にはこれらの自己-状態は

＊（訳注）詩人ロバート・フロスト Robert Frost の言葉。本書の序文（p. 2）参照。

非常に解離されやすいが，しかし自己の連続性が脅かされるような状況では年齢によらず生じるものだと私は考えている。私がここで話しているのは，誰か重要な他者の心によって「現実」ではないとされてしまった経験のことなのだが，そのような他者とは，これらの経験を共有するためにではなく「翻訳」して存在の外へと押し出してしまうために言葉を用いるような人間である。最初の「他者」が主要な愛着人物である場合，たとえば親や対人間(たいじんかん)的に親に相当するような重要な他者である場合，その人物は，自己の連続性の感覚の元になっているような関係上のつながりを断ち切ってしまうことによって，子どもの精神状態を不安定にしてしまう力を持つ。愛着のつながりを保ち，精神的な安定を守るために，心は，生き残りのための解決法，すなわち解離の引き金を引かざるを得ない。それによって，痛みが和らぐ望みもないまま自分を振り返るという，精神的な解体をもたらしかねない苦闘をせずに済んだり，自己の不安定化によってもたらされる恐怖を回避することができる。解離は，知覚の範囲を狭めて，自己-経験の衝突をもたらさないようなカテゴリーを，自己の異なる部分として，設定するのである。

　欲望が傷つくことは避けられない。子どもが自分の主観的な経験を必要としている他者に伝えたいという健康的な欲望は，恥の感覚で満たされる。というのは，必要としている他者は，その子どもの経験を，正当に「考えられるもの」として認めることができないか，もしくは認めようとしないからである。子どもの自己の安定感を作り上げる愛着の絆は，今や危険に晒されている。彼女は，自分が何か間違ったことを**してしまった**と感じるのではなく，自分の**自己** *self* に，つまり一人の人間としての自分に何か問題があるのだと感じる。この自己性 selfhood の不安定さを生き残るために，彼女は主観的経験の今や「正当ではないもの」になってしまった部分を，それが正当であると知っている自分自身から解離することによって隔離する。彼女は，もともと現実的なものと，したがって「正当」と感じられていた自分の主観性の一部を解離したのだ。そしてそれは解離されているがゆえに，子どもは自分の人としての正当性を疑い始めるのである。以後，彼女は自らの一人の人間としての正当性と自分の内的な経験の現実性のいずれをも疑うことになる。成人になり，彼女は何か自分に悪いことが起こったという感覚を持ったままだが，その感覚は，認識されるものとして構成されるには至っていない。彼女には，「私」に属していると感じられる記憶（宣言的記憶）は残され

ず，切望しつつもそれを伝えられない状態という形の情動的な亡霊だけが残され，それは暗黙の記憶を覆い隠してしまうほどである。その切望は，彼女に取り憑いている「私ではない私 not-me」という亡霊である（Bromberg, 2003a）。というのは，「正当ではない」内的な場所からその切望を自分のセラピストに伝えたいという彼女自身の欲望が，それ自体恥の感覚の源になってしまうからである。したがって，彼女の恥の感覚は複合的なものなのである。恥の感覚の最初の源泉は，自分の感じることは他者には現実的には感じられないだろうという彼女の信念に由来するものである。恥の感覚の二番目の源泉は，他者の愛着を（したがって彼女の中核的な自己感をも）失うのではないかという恐れから来るものである。なぜならは，自分が感じていることをセラピストに分かって欲しいという彼女の絶望的な望みを，セラピストはまっとうなことだとは思ってくれないだろう，と彼女は信じているからである。この愛着を失うのではないかという恐怖のために，相手が愛着をまだ引っ込めていないことの証拠がさらに欲しくてたまらなくなる。そしてその証拠を彼女が求めれば求めるほど，慰めを求めることに彼女が感じる恥の感覚は強くなるのだが，それはそうすることが今やどういうわけか正当なことと思えなくなってきているからである。

　分析家は，解離された自己経験を伝えたいという患者の「切望」を認識する必要がある。そして同時に認識しなければならないのは，自身の別の部分によって辱められ，自分は慰めにも宥めにも値しない存在だと感じてしまうことなくしては，患者はこの切望が正当なものだと精神的に経験することができない，ということである。彼女が秘密について語ろうとするとき，**いつも彼女は「言葉に窮する」**。というのは，本当の秘密というのを語ることはできない，少なくとも言葉では語ることができないからである。患者の生における情動的な真実は，彼女には「嘘」あるいは少なくとも誇張として疑わしいものとなり，本当に秘密が存在するのか，あるいはそれを自分で作り上げているのか，彼女には確信が持てなくなってしまう。

　患者の痛切な主観的世界と別の人の主観的世界をつなぐことができるような，過去と現在をつなぐ思考というものはない。この点において患者は，苦悩の孤立の中に生き，この経験が，患者の本質的な真実すなわち彼女の「秘密」となる。そして言葉と考えは，空虚な「嘘」になってしまう。かつて外傷的な痛みなしでは言えなかったことは考えることができるようにはならな

かったし，今考えることのできないことは，言うことができるようにはならないのである。

　マシュード・カーン（Khan, 1979）が彼の患者のキャロラインについて，有名な論文「潜在的空間としての秘密 Secret as Potential Space」の中で述べているように，「キャロラインの秘密は，彼女の不在の自己 absent self を包み込んでいた」。「この種の秘密の場所は」とカーンは言う，「人の内側にあるわけでも外側にあるわけでもない。人は『自分の内に秘密を持っています』ということはできない。彼らが秘密で**あって**，しかしながら，彼らの現在進行中の生はそれに参加してはいない。そのような秘密は人の心に溝を作り出し，心の内部でも，対人間的にも，ありとあらゆる奇怪な出来事によって，反応的に覆い隠されている」（pp. 267-268）。

　カーンが明確にしたように，分析作業の中でキャロラインにとって重要だったのは，カーンが彼女の秘密の象徴的な意味を解釈したことではなく，そのような解釈をする際に，彼の心が，彼女の「不在の自己」と彼が名づけたものに対して生き生きと応答することになったことである（Chefetz & Bromberg, 2004, pp. 445-455 も参照されたい）。そのようにして，彼は彼女の中の秘密で**ある**ような部分と，相互的な行為となるようなやり方で関係を持っていたのだった。

　カーンがキャロラインとの治療において関係的に行ったことは，どの患者でも，多かれ少なかれ，患者の自省の能力を自由に使えるために分析の一部として生じていなければならないと思う。言い換えると，あらゆる治療において，自省の**発達**は，分析のプロセスで成し遂げられることの一部であり，分析家が患者に対して，「観察自我」と呼ばれる前提条件として既に持っていることを求める類のものではない。患者の解離した自己-状態は，それぞれが，患者の「秘密」に対してそれ自身の課題を持っているので，そのような自己-状態のそれぞれが，それぞれ独自のやり方で，分析家の自己-状態の幅の中で用いることができるようになることが求められる。そのためには分析家は，臨床プロセスの一部として，自分自身の解離がエナクトメントにどの程度与しているかを一層認識し，患者の自己あるいは自己-状態のそれぞれについて，関係的な意味で，ますますこの認識を省察し用いることができるようにならねばならない。このことが生じると，患者の解離的な主観性は，非線形的に自省的な主観性へと（そして間主観性へと）進展する。フォ

ナギーら（Fonagy et al., 2005）が**メンタライゼーション**と名付けた発達的プロセスの凍りつきを解除してやることで，患者は，解離が間主観性を囚われの身に閉じ込めていた精神機能の領域において，両者〔彼女と相手〕の心を経験している彼女の心を経験する相手の心を経験することができるようになる。

　最後のコメントとして，巻頭の題辞から連想された読者もおられるかもしれないが，本章のタイトル，「私の心には入らなかった」は，ロジャース＆ハート（Rogers & Hart, 1940）の歌から引用したもので，いなくなると寂しいとさえ思わなかったにもかかわらず，もうそこにはいない相手を思い焦がれるという，疼くような魂の空虚を歌ったものである。出だしは風変わりだが，終わりは胸に突き刺さる。「私の心には入らなかった」は単なるリフレーン〔反復句〕ではない。苦悩の低いうめき声であり，なおのこと胸に突き刺さるのは，ついに，喪失のショックが人の心の中に入ってくると，それは波のように襲い掛かり，こころ heart を痛みの洪水で溢れさせてしまうからである。ローレンツ・ハートが「あなたは，私が自分自身に欠けているものを持っている」と書いたとき，彼は愛着の外傷のことを考えていたわけではなかったと私は信じているのだが，それでも少なからぬ人々が，その言葉を聞くたびに鳥肌が立つと私に話してくれたのだった。

第 3 章

「この気持ち,分かりますか!」[1]

　強調するところに違いはあっても,自己-状態や解離に関心のある分析家(たとえば,Bromberg, 1998a, 2006a; Chefetz, 1997, 2000; Chefetz & Bromberg, 2004; Howell, 2005; Stern, 1997, 2009)と,メンタライゼーションや自省機能を重視し注目している人たち(Allen & Fonagy, 2006 の有益な引用文献を参照)との間には,ある感受性が共有されている。私の言っているのは,自己性 selfhood の本質としての,そして通常の発達と治療的な成長において共に鍵となる要素としての,人間の関係性を認める感受性のことである。

　自分自身の心と他者の心を一貫した経験として関係的に認識する能力は間主観性の達成から導かれるものである,という理解は,メンタライゼーションについての新たな視点の特色の一つである。本章において,私はメンタライゼーションというトピックに,回り道をして接近する。第一に,正常の精神**プロセス**としての解離に関してわれわれが学んだことについて改めて考察したい――日常生活の中で,自分の自己-状態 self-state の布置を形成しては,さらに再び形成するというその発達的な役割についてである。次に,外傷というトピックに目を向ける――解離がいかにして外傷の後,自己の状態の境界を硬直化するために動員されるのか,それがどのように通常のプロセスを病的な**構造**に変えてしまうのかに目を向ける。そうして初めて,心理療法のコンテクストと,それが患者のメンタライズする能力を高める可能性と

---

1) 本章の初出論文は,2005年のニューヨーク市,市立大学での会議で,「精神分析の将来についての省察――メンタライゼーション,内在化,そして表象」(Reflecting on the Future of Psychoanalysis: Mentalization, Internalization and Representaion)として発表され,L. ジュリスト,A スレード,S. バーナー(編)『心から心へ――子どもの研究,神経科学,そして精神分析』(L. Jurist, A. Slade, & S. Bergner (Eds.), *Mind to Mind: Infant Research, Neuroscience, and Psychoanalysis*)(New York: Other Press, 2008, pp. 414-434)という著書に収められている。

を結びつけようと思う。これから向かうところの概要をつかんでもらうために，メンタライズする能力が外傷の存在によって傷つけられている——このことは広く受け入れられている——だけでなく，その能力を再び取り戻すこと，あるいは人によってはその能力を灰の中から救い出すことは，衝突 collision と交渉 negotiation を伴う治療的なプロセスによって一番うまく促進されるということを示そうと思う。

自己-状態と解離

　真正さと自省の両方を可能にするような生き方をするための人間の能力は，自身の自己-状態の分離と統合の間の，絶え間ない弁証法を必要とする。決定的に重要なことだが，この弁証法は，自己-状態間のコミュニケーションや交渉を損なわずに，しかしそれぞれの自己-状態が至適に機能することを可能にするものでなければならない。すべてがうまくいっているときには，ただ漠然と，あるいは瞬間的に，個々の自己-状態と，そのそれぞれの現実を自覚する。というのも，それぞれが，一貫した一個の人間としてのアイデンティティという，健康な錯覚幻想の一部として——つまり，「私」として感じられるような，橋を架けてすべてを包含するような経験的状態として——機能するからである。それぞれの自己-状態は機能的な全体の一部であり，その他の状態の現実，価値，情動，視点との内的な交渉のプロセスによって特徴づけられている。自己のそれぞれの側面が，心的機能のさまざまな領域に近づける程度も決まっている（たとえば，自分の欲求や願望の圧力を感じ許容する能力，何が適応的な社会行動かを判断する能力，愛する能力，自分の価値観だけでなく目的の感覚から行動する能力，関係の中で対象の恒常性を維持する能力，精神内葛藤の経験に精神的に耐える能力など）。自己のさまざまな側面の間の衝突や，ときに見られる敵対にもかかわらず，どれか一つの自己状態が，「私であること me-ness」の経験を完全に離れて機能し，人間の関係性から逃れて，自己の他の部分の関与をまったく受けないということは稀である。

　比較的一貫したパーソナリティにおいては，解離は人間の心の健康的で適応的な機能である——単一の現実，単一の強い情動に完全に浸り，自省の能

力を一時棚上げにしてしまうことがまさに必要とされているものであったり，望まれているものであったりするときに，個々の自己-状態が（単に防衛的にではなく）至適に機能するのを可能にする基本的なプロセスである。私が言っているのは，集中，一意専心，課題の方向づけ，心地よい経験に完全に耽ることが求められているようなときのことである。「通常の状態では，解離は自我の統合的機能を，過剰な刺激や無関係な刺激を遮断することによって増進している」(Young, 1988, pp. 35-36)。言い換えれば，解離のプロセスは，人間の精神機能に基本的なものであり，パーソナリティの安定性と成長にとって，中心を成すものである。われわれが主観的に意識と経験するものと，われわれが**無意識**と呼ぶものとの間の，絶え間ない交渉の中で，最も人間的なものを表象するのが，その固有な精神的プロセスなのである。

外傷と防衛的解離

　解離は，その発展的な機能の一部として，防衛の役割も果たすのだが，他のどんな防衛とも異なる。それは，フロイトが抑圧と呼んだプロセスに対する別の呼び名というだけではない。防衛としての抑圧は，不安に対する反応である——不安は，陰性ではあるが調整可能な感情で，不快だが耐えられる，精神内葛藤を生み出す精神内容物が意識へと現れてくる可能性を知らせるものである。防衛としての解離は，外傷への反応である——外傷は，混沌とした，心を乗っ取る，調整不能な感情による急激な洪水であり，自己性の安定性を，ときには正気までをも脅かす。精神内葛藤は，不快というだけではなく，経験として耐えがたいものになる。なぜ耐えがたいのか？　それは，相容れなくなっているのは，不調和な精神内容物の間ではなく，自己の異質な側面の間にあるからだ——あまりにも異なるため，自己の一貫性を不安定にしてしまいそうにならずには単一の意識の状態の中で共存しえないような，自己-状態の間にあるからだ。

　しかし，外傷が「終わった」からといって，心に防衛が必要なくなるということはない。脳にとっては，それは**決して終わらない**。外傷と不安とでは，関係している感情の「量」（強度）が異なるだけではなく，質的に，心／脳の要求される仕事も異なる。つまり外傷的な感情は，その量を大きくした不安ではない。それは，思考を妨げるのに十分強烈な，感情的な洪水の**衝撃**であるが，なぜならそれは，**本来的に混沌としている**からである。混沌の一

次的な源泉は，その能力を超えて機能しようとしている心的装置である。というのも，心が，内的な葛藤として抱え，そして解決することを求められるさまざまな自己-経験は，その人にとって，その瞬間には交渉の余地のないものだからである。脳にとって外傷が決して終わらない理由は，脳が統制できなかった，未処理の，解離された感情の残余――「津波の影」――を残すからである。**脳が統制できないことを，それはコントロールしようとする。**

　外傷の後，「津波」の不安定な衝撃が決して繰り返されることのないよう，心によって**予防的に**解離が動員される。すなわち，解離した心の構造は今や，その「影」が，予期せず到達しないかと注意深く先読みをするので，心は煙探知機のようになって，人生を，生きられることのない待機期間に変える。解離はもはや心の機能ではなく，心が解離の機能となる。なぜ，われわれはそれを，ただ不安のより強い形態と呼ばないのか？　サリヴァン（Sullivan, 1953）の言葉を分かりやすく言うなら，「不安は，それが生じる状況を段階的に実感することを許す」が，外傷の影響（サリヴァンの用語では**重度の不安** severe anxiety）は，「起こったときの直近のことがすっかり消し去られてしまうという点で，ある意味頭を殴られたときに似ている」（p. 152）。実際，外傷の出来事に「直近」の，今-ここでの経験が消し去られてしまう原因は，防衛として解離の引き金が**自動的に**引かれるためであるということは，かなりはっきりしている。

　精神構造として機能しているときには，解離は外傷となる可能性がある経験をコントロールするために，自己のそれぞれの領域を不連続な現実の布置に変え，それらの現実は今や，解離を支える自己催眠プロセスによって，他の領域から切り離される。防衛的な解離の特徴は，自己性にとって耐え難いと感じられるものを知覚する能力を心から切り離してしまうことである。それは，目の前にあるものを，それを経験している自己にとって個人的には何の感情的意味も持たない狭い帯域の知覚的現実へと押し込めてしまう（「何であれ生じていることは，**私に**起こっていることではない」というふうに）。

　人間関係から生じる外傷においては，個人的な意味を失ってしまうのは，認知的に処理するには自己の連続性とあまりにも相容れないと感じられてしまうような今-ここでの相互交流である。自己の安定性のためには自己の一貫性が欠かせないものとなるとき，「たくさんでありながら同時に一つの自分と感じられる」ことは，もはや適応的なことではない。他者の主観性を，

関係性のコンテクスト——それは一つの今-ここでの現象である——において自省的に経験する心の能力は傷つけられてしまい，それが今度は間主観性の能力を損なってしまうのだが，ここで浮かび上がってくるのは，メンタライゼーションという概念への中心的なつながりである。その人は，「他者」の目を通して自分自身を自省的に見ることがほとんどはできなくなっているのだが，それは，かつては適応的に共存できた自己-状態が，今や類催眠的に分離しているからである。そのようにして，他の自己-状態——あるいは他の人々——からの入力に妨げられない個々の「真実」を持ち続けられるようにそれぞれがそれ自身の守り役を果たしているのだ。

　精神内葛藤を経験することが可能となるためには，解離された自己の側面間のギャップがまず人間的な関係によってつなげられねばならない。反対に，精神内葛藤を経験する能力は，常に存在しているわけではないことも理解されねばならない。患者が精神内葛藤の経験を抱えることができないときには，当面の目標は，治療関係を用いて彼らが自己-経験を，とびとびの「真実」の島のようなもの以上のものに変えるようにすることであり，彼らが，自己-状態の「間に立つ」ことができるようにすることである。そうして，解離という保護に頼ることが，内的な葛藤を耐えられるものと感じることのできる能力に置き換わることになる。

　臨床的な仕事で何よりも重要な原則は，人が，何気なく行っている自分の行動パタンを経験することから，自分が行っているものとしてそれを経験することへと移れるようにすることである。古典的な言葉でいえば，治療の最初では，それぞれの自己-状態は，解離的に立ち現れてきたときには自我-親和的である。他の自己-状態を**葛藤的**に自我違和的なものとして経験する可能性は，当たり前にあるものとは考えられない。「観察自我」——これは精神分析治療の治療作用に求められる，一致した基準であった——と呼ばれてきたものも存在しない。ポスト古典派の観点からすると，観察自我の発達と呼ばれてきたものは，相容れない自己-状態間の内的なコミュニケーションを，先読みした解離によって自動的に締め出されることなく，患者が抱え，処理する能力が徐々に増してくることだと私は考える。患者のパーソナリティのスタイルや診断にかかわらず，実りある治療プロセスはいずれも，象徴化されていないものだけでなく，分析家の心と患者の心の両方の中で象徴化されるものにもつながっていて，それは，精神内葛藤を処理する患者の能

力が増したことの一部である，と私は信じる。この点において，あらゆる分析家は，自分の患者のすべてに対して，ジャネ（Janet, 1907）がヒステリーにおける解離の表れについて言ったこと——すなわち，もしそれが「精神疾患であるなら，その他の精神疾患と似たものではなく……個人の総合 personal synthesis の疾患である」（p. 332）という言葉が当てはまる可能性を考えておくとよい，と私は信じる。

解離とメンタライゼーション

　ジャネ（Janet, 1907）が「個人の総合 personal synthesis」と呼んだものは，流動的な自己-状態のコミュニケーションとして，最もよく描写されると思う。そこから私（Bromberg, 1993）は，「健康とは，さまざまな現実の間に，そのどれも失うことなく，立つ能力である」（p. 186）という信条を持つに至った。「間に立つ」というのは，どのような瞬間にも，その瞬間にその人が「私」だと経験する自己によっては簡単には抱えられない主観的な現実を入れる余地を作り出すような能力を比較的持っていることを，簡略に叙述したものである。誰か別の人が自分たちについて抱く主観的な経験を，自分自身の自己-経験のコンテクストの中で考えることのできる人たち——「間に立つ」ことのできる人たち——は，間主観的に関係を持つことができる。それは並はずれたプロセスであって，われわれが思っている以上に印象的で驚くべきことである。人々がこれを行うことができるということは，本当に並はずれたことである（この能力の全射程については第8章で触れられている）。ピーター・フォナギー，メアリー・タルジェ，そして彼らの研究仲間たちは，このプロセスは発達的に達成されるものであるとし，適切にもその能力を**メンタライゼーション**と名付けた。この能力によって人は，自分自身の自己-経験と他人の心の中にどのように自分が存在しているかの間の相容れなさについて自省することができるようになる。自分自身に対する相容れない見方をコミュニケーションの不可能な切り離された現実の自己-状態の島の中に自動的に封印してしまうこともなくなる。あるいは言葉を換えて言えば，メンタライズする能力があると，「他者性」と遭遇したときに，心が，その安定性を守るために自動的に解離を動員させることが少なくなる，とい

うことである。

　相手の主観性を自省的に認識するということは，現代の臨床家，研究者，さまざまな考えの分析学派を代表する理論家たちにとって，大きな関心を持つトピックとなった。中心的な焦点は，処理されていない情動的経験の認知的な象徴化を，どのようにすれば最もよく促進できるか，ということだった。その種の経験を，ウィルマ・ブッチ（Bucci, 1997a）は**象徴化以前の** subsymbolic と呼び，ドネル・スターン（Stern, 1997, 2009）は**未構成の**（unformulated）と概念化し，私は解離されたものと理解した。記憶のコンテクストを加えるならば，**非宣言的**〔記憶〕nondeclarative とか**手順**〔記憶〕[*] procedural といった用語も含まれる。私の考えでは，この種の経験は，まず，**知覚される**現象として分析家の目を引く。分析家が，最もよく最初に気づくのは，自分の中の何らかの変化で，もちろん患者の中の変化にも気づくが，この気づき自体には，すぐには，二人の**間で**何かが起こっているという気づきは伴わない。この理由は，解離が他者性に対して行うことと関係しているからである。つまり，通常の象徴的なコミュニケーションと象徴化以前のコミュニケーションの間のつながりは壊されてしまう――少なくともしばらくの間は。

　解離の本質は，それが知覚の経験を変えるということであり，それゆえに，対人間のコンテクストから個人的な意味が奪われてしまう。二者的な感情的経験を自省的に知覚することから心を切り離すことによって，他者の「他者性」を直接経験する危険性からは隔絶される。解離がこの守りの機能を先取り的に果たす自己−状態を作り出すやいなや，自己性は，ある瞬間においてそれがどのような自己−状態を具現化するかにかかわらず，封印された繭になる。決定的に重要な点は，自己−状態を越えての一貫性が，解離された繭に取って代わられると，その人は，自分の自己−状態の範囲に十分同時に接近できないような意識状態の中に存在することとなり，他者の主観性と真のやりとりができなくなるということである。自己−状態の一貫性なくしては，彼は部分的にしか生きていないことになる。つまり，どのような現実の心的表象がその瞬間に存在している自己−状態を決めているにせよ，他の人々はその中にいるただの俳優に過ぎなくなる。解離された現実の個々の

＊（訳注）p. xi 訳注参照。

状態が何であろうと，彼が関係を持とうとしている人は，関係性の中で，情動的安定性を保証するのに必要な内的対象のイメージに適合するように「仕立て」られることになるのである。

「この気持ち，分かりますか！」

さて，なぜ本章のタイトルが，感嘆符で終わっているのかを話させてほしい。「この気持ち，分かりますか！　Mentalize this!」は，主観性の間の衝突が，セラピストが自分の仕事に努めることに内在するものとして，不可避なものであることを示そうとするものである。衝突と安全の間の交渉が心理療法的変化の核心であって，精神分析における治療作用の根本にある中核的な問題は分析家が主観性の間の衝突を共に処理することへのコミットメントにあり，そこにはメンタライゼーションを育むことが含まれるというのが私の見解である。それは，患者の情動的な安全と（特に発達的外傷の領域の）情動的な負荷の間の患者のシフトする平衡状態に対して，分析家ができる限り調律することが求められるようなコミットメントである。本章の以下の部分では，そのシフトするバランスという問題に目を向けようと思う。

そのタイトルを選んだのは，私は，ほとんどの読者が，*Analyze This!*〔邦題『アナライズ・ミー』〕という映画を見たことがあるか，少なくとも聞いたことがあることを期待してのことだった。その可能性が高いと思ったのは，セラピストの間では本当によく知られた映画だったからだ。私が知っている人でそれを見た人のほとんどは，面白かったと言い，私もそうだった。それだけで終わりにすることはできないと思ったので，なぜセラピストはその映画を好む傾向があるのかについて考えようとした。映画のキャッチフレーズは，「ニューヨーク最強のギャングが自分の感情 feeling に触れようとしている。持ち時間の 50 分が終わったことを告げるのは**あなた**」というものである。映画のタイトルはもちろん，分析家が高位札を持っていることのパロディである。というのも，患者は常に，分析家の役割に譲歩することになるからだ。患者役のロバート・デ・ニーロはマフィアのドンでもあるという事実は，**抵抗** *resistance* という言葉に新たな意味を与える。それは，どんなときでも，土俵を同じものにする力を与える——銃口によって。ビリー・クリスタルによって演じられる，気の進まないセラピストにとって，デ・ニーロは「他者」であり，逆もそうである。二人の男は，およそ想像し得る

限りの「他者」であった。二人とも，相手のような人間の心の中で生じていることなど何も知らなかったが，理由は非常に異なるものの，それぞれがうまく「働いてくれる work」関係性を必要としていた。こうして，相手の潜在的な力を恐れる理由がそれぞれにあったのである。間主観性はまだ存在していなかった。それは手に入れるべく努力し，格闘して求める必要があった。それぞれが，相手が，「管理」されるべき対象であるかのように，解離的に振る舞うところから始めた。なぜなら，間主観的な交渉の共通の土台となるものが何もなかったからである。それぞれが相手に起因すると考えた間主観的な恐怖が，外傷的なものになる前に，知覚的に抹消されたので，彼らのメンタル・プロセスには自省的な関係性が可能とならなかった。かくして，当初対人関係的／関係論的な行き詰まりが作り出され，そこで二人は相手に間主観的に届くことはできなかった。この一時的な安全に払われた代償は，感情的な死であり，関係の停滞であった。なぜなら，自発性は，予測の必要性に置きかえられることになったからである。

　前著（Bromberg, 1995a）で用いた言葉に翻訳するならば，クリスタルとデ・ニーロは，当初，誰もいない広い舞踏室にいる二人の孤独な者たちのようだった。それぞれが，まるで相手と踊るかのように動こうとしているのだが，共有された「音楽」がないということには，見たところ気づいていない。それらの瞬間，主に，不在の音楽の存在が聞こえる――カーン（Khan, 1971）が「目で聞く」と記している，言い表せないほどの活力が，明らかに不在であることを聞くのである。つまりそれは，ウィニコット（Winnicott, 1949）が精神-身体 psyche-soma と呼んだ，関係的な全体性から生じる真正な自己の経験の神秘的な生きたメロディである。このメロディがないと，「歌詞」も，それらが歌われる対人間のコンテクストも，切り離されたもののように感じられる。というのは，それぞれのパートナーがそれぞれのやり方で，自らの精神-身体的 psychosomatic 存在の住人というよりは，訪問者になってしまうからである。もしメロディが回復されるとそのときには，それは間主観性の音楽になり，死んだ関係性の歌詞に命が吹き込まれる。

　治療がうまく行く可能性は低いように思われたが，予期せぬことに，デ・ニーロとクリスタルの間で何かが生じ，それによって，他者性 otherness と自己性が交渉可能になった。それぞれが，自分は予想しない形で相手の心を面白いと思い，それについて興味を持つようになった。また，どちらもが

ユーモアのセンスを持っており，そのことで，彼らが互いを，ただ傷つける可能性のある源としてのみ経験してしまう度合いをうまく調整することができた。しかし，傷つける可能性があるという感覚は差し迫ったままだった。クリスタルの場合は，デ・ニーロの神経を逆なでしてしまうと殺されてしまうという恐怖があった。デ・ニーロの場合，外傷となってしまう可能性は，父親との関係についての解離された感情 feeling に触れることを強いられることであり，そしてもしクリスタルが自分の脆さに気づいてしまうならば，恥の感覚で一杯になってしまうことだった。

　その映画が私を虜にした一つのことは，それが，本当の治療関係の正しいあり方として実感できるもの，しかも良質のものを感じさせたからである。それが正しいと感じられたことは，彼らの関係の境界が非伝統的であったかどうかとは無関係なことだった。彼らの個人的な出会いは，激しいもので危険なものになりかねなかったが，それぞれ何度も降参したいと思ったにもかかわらず，共に耐え忍ぶことができた。最初「耐え抜くこと hanging-in」を可能にしたのは，彼だった。なぜなら，デ・ニーロは，起こっていることが嫌だと思ったとき，言葉にするのを抑えなかったからである。そして，それによって，クリスタルが素直になれた。隠すと彼にとって事態はもっと悪くなるだろうと思ったからだ。予期せぬことに，デ・ニーロの素直さは感染力を持ち，そうなると，それぞれが相手を，ただ何かを言っている存在としてではなく，一人の個人として関係の持てる現実の人間として，経験し始めた。互いにとって，相手は，たとえ相手がそれを好きでなくても，自分自身が経験していることについて，素直に聞いたり考えたりする人となった。私のタイトルの言葉で言えば，それぞれが，相手の主観性を，自分自身の主観性に，「**この気持ち，分かりますか！　Mentalize *this*!**」と言うかのように，対峙させるのである。

衝突と交渉

　私にとって，鍵となる瞬間が生じたのは，クリスタルが，セラピストとして，デ・ニーロに感情 feeling を隠していることについて直面化し，それと向き合ってみるように彼を仕向けたときであった。デ・ニーロはついにむせび泣き，その後で，クリスタルの方を向いた彼の顔には，最初は純粋に人殺しのような怒りの表情が浮かんでいたが，徐々に真の賞賛が影を落とし始め

るようになった。この「不可能な」自己-状態の混合から，デ・ニーロは，この映画の中でもっともよく引用されるのも当然というセリフをこぼす。

「あなたは……あなたは……あなたはいい！　**本当にいい**」。

クリスタルは，それだけ「いい」という理由で，銃で撃たれてしまうかどうかも分からずに，自分が責任を持てるものではないとつぶやきながら，デ・ニーロが何を言いたかったのかも分からないかのように，そこに立っていた。しかし，デ・ニーロは言い続けた。その瞬間に彼らは，それぞれの主観性の間に，治療上の可能性をもった新たな現実を共に創り出すべく，一緒になった。その中で，さまざまな自己-状態を超えた一貫性――「間に立つ」ことのできる力――が解離的な繭に置き換わり始めた。最終的に繭から間主観的コミュニケーションへと移ることが可能になったのは，デ・ニーロの心の状態が，信頼によって偽装された恐怖から，以前はつながっていなかった自己の側面の真の共存へとシフトしたときであった。ある状態は怒りによってまとめあげられ，別の状態は賞賛によってまとめあげられていたが，両方の状態が，真正に表現されたのだ。二つの自己-状態は，依然として葛藤とアンビバレンスという形であり，一貫性のあるものにはなっていなかったが，心／体の現象として同時に包み込まれ，実際に今-ここで同時に表現され得るものとなった。「あなたは……あなたは……あなたはいい！　**本当にいい**」という言葉に含まれる，反対の意味も伝えるデ・ニーロの風格あるセリフは，最初はクリスタルにとって混乱を招くものだったが，共有された心的空間 mental space の共構築を開始し，その中でそれぞれの主観性がコミュニケーションを始めるのであった。

私が思うに，間主観性をエナクトメントから発達させるのは，このような瞬間にあっても，調整異常の瀬戸際――ルドゥー（LeDoux, 1996）が「恐怖システム」と呼ぶもの――が安全に，しかし安全**過ぎ**ない条件下で，活性化されるときだと思う。それらの条件が存在するとき，分析関係は，患者の過去の失敗を繰り返すが，単に反復することそれ以上の何かを行うことになる。その「それ以上の何か」は，さまざまな自己-状態を越えた一貫性を増すことを促し，エナクトメントが治療的成長のコンテクストとなることを可能にし，その中で新たな何かが，患者と分析家が予期せぬ形で行うことの中から生まれてくる。私はこれらの予期せぬ関係的な出来事を「安全な驚き」と呼んだ（Bromberg, 2006a, pp. 94-95, 198-199）。というのも，新たな現実

――自発性と安全の間の空間――が構築され，それ自身のエネルギーで満たされるようになるのは，ただこの驚きを通してしかないからである。エドマンド・バーク（Burke, 1757）はこの現象を「安全なショック」と名付けた。

> もし苦痛と恐怖が実際には有害でないように変えられるならば，もし苦痛が暴力を招かないならば，そして恐怖がその人を今破滅させることにつながらなければ……それらは喜びを生み出すことができる。楽しみではないが，一種の喜びを与える戦慄，一種の恐怖を帯びた静穏……。その極みを私は，**驚愕** *astonishment* と呼び，以下に続く段階は，畏怖，崇敬，尊敬であり，……ポジティヴな快楽とは区別される（p. 165）。

圧倒してしまう可能性があると知覚されるものを，安全な驚きとして知覚されるものから区別するのは，予期していないが抱えられるショックと，外傷の，予期できず抱えられないショックとの間にある，あの細いけれど交渉可能な境界である。治療的なプロセスには，患者と分析家が「一緒にさまざまな現実の間に立ち，安全に，とはいってもまったく安全にというわけではないが，境界を越えて行ったり来たりする」（Bromberg, 1999, p. 64）ことが求められる。何か変容をもたらし得るものがクリスタルとデ・ニーロの間で生じた。それは，外傷的なショックというより，安全な驚きだったので，彼らが間主観的にコミュニケーションを始めるようになった。それは何だったのか？

デ・ニーロの反応は，一つの顔の表情と一つの声の調子の中に，異なる感情を，そして異なる自己-状態の影を含んでいたが，これらは，精神内葛藤として経験されるかそう名づけることのできるような単一の自己経験の中には統合されていなかった。クリスタルにとってもそうだった。しかし，相容れない精神状態が共存することができたために，どちらの状態も現実であることを否定される必要はなかった。これにより，解離を思い切って手放し，二人の心的空間を形成することができるようになったのだが，そのために，それぞれが自分自身の心を経験している相手の心について考えられるようになり，その経験が交渉を受け入れる余地のあるものとしたのだった。どちらにとっても，相手は管理するべき対象以上の存在になった。安全な驚きの二者的な衝撃は，メンタライゼーションの治療的促進における中心的な要素で

あるだけでなく，エナクトメントを過去の反復以上のものにする。あるいはそう私は言いたい。

　安全な環境を提供できる分析家の能力は，それ自体治療作用の源泉ではない。分析家は，確かに，オフィスの中で患者が安全だと感じる程度を越えないように努めなければならないが，それが不可能であるということは避けがたいことであり，治療的な変化が生じ得るのは，この不可能性のためである。分析家と患者の主観性の間の衝突は，外在化された自己-状態の違いを反映しているのだが，その違いとは，患者と分析家の内的世界の中で「現実」として経験されたことの違いである。そして，言葉を発せずにはいられない解離された自己-状態の出現を抑えつけることなく，主観性の衝突を避けることはできない。

　メンタライゼーションは，個人が，他者が自分を心に留め置いてくれているように経験することができるかどうか，愛するように，賛成して，反対して，憎らしく，戸惑いながら，思い付く例を少し挙げただけだが，どんなふうにであれ，ともかく心に留め置いてくれているように経験することができるかどうかにかかっている。ロナルド・レイン（Laing, 1962）は，自分のアイデンティティを「確認 confirmation」することは，他者があなたを承認するかどうかではなく，あなたを「認識」するかどうか，すなわち，あなたが自分自身を経験しているように，正確にあなたを知覚するかどうかにかかっていると指摘した。「助けて！　あなたの心から忘れられてしまう」（Bromberg, 1998c, pp. 309-328）という論文の中で，私は，かつて，心に留め置いてもらっていることがそれほど重要なのはなぜか，という疑問について考えた。その答えの一つは，自己の連続性を確かなものにする上での，愛着の重要性と関係がある。

　人の中核自己 core self——早期の愛着パタンによって形作られる自己——は，親対象がその人の在り方として感じている在り方と，その人の在り方ではないと見なしている在り方の両方によって定義されることになる。すなわち，あたかもその子が「かくかくしかじか」であるかのように自分たちの子どもと関係を持ち，その他の側面をまるで存在しないかのように無視することで，親は，子どもの自己のそのような側面の存在との関係を「否認 disconfirm」して，知覚的に解離させる。こうして，子どもの自己の否認された側面は，関係的に交渉不能なものとなる。なぜなら，それらの自己-状

態をまとめあげる主観的な経験が共有されず，他の人の心にどのように映っているか，交流しながら比較することができないからである。大切な点は，その「否認」が，それが関係的に交渉不能という理由で，定義上外傷的となるということである。私は，発達的外傷と呼ばれるもの，あるいはときに「関係的外傷」と呼ばれるものの多くがこういうふうに説明できると思う。

　発達的外傷への私の関心は常に，大規模な massive 外傷よりも強かった──大規模な外傷とは，ひどく心と体をむしばむ精神的・身体的・性的虐待のようなもの，あるいは，突然の，予期せぬ，言葉にならない恐怖のようなもの，たとえば，2001 年 9 月 11 日にニューヨーク市民が被ったような経験のことを言う。私は，このどちらのタイプの外傷の人とも〔分析〕作業をしてきた。そして，成人して大規模な外傷を受けたがために私のところを訪れてきた人で，発達上強い否認を受けてきた人は，そのような発達上の既往を持たないで成人になってから外傷を受けた人よりも，典型的には後の出来事によって強く傷を受けることを見出した。私はまた，発達的外傷の背景がある人の方が，たとえ最初はそうではなくても，やがて，「難しい患者」となりやすい傾向があることも知った。人生のある分野でどれほど成功した人であっても，最初に会ったときにどれほどよくまとまっているように見えても，目に見えること以上のものが必ず存在するものである。

　私がこのことをどう説明するか，もう少しだけ述べておきたい。あらゆる人間にとって，自己の連続性を維持することは，発達上最も高い優先順位を持つ。誰しも，多かれ少なかれ，手順を通して学習した早期の愛着パタン＊を維持し続けようとする。あらゆる状況の中で，そして人生のあらゆる段階を通して「自分自身」と認識されるために，その人の中核自己は，その早期の愛着パタンを拠り所にする。なぜか？　それは，どんな人でも，「他者」の心の中で自分がどんなふうに見えているかは，「自分の親の子ども」である中核自己を反映しているに違いないからである。ほとんどの人々の場合，自分の親の子どもである必要性は生活のプロセスの中で進展し，作り直されていく。そして，中核自己を規定する関係性のパタンは，大部分解離していない個性の布置の上に築かれ，修正され，その中に統合されていくものである。

　しかし，もし人生の早期に自己の一部がいつも決まって否認されると，

＊（訳注）p. xi 訳注参照。

「親の子ども」であった自己と同じ自己として，他の人の心の中に（したがって自分自身から見ても）存在し続けるという課題は，はるかにより複雑で，難しい課題になる。というのは，そのためには相容れない自己-状態を解離する必要性もあるからである。これらの部分は，認知的に象徴化されないままになっている傾向がある。それらは情動的な現実の島として編成されているのだが，それらは隔離されてしまっているので，葛藤の解消によっても変化させられない。しかし，それらはそれ自身別個の生命を持っており，考えたり言葉で表したりできる「私」と比べても少なくとも同じくらい，そしてしばしばそれ以上に，個人の運命を決めてしまう。自己の「私ではない」部分は，それについて自省できるようになるには，関係性のコンテクストの中で認知的・言語学的に象徴化されねばならず，そうして初めて，その人が「私」であると感じるような部分になることができる。

　それが起こるまでは，「私ではない」部分は落ち着かないままで，考えられないこと，もしくは言葉にできないことを解離的にエナクトし続け，患者にも，彼の人生の中の人たちにも，両方に問題を生じる。それらは関係の中で否認された自己の部分からの，情動に駆られた声なので，それらの存在は，共有された認知的コンテクストなしに伝達されるために，情動は交渉によって同意された意味をもたらすことができない。

　エナクトメントは，私の思うに，「二者のために作られた繭」の中で生じるプロセスであり，もちろん分析関係に独特のものではない。患者は，分析家と出会う前にその経験を多くしてきているが，最終的に，それを新しいやり方で利用するチャンスがあるのは，分析関係においてである。それは解離されているために，患者も分析家も，炎に引き寄せられる二匹の蛾のように，その中に引き込まれてしまう。それぞれが，少なくとも当面は，間主観性に手が届かなくなってしまう。このことで，患者の主観性と分析家の主観性との間で繰り返し衝突が生じることはほとんど避けがたいが，その繰り返しは非線形的であり，それゆえ強力な治療的可能性を保持することになる——つまり，それは，関係に裏打ちされた交渉のプロセスを生み出す可能性であり，それは，新しいものの余地が生まれることでますます間主観的になっていく。

　主観性の衝突をいつも決まって避けようとするような治療的姿勢は，結局は，患者にとっては自分を否認するものと経験される。患者は，分析家が自

分のことを本当には心に留めてくれていないと感じる。こんなふうに感じるようになるのは，分析家が，患者の自己の解離した部分の衝撃を，**一個の人間として** *personally* 感じていないからである。その解離した部分は，関係を持ってくれる存在を見出そうとしているのだ。分析家が一個の人間としてそれに反応しないので，患者の解離した自己-状態は，それが認識され生き生きとしたものとなる人間的なコンテクストを奪われる。そして，メンタライゼーションが最もうまく起こるのは，それらが生き生きとすることによってである。

　デ・ニーロ／クリスタルの例は，これを浮き彫りにしたものである。その関係性の中で最も生産的な場面では，それぞれが情動を通して，単に言葉を通してだけではなく，自分が相手のことを心に留めているということを相手に伝えていた。それぞれが，相手に対する一個の人間としての反応を通して，相手の心の状態を認識しているということを示していた。これは両者に不安を生み出したが，今-ここで生じていることを一緒に処理することを可能にした。そう，それは「瀬戸際 edgy」だったのだ。二人の間がいつ壊れてしまっていても不思議ではなかった。それはクリスタルにとっては，文字通り，「終わらせること termination*」を意味した。しかし，そうはならなかった。しかしながら，そうはならなかったという事実が，私の最も言いたいことではない。私が言いたいのは，そこで実際起こったことは，強い間主観的なつながりをもたらし，「二人の間が壊れてしまう危険」が対話の俎上に乗るものとなるということである。それは，患者が「転移の中で作業する」ことのできる能力が育ちつつあると見るに等しい。

　デ・ニーロ／クリスタルの場面のポイントは，メンタライゼーションが直面化のすべてであるということではなく，患者のメンタライゼーションの能力を増すような治療プロセスには，患者と分析家の主観の衝突が避けられないということである。情動面の安全と，他者が自分を見るように自分のことを見ることとのバランスは，絶えず揺れ動くもので，メンタライゼーションがますます起こるようになることを可能にするのは，これらの揺れに対する分析家の調律であって，直面的であるにせよその他のやり方にせよ，技法を正しく適用することではない。最善の〔分析〕作業は，常に，衝突が予期せ

＊（訳注）ここでは，治療の終結 termination と相手を殺すこと termination の二つの意味が同時に含意されている。

ぬ形で起こるときになされる。なぜなら，メンタライゼーションを増すような交渉のプロセスが，はるかに経験に近く感じられているからである。ケースの素材を通して，私の言いたいことを示してみたいと思う。

ロザンヌ

　私の患者ロザンヌは，子ども時代に，精神的に不安定なサディスティックな父親によって，自己の感覚がひどく損なわれた。その父親は，自分ほど愛情深い者が彼女を傷つけようと思うと考えるなんて，彼女は気がふれているに違いない，といった体で振る舞うことを楽しみとしていた。シャルル・ボワイエ／イングリッド・バーグマンの映画を覚えている人は，彼女はいつも決まって「正気ではないと思い込まされてきた」のだと言えば，私の意味するところが分かるだろう。愛着の理論家たちならば，ロザンヌを愛着の非統合的 disorganized／非定位的 disoriented タイプの第一級の例だと評するであろう——つまり，極度に解離的で，絶滅不安 annihilation anxiety に脆く，それは，初日から明らかであった。
　以下の面接の場面は，分析を始めて 4 年ほどたったとき，われわれの間で起こったことについてである。私が，彼女に対して怒ったときのことなのだが，どのくらい怒っていたのか分かっておらず，それがこの場面の中心的な問題である。私が気づいていたのは，ロザンヌが希望を持てないでいる状態に対して「もどかしさ」が芽生えていることについてだけだった。特に，それは，本当の進展が示されていると感じられたまさにそのとき，声に出されるように見えたからである。そのようなときには，彼女の絶望は，ほとんど悪意に満ちたものに感じられた。彼女は，自分はずっとこれまでとまったく同じだ，ここで起こったことで新しいことは何もない，分析を受けても何も変わっていないと主張した。彼女の成長を示す十分な証拠と私が見ていたものを前にして，私はだんだんどうすることもできない気持ちになり，不愉快になった。彼女のもう一つの部分が何かを言おうとしているのが感じられたが，その語りを聴かせてもらおうと頑張ってみても，私が愚かな誤解をしていると，いつも絶望と困惑をもって応じられた。当時は，「パパ Daddy」の亡霊が私の上をうろついているのが分からなかった。というのは，彼女の

「絶望の自己」が，私の邪魔をしているとしか経験していなかったからである。そして，私は，そのようなときには仮面で覆われてしまっている，ロザンヌのより希望に満ちた部分は，もし私が怖がらせて沈黙させなければ，現れ出て来るだろうと自分自身に言い聞かせていた。簡単に言えば，私は彼女の絶望的な部分は，より好ましくてより本物だと思われるもう一つの部分を隠す仮面なのだと信じたいと思っていたのだが，もし私が彼女のその部分に反応しなければ，彼女はそれをそのような仮面として用いることをやめるだろうと私は思っていた。あるいはそのように私は感じていたのだった。後で述べるように，われわれが，絶え間ないエナクトメントの強烈な新しい段階へと入っていくと，ロザンヌの「仮面を取り去る」という私の空想は，私にも同じように当てはまることだった。

　その出来事は，セッションが始まって 15 分くらいの頃に生じた。彼女が，ある出会いについて報告した後のことで，それは，私には，彼女が思っている以上に人々を信頼する力があることをはっきりと示していると思われた。それについて彼女に何か言おうかどうしようか考えているまさにそのときに，彼女は，自分の世話をしてくれる人を信頼しても無駄である，なぜなら，信頼しても結局は自分自身の目的を隠して私のことを利用するのだから，と予想通りの絶望的な声で話し始めた。その瞬間，私は，もしも何が起こるか予測できていたとしたら，きっと言わなかったようなことを言った。

　再び，私は，じらされて奪われたように感じていた。しかし，彼女のサディスティックな父親との過去のことを知っていたので，彼女の目を，われわれの関係の中で，自分が責められているように聞こえかねないようなことに向けさせると，情動の洪水の引き金を引くのではないかといつも心配していた。今度は，魔法にかかったかのように，ある物語が私の心の中に浮かんできた——何年も前に聞いた物語だが，決して忘れることのできない物語であった。どういうわけか，それは，ロザンヌとのこの瞬間を見事に捉える完璧なメタファーのように感じられた。そして，それはメタファーなのだから，彼女と私は，われわれ二人のことについて直接話したら生じるであろう危険を冒すことなく，それで「遊ぶ」ことできるだろう，と自分に言い聞かせた。この「メタファー」が，彼女の解離した内的現実とどの程度綿密に重なるものであるかは分からなかったし，それが私の心に突然に浮かんだことについていぶかしく思うことなどまったくなかった。だから，極めて落ち着

き払って，私はその物語を話した。

　その物語は，何となく恐れていた彼女の「私でない」部分の現実と，突き刺さるほど同じであったので，私の口から突然その物語が出てきたとき，彼女は自分を守る暇がなかった。あるレベルでは，その物語はサディズムについてであり，私がそもそもそれを話したということは，いわんやあのように不意に話したということは，私の側のサディズムを確かに含んでいた。しかしながら，それはまた，長年にわたってわれわれの間で起こっていたエナクトメントへと，私を深く引きずり込んだ。そして今回だけはロザンヌの内的ドラマの俳優としては，汚い役を演じることが避けられなかった。彼女の実際の父親とは違い，虐待的であることがどんな感じなのかを直接知ることとなった。私がその対象に**なった**のだ。私は，自分の世話をしてくれる人を信頼しても無駄である，なぜなら，信頼しても結局は自分自身の目的を隠して私のことを利用するのだから，という彼女の感覚を，ただ「理解した」だけではなかった。私は，彼女の視点から，それが果たす機能を認識したのだ。というのも，常に警戒態勢にあることのロザンヌにとっての価値を，個人的に感じることができたからである。私は，彼女の「絶望的な自己」を，ただダメにするものとして**だけ**経験していた。なぜなら，それは私にとって不快なものとなっていたからだ。しかし，今や私はその「使用者価値」も知ったのである。さて，その「物語」をお話ししよう。

　私はロザンヌに，他の人に「世話をされる」ことについて彼女が抱いている絶望的なイメージには，どこか，以前聞いたことのある一つの物語を思い出させるものがある，と言った。父親に，10カ月後の次の誕生日にとても特別な物をあげるけれど，それが何かを知ってはいけないし，聞いてもいけないと言われた女の子の物語である。彼女はとても良い子だったので，クロゼットを覗かないようにしたし，もちろんパパにいろいろ質問しないようにした。しかし，10カ月はとても長かった。それでも，その日がやって来て，その小さな女の子はわくわくして興奮で満たされていた。じっとしていられなかった。なるほど，パパは，大きな金色の紙で包まれて，赤いリボンで蝶々結びしてあるとても大きな箱を抱えて部屋に入ってきた。それはとても綺麗だった。「パパ，パパ，今開けてもいい？」

　「だめだよ」パパは答えた。

　「でも，どうして。とってもいい子にしてたじゃない！」

「それが何なのか知ってはいけないし，聞いてもいけないと言ったじゃないか。そのことは変わっていない。いつか，ちょうど良いときが来たら，その箱を開けてもいいよ。それまでの間，クロゼットの中にそのまま入れておくよ。見たいときに，いつでもその箱を見ていいんだよ」。その小さな良い子は，失望して言葉もなかったが，反抗するほど愚かではなかった。

4年が経った。(そう，それがロザンヌと私が一緒に仕事〔分析〕をしてきた時間とちょうど同じだとは気づいてはいなかった)。1週間に数回，彼女はクロゼットに行き，もし一生懸命お願いすればどういうわけか自然に開くかのように，その箱を，希望を持って眺めた。そしてある日，決してできると思っていなかったことをやった。クロゼットに行き，棚から箱を下ろした。とても興奮していたので，目を閉じて，息を止めて，赤い蝶結びをもぎ取り，きれいな金色の紙を引き裂き，箱を開けた。それは空だった！

ロザンヌの顔は恐怖で歪んだ表情になった。体は縮みあがり，座っていた椅子の中でほとんど体が見えなくなった。彼女の衣服は仮面舞踏会の衣装——当惑し恐怖する子どもを覆い隠す，大人の洗練された衣装のように見えた。私は，彼女が，私の「物語」から，まるでそれが拷問の道具であるかのように，後ずさりするのを経験した。彼女の声は悲しそうなすすり泣きになった。彼女の存在全体が変化した。彼女が脅えたと言うことは，その経験の衝撃全体を否定することになる。それは単に情動のシフト以上のことであった。彼女はサディスティックな父親の子ども**であった**。そしてその瞬間，私はその子どもの父親**であった**。

ふと気づくと，私は，まるで劇の登場人物であるかのように，「怖がらせてすみません。私の話はよい思い付きではなかった，云々」というセリフを口に出していた。しかし私には，関係のつながり感がすっかりなくなってしまっていることが分かった。そして，ただ，正しい言葉を見つけて，「正しいこと」をしようとしていた。私が「正しい言葉」ではどうにもできなくなってきた時点で，その怯えた子どもは，彼女が現れたときのように突然にいなくなってしまい，私を狼狽させた。

その瞬間に私が感じ取ったものが何であるか，言葉にすることは難しい。しかし，何かが私を人間的な感情 feeling にもう一度触れさせてくれた。もしかするとそれは，ロナルド・レイン (Laing, 1962, pp. 95-96) が描いていることと類似のものかもしれない。彼が治療していた女性は，彼が感情的に

引きこもってしまっている emotional withdrawal のを感じると，とても小さな声で，「ああ，どうか私からそんなに遠く離れて行かないでください」と言ったのだった。レインは，自分が思いつく限りの「正しい」治療的反応はどれも，よそよそしい，非人間的なものに感じられてしまったため，彼が患者に言うことのできた唯一のことは，「すみません」ということだけであった，と記した。

　さて，それが私がその瞬間に言ったことだったが，このとき私は本気でそう思ったので，そう言ったのだった。私は，正確に言えばもはやそこにはいないが，しかしそれでもまだ耳を傾けているに違いない彼女の部分に，私の話を聞いて欲しかった。私は彼女に，とても小さな女の子が現れて，恐れを顔に浮かべ，また中に戻って行きはしたものの，確かに出て来るのを見た，と言った。私は，もし彼女が私の言うことを聞いているのなら，彼女を怖がらせたことをすまなく思っていることを知っておいて欲しい，と言った。私は，それはいつも私が彼女に言うようなこととはとても違っていたから，彼女が怖くなったことは理解できる，と言った。そして，それを言ったのがとても突然だったので，もちろん彼女にショックを与えただろうし，私がそんなことをしたのは良くなかった，と言った。私が話している間，彼女は息を殺していて，私が休むと息を吐き出し，私の言ったことは聞いた，と私に向かって頷いた。この話で面接は終わった。

　ロザンヌは，次の面接に，目にはっきりと悪意のある輝きをもって現れた。「認めて下さい」と彼女は意地悪く言った。「前回何が起こったのかあなたは分かっていなかったし，何をすべきか分かっていなかった。そしてあなたはそれを隠そうとしていた。でもあなたは隠せなかった。それであなたは死ぬ思いをしているんです。それであなたは死ぬほどへとへとになればいい！　引き裂いて開きたい，そうすればあなたは何も隠せないでしょうから。私はあなたの中で生きたい。あなたの鼓動を感じたい，そうすれば私の鼓動を感じられるんです。今あなた考えているんでしょう。考えるのをやめなさい！　私はあなたの心が**大嫌い**」。

　「私自身，今，あまりいい気持ちはしていません」と私は答えた。いかに私が，彼女の父親が子どものころ彼女の世話をしたのと同じやり方で患者としての彼女の世話をしていたか，私は今分かった，と告げた。

　「ええ」と彼女は答え，私はとても安心した。彼女は続けた。「父は，いつ

もそんなふうに私の世話をしていました。何も現実のようには感じられなかったし，それが普通だと思っていた。私はいつも父を許しているけれど，あなたの話は，あまりに近かった。父が私に与えたものすべてに，私は苦しまなければならなかった。そして最後にはそれはただの空っぽの箱だった。あなたがその話をしたとき，私の一部はすぐにその要点が分かったし，あなたがやろうとしていることを嬉しいとも思いました。でも，私がそれを見せてしまったら，あなたが正しいと，私がどんなふうに扱われていたかが分かると，そしてもっと悪いことには，それは多分私があなたを扱うやり方と同じだと分かると，そう認めるようなものだと思うんです。そうすると，もう安全な場にはいられなくなる。私が実際に前よりもマシになっているかどうかは分からないけれど，あなたはその通りであってほしいと思っているから，あなたはその通りであるかのように**振る舞う**。本当はあなたなのに，それを感じているのは私であるかのように振る舞う。気が変になる……まあ，多分もう気が変というのではなくて，ただ混乱しているだけですが」。

　私は，「大切な人が，あなたにとって正しいことを知っていると思っているからといって，それだけで，それが正しいことにはなりません。でもそれは新しい考えだから，あなたはそれを信頼していないでしょう。だからそう考えることがもっと恐ろしいものになるのです」というようなことをつぶやいた。

　その後の何カ月かにわたって，私たちはこの出来事に共に取り組み続けた。私自身が意識できる範囲は広がり，私は自分の経験のある側面についてますます自覚できるようになってきた。そのため，私はその経験に触れ，それについて彼女と話し合うことができるようになった。私は彼女に，その物語を話せば彼女にそれがどんなふうに響くかをまったく考えもせず，彼女にその物語を話してしまうとは，そのとき私の中では何が起こっていたのだろうかと考え続けている，と話した。私は彼女に，自分は何かに捉えられていると感じていて，しかしそれにまったく気づくことすらなかったのだが，自分を解き放しつつあるのだと分かってきたところだ，と話した。この何カ月か，われわれの〔分析〕作業で生じていると思われたことについて，興奮を抑えることが徐々に難しくなりつつあった，と私は彼女に話した。私は彼女の成長を感じていたが，その快く感じる気持ちをいつも私の中に押し込めておく必要がないよう，それを率直に認めてもらう権利があるはずだとますま

す感じるようになっていた。今になると分かるのだが，私は，そのセッションの前の何カ月か，疑問に思い始めるようになったことがあって，それは，彼女の安全を守ることに全面的にコミットすることで，私にとって難しくなっていたのは……と述べて，ここで止まった。「私にとって難しくなっていたのは，自分自身であることでした」と言うつもりだったが，口を衝いて出てきた言葉は，「私にとって難しくなっていたのは，誕生パーティを開き，開けてもいい誕生日のプレゼントをもらうことでした。私が言おうとしているプレゼントが何であるか，**あなたは**お分かりですね」と言った。

「もちろん，分かります。そのプレゼントは，よくなっていると私があなたに告げることでした。あなたがそのプレゼントをもらわなかったということで**私を責める**んですか？」私は，自分は彼女のことを責めて**いた**と思うが，それを認識していなかった，なぜなら，私は自分がそんなに欲しがりだとは思いたくはなかったからだ，と言った。そのセッションの前の何カ月か，私は，彼女の成長と新しい力について一見無邪気なコメントをたくさんしていたが，それらはおそらくは，私が受け取るべきだと感じたプレゼントをほのめかしていたのではないかということを思い起こしている，と彼女に言った。彼女は，それは分かっていたけれど，「忘れてしまっていた」，なぜなら，私がそうコメントしたとき，彼女は私のことを憎み，傷つけたいと思ったからだ，と言った。私は，おそらく彼女が私を傷つけようとしたやり方は，彼女の両親が彼女に対してそうであったのと同じように私に無力さを感じさせることだったのだろうと，そして，私が「熱狂」していると彼女が私に言ったとき，しばしば私は，自分の興奮を愚かなものと感じていた，と答えた。

それに続く何カ月かの間，われわれは，私が貢献したことだけでなく，彼女が貢献したことも一緒に考えるようになった。話し合えば話し合うほど，私たちの心はますます認知的な意味を構築していったが，それは，情動的な意味とつながることで現実的なものになっていった。彼女はついに，自分の個人的な歴史を，今-ここでの状況に入れ込んで考えたり感じたりできるようになり，単に体で身体的に感じるだけではなくなった。彼女は自分の過去について自省を始め，とても耐えられなかったことに対処するために，自分の心，そして生き生きと感じる自分の能力に対して，彼女がせずにはいられなかったことが何であったのかを理解し始めた。

彼女は，もし自分がどんな変化でも認めると，私がそれを乗っ取ってしまうだろう，という恐れについて話した。私は次のような可能性を示唆した。私はますます窮屈に感じていたので，気づかぬうちに，私は小さなロザンヌになっていた——私の「良い子」の自己から逃げ出す必要があったのだ。そしてますます彼女は彼女の支配的な父親になった。ついに私は，あのとき突然堰を切ったのは，「私自身」になる必要性からだけではなく，私が「いい人」仮面を付けた彼女の父親であるかのように振る舞っていた彼女の部分を実際憎んでいたからだ，と言うことができた。「さて，本当は」と私は言った，「私は実際，いい人であるように感じたかったんです。あなたを怖がらせたのが，私を少しずつ蝕んでいた eat away 憎悪であることを認めるのがショックでした。そして，私は，それに気づいてさえいなかったのです」。

「そうよ！」と彼女は答えた。「私があなたの心が嫌いだって言ったのを覚えてますか？　考えるのをやめて，あなたに感じてもらいたいと言ったのを？　あなたを引き裂いて開いて，あなたの中で生きたかったのを？　覚えてます？　それじゃ，どうして少しずつ蝕まれる eat away のを感じないんですか？」。そして彼女は意地悪にくすくす笑いながら，付け加えた。「もし私が今すぐあなたを全部食べてしまったら，愛すべき人が誰もいなくなってしまいますからね」。

コーダ

　メンタライゼーションの概念は私自身の見方ととてもよく合う。そこで私は，フォナギーとタルジェが1996年に出版した「現実と遊ぶ」という二つの重要な論文の最初の論文から引用することによって締めくくりたい（Fonagy & Target, 1996）。そこで，著者が強調しているのは，

> 大人がそこにいて必要な枠組みを提供し，外的現実の強制的な力から守ってやれば，子どもは，遊びを通して，現実生活の出来事に関する思考や感情 feeling について自省できるようになるという事実が，いかにたやすく見逃されるかということである。とても幼い子どもが心を理解する力は，遊びの中で発達的に進歩する可能性がある。なぜならば，遊びは外的現実

から隔離されており，もしそうでなければ子どもたちが思考と現実の間で経験することになる侵略の感覚を避けることができるからである。（pp. 220-221）

フォナギーとタルジェはまた，子どもが現実の「心的等価物モード psychic equivalent mode」と「ごっこモード pretend mode」を分けるところから，それらを統合するところへと，徐々に移っていくことが発達的に必要であることも議論している。危険が隠れている。幼い子どもにとって，「等価物モードとごっこモードの違いは，明確に線引きされねばならない……。もしそれが保証されなければ，内的現実と外的現実の同型性が，子どもにとってどれほど脅威となるかが，すぐにはっきりとする」（p. 220）と書いている。この最後の点は，私の心が別個のものとして存在していたことが，ロザンヌにとってその瞬間なぜあれほどまでに恐ろしいものとなったのかに直接関係している。私の心を「食べて cannibalize」しまい，それを内側から知りたいという願望をなぜ彼女が感じたかは，このことから説明される。フォナギーとタルジェの言葉を用いるならば，彼女は「現実と遊ぶ play with reality」ことができなかったのだ。このことはまた，私の「空箱」の物語がなぜ彼女の恐怖の引き金を引くことになったのかを明らかにするのに役立つ。その恐怖のために，当分の間彼女は，さまざまな「子どもの」部分を守ろうと，用心深い，「疑い深い」自己を解離的に頼りにせざるを得なかったのだ。

　内的現実と外的現実の重なりが，子どもにとってどれほど脅威となり得るかについての自分たちの見解を示すために，フォナギーとタルジェ（Fonagy & Target, 1996）は，正常な発達からの愛らしい一場面を提示しているので，それを引用して本章を締めくくろうと思う。

　　4歳の男の子が，お母さんに幽霊の物語を読んでもらっていた。その物語は特別怖い話というわけではなかったが，その子は見るからに震えていた。母親はすぐに安心させた。「心配しないで，サイモン，本当に起こったことではないから」。その子は，明らかに，分かってもらっていないという様子で，こう答えた。「**でもママがそれを読んだとき，それは本当に僕に起こったんだよ！**」（p. 220）

第 4 章
解離のギャップに気をつけて[1)]

　対人関係論／関係論学派と古典学派の間の考え方のギャップは，それぞれのコミュニティにいる臨床家を，別々のグループに分けてしまうものではない。それぞれのグループが，訓練を受けたそれぞれの理論について，皆一様に明確な理解を持つようになるということはない。良い臨床家というのは，出自の如何にかかわらず，良い臨床家である。しかし，愛着の絆は，臨床家が，理論の概念や言葉――それらはこれらの絆ができる元となった「大人の言葉」（第7章を参照）である――からどのくらい自由に離れられるかに必ず影響する。私が書きたいのは，異なる学派間のギャップについてではなく，対人関係的／関係論的分析家として，すべての分析家が，今日最も注意を向けねばならない要素だと私が考えていることについてである。その要素とは，「解離のギャップ」であり，それは治療のプロセスに内在する部分である。後に述べるように，私自身は，この要素は対人関係的／関係論的視点から最も適切に説明できる，と信じている。私の偏見だろうか？　もちろん！　しかしそれが，本章，およびとそれと交差する後の章を書く一つの理由である。主観性の間の衝突から生じない真の対話などありえないのだから，始めさせてもらおう。

　「関係 relational」精神分析学派は，一人の独創性に富んだ理論家あるいは同質の理論家から成るグループから生まれて，その支流が発展したり，分岐したり，あるいは忠誠を保ったままである，というようなものではない。そ

---

1) 本章は，『現代精神分析』Contemporary Psychoanalysis, 46, 2010, 19-31. に掲載された初出論文を加筆修正したものである。初出論文の発表の場である 2009 年 2 月 28, 29 日の会議『ギャップに気をつけて』（Minding the Gap）のスポンサーになっていただいたニューヨーク精神分析協会および研究所のプログラム委員会（The Program Committee of the New York Psychoanalytic Society and Institute）に感謝する。会議の開催を可能にしたロイス・オッペンハイム氏の見識，献身，スキルに特に感謝したい。

れゆえ，その理論は，正統主義からの逸脱の度合いによって評価を受けるということはない。フロイト，クライン，フェレンツィ，フェアバーン，ウィニコット，サリヴァン，コフートはみな重要な親のような人物であるが，だれも親の権威は持っていない。その上，理論の範囲は極度に多様である。というのは，どのような概念や概念体系であっても，それが誰に由来するものであれ，その価値は理論的にというよりは臨床的に決定されるからである。

　関係的 *relational* という言葉はもともと，グリーンバーグとミッチェル（Greenberg & Mitchell）が，その革新的な著書『精神分析理論における対象関係』〔邦題『精神分析理論の展開――欲動から関係へ』〕の中で造り出したものである。その後，**関係精神分析** *relational psychoanalysis* という用語が明確に使われるようになったのは，スティーヴン・ミッチェルが主導していた分析家の小グループのミーティングでコンセンサスが得られてからのことであるが，私もその場に居合わせた。その名前が選ばれた理由は二つある。一つは，それが簡潔明瞭に，われわれをまとめる核となる観点を表していたからである。すなわち，人間の心，その正常な発達，その病理，その治療的成長のプロセスは関係的に形作られるという観点である。同時に，それは，ある特定のひとまとまりの観念へのこだわりを伝えるほど概念的に特異的なものではなかったということもあった。私や同僚の多くは，さらに，以後われわれの分析的アイデンティティの輪郭を示すために**対人関係的／関係論的** *interpersonal/relational* という名称を用いるようになったが，それは，ハリー・スタック・サリヴァンと対象関係論学派の寄与にはっきりと敬意を表したものである。それはまた，関係的という概念が，**対象関係論的** *object-relational* とは等価ではなく，また，これら二つの用語が相互に交換可能でもないことをはっきりさせてくれる。関係論学派と対人関係学派は共に，個々のメンバーが個別のアイデンティティを持つことを歓迎しているが，対人関係的／関係論的という用語は，そのような許容量の広さを独自のやり方で讃えているものでもある。

　古典学派のコミュニティと対人関係論／関係論学派のコミュニティの間の溝 gap は，私が見るところ今でもそのまま残っているのだが，その主な理由は，古典的な葛藤理論は，その現代版（Brenner, 1976）においてでさえ，古典的な訓練を受けた分析家が，臨床的な関係において，双方向的に**参与**することを制限しているからである。そうすると，この制限のために，私が精神

機能の本質に内在していると考えているものに，知覚的に出会う機会が最小限となってしまう——それはすなわち，心の自己-状態の構造および解離的なプロセスで，それらは常に，精神内葛藤の在不在と弁証法的な関係にある。これは「反フロイト派」的な姿勢ではない。私も，患者が内的葛藤を経験し解消する能力を涵養することが，精神分析の治療作用の一部として促進されると信じている。私が論じたいのは，葛藤は，患者がそれを経験できていないときでさえ**常に**精神機能を組織化しているかのように考えて分析家の役割を説明しようとするような心の理論をいつまでも保ち続けることについてである。患者が分析可能なのであれば，葛藤の存在を認識することに対する患者の防衛は，いずれ必ずや解釈に道を譲ることになる，という考え方についてである。

　私は，フロイト派の理論がその基礎に自己-状態と解離の重要性を含めないと，古典的な訓練を受けた分析家たちは（最も熟練した臨床家たちも含めて），あまりにも多くの時間をかけて「苦労して目的を達し make the point the hard way」ようとし続ける〔難しいやり方で得点を稼ぐ〕ことになるだろう，と信じる。クラップス*をやる人なら誰でも知っている表現だが，青年時代に無駄な時間を過ごすという幸運を持てなかった人たちのために簡単に言えば，それ〔難しいやり方で得点を稼ぐと〕は，クラップスをする人の得点が偶数になるときは，二つのサイコロが同じ数字を示してできることに賭ける，という意味である。——それゆえ，たとえば「難しい6　hard six」に賭けるということは，サイコロが3と3を出すことに賭けることである。そのように得点を得る可能性は明らかに低いので，「難しい」と呼ばれる。あなたが勝つと，〔難しいという〕予測に打ち勝ってより大きな利益を得る。そして，もちろんそれはいい賭けだったと感じる。しかし実際には，あなたが覚えていたいと思うよりもより多く負けるのだ。今や，私が何を言いたいのか，読者の方々にはきっと分かっていただけたと思う。もし自分の解釈を洗練し続ければ，患者はついには自分の言っていることを，知的な洞察としてだけではははなく感情的な洞察としても「理解」するだろう，そして二つのサイコロ——彼の解釈と患者の新しい理解——がついには一致するだろう，ということに**分析家**が賭けているとしたら，それは「難しいやり方」で得点

＊（訳注）　2個のサイコロを振って数を競うカジノゲーム。

を挙げようとしているようなものである。

　それはそうと，これから精神機能についての私の見解の要約を示すので，私が臨床的にどのように考えて〔分析の〕仕事をするかを議論するための文脈となればと思う。これまでの著作（Bromberg, 1998, 2006a）の中で私は，心を，自己-状態の布置の間の，常にシフトし続ける解離的な関係によって組織化されるものとして見る考え方を示した。そしてそれらの布置は，必要に応じて，内的葛藤の精神的な経験に多かれ少なかれ参画することができる。これは精神機能の正常なプロセスだと私は思うが，決して円滑に進むものではない。私が言っているのは，子どもの頃に，性的虐待や暴力など「大文字のT」で表されるような外傷 Trauma を被った人たちに見られるような，目に見える劇的な解離の使用のことではない。発達的外傷によって生じる，もっと微妙に保護の役割を果たすような解離のことを言っているのである――この発達的外傷は，認識されないこと nonrecognition の外傷で，程度に差こそあれすべての人が人生早期において避けられないものである。認識されないことの外傷への反応として，少なくとも精神機能のある領域においては，解離のプロセスは解離の構造になる。自己-状態間の正常な類催眠的なギャップは，**将来**生じ得る，情動的な不安定に対する守りとなるためにデザインされた脳／心の，早期警告システムへと凝り固まってしまう。自己-状態は，バラバラだが協働している状態から，お互いに「真実」の島々として交わることのない，無愛想で敵対的ですらある状態へと移行する。それぞれの島は，ある瞬間に何が「私」であるかを定義する隔離されたヴァージョンの現実として機能し，その真実に合わないような他の自己-状態を無理やり「私ではない私 not-me」にして自分を守り，われわれが内的葛藤と呼ぶ複雑な交渉に参画できなくさせる。

　いかなる分析的関係においても，私でない自己-状態は，患者と分析家の両方によって解離させられ，認知的に表象されることなく両者の間でエナクトされる。それぞれのパートナーは，（どんな形であれ）相手と共にいるその在り方を通して，両者の間で生じてはいるが，対人間の出来事としての象徴的な表象を欠いているものの一部に対して情動的に反応をしている。作業がうまくいっているときには，それぞれのパートナーの個々の情動的反応は，**相互**認知もしくは「状態-共有」（Schore, 2003b）というプロセスの一部を共に形成する。それはそのこと自体治療的であるだけでなく，それぞれの

パートナーの「私でないもの」の経験を，**認知的にも言語的にも**，象徴的に処理する機会を深め豊かにする——こうして，新たな自己-意味の生じる可能性が，最大となり，確固たるものになる。

　治療作用のこのようなイメージの基礎にある精神機能の見方は，以下のような仮定を基礎に置く見方とは異なる。その仮定とは，患者の無意識な精神内容は，それが十分に推論できるものとなって分析家が解釈として提供するときに，洞察に対する患者の自我防衛自体が正しく解釈されるならば，洞察に用いることができるとする仮定である。私自身の聞き方で私がいつも注意を向けているのは，ある時点において内容を組織化している心の状態のシフトにあるのであって，内容それ自体にあるのではない。自分自身と相手の自己-状態のシフトに積極的に関わることで，それぞれのパートナーの今-ここでの自己-経験は，私でない状態と知覚を通して向き合えるようにますますなっていく。このプロセスが，「解離的なギャップに気をつけること」であると言うことができるだろう。しかし，解釈はどうなのだろう？　解釈された意味を最適に用いることができるかどうかは，患者の「私」と「私でない」状態が，患者と分析家の間で主観性が衝突する間に，エナクトされている他者性を交渉することを通して，まずお互いにもっと馴染んだものになるかどうかにかかっている，と私は思う。このことによって，病よりもさらに悪い，自己-治療——すなわち，自省をバイパスしてしまうような解離的な精神構造の引き金が自動的に引かれてしまうこと——を，わずかずつ手放していくことが可能となるのである。

　私が思うに，この精神構造を解消するために求められる治療作用は，それを生み出して保持している当の心／脳の現象に取り組むものである。心が他者性を恐れること fear が減ると，同時に，脳の神経ネットワークにおける情動の調整異常の恐れ fear が減る（次章参照）。このように，解離的なギャップに一緒に気をつけることを通して，不安定をもたらす可能性のある過覚醒に対する守りとしてすぐに解離の引き金を引いてしまう，自動的な神経シナプス的警告信号は，**脳**のレベルでもっと選択的なものとなり，フィードバック・ループを介して，患者の**心**が，間主観性をますます発達させるのを支えられるようにする。少しずつ，内的葛藤に耐えられる患者の能力が増すのは，それを認知的に保とうとする精神的格闘を和らげることによる。古典的な精神分析家にとって，この観点を真剣に取り入れることは，フロイトを放

棄することにはならないが，今までとは異なる聞く姿勢をとることになるだろう。つまり，臨床プロセスを，二者関係としてだけでなく，本質的に混乱を招くような経験をもたらす出来事として共に探究すべきものとしても聞くことが求められる。「理解する」べき素材として聞くこと，つまり，分析家が一貫したものにまとめ挙げて，解釈の可能性のために用いるべきものとして聞くのとは違う。分析家の経験と患者の経験の「辻褄が合わない」場合，これは，患者の特徴というよりはむしろそういうデータの特徴を表していることになる。

　メイヤー（Mayer, 2007）は，彼女が「変則的経験 anomalous experience」と名づけた領域を探求してきた。そこに含まれる知覚は，真実を告げるものだが，それが生じる文脈のために，われわれが現実だと考えるものの範囲内では，一見説明できないようなものになる。しかしながら，メイヤーは，これらの経験を「変則的」にするものは，われわれがそこに持ち込む理解の枠組みである，という知的で刺激的な議論を展開している。このことで彼女は，異なる種類の経験を理解するためには，異なる思考の様式が必要なのかもしれないというパラドックスについて考えるようになった。私が面接室で同じパラドックスが作用しているのを見るのは，分析家が，単一の現実のさまざまなヴァージョンとして，患者の経験と自分自身の経験を保とうとするときである。特に，それらがあまりにも相容れないために，同時にそれらを受け入れることができないときにはそうである。メイヤーはパラドックスの本質としての「変則的な」経験について述べている。彼女の言葉では，

> **変則的経験かもしれないような経験に特徴的な知覚は，知覚のその瞬間において，合理的思考に特徴的な知覚を可能にするような心の状態とは到底両立し得ない心の状態から生じているように思われる**。知覚のモードは……通常の線形的思考が瞬間的に不可能となり，文字通り停止状態に陥っている心の状態にアクセスできるかどうかにかかっている。（p. 137, 強調は原著）

　私の見方によれば，このように線形的思考を飛び越えることは，パラドックスと取り組むことと葛藤の抵抗を解釈することとの重要な区別を示している。患者の経験と分析家の経験の両方が，同じときに同じ心にとって理にか

なったものであることができなくなるとき，分析家が自分自身に明瞭にできない部分があるということを受け入れることが，治療作用の本来的な源泉になる。そうすることで，二人はパラドキシカルな分析の場の中で，相矛盾する現実を創造的に受け入れることに参加することが可能となり，分析家が，葛藤への抵抗という概念を引き合いに出して，明瞭にしたいという自分の欲求を押し付けることをしなくてもすむ。この，合理的な思考が一時的に中断された共同のプロセスを通して，「関係的無意識」が徐々に創造されることが可能になり，共感がその最も深い意味を持ち，ついには解釈が有用となる場所を見出すことができる。関係的無意識は，両者に属するが，どちらか一方だけに属すということはなく，それについて書くことはたやすい仕事ではない。エイドリアン・ハリス（Harris, 2004, 2009）は，その概念としての本質を掴んでいる稀有な精神分析の作家の一人だが，彼女はそれを臨床的な現象として――本来的に無時間的で，本来的に二者的で，本来的に力動的な現象として――鮮やかに記述している。彼女は以下のように記述している。

> 過去とその表象は，内的にも，対人間的(たいじんかんてき)にも，博物館などではないのであって，自己と他者と共に行為し，存在するための，生きたプログラムである。……現在の経験は……われわれの経験の限界から作り上げられている。……時間は多様な方向に進み，過去は，ある特定の想像の中の未来を創り出すために，紐解かれる。……臨床的な契機が可能になるのは，時／空のマトリクスが分析家の中で開くとき，そして，深淵への転落が真に可能になるときである。死と可動性とがとても密接につながっているという考えは，**作業の本質的なパラドックスであり，精神分析作業のエンジンであるように思える。**（2009, p.19, 強調は引用者）

　メイヤーは，**合理的思考のパラドキシカルな保留**というイメージを持ち，ハリスは，精神分析作業のエンジンは，**共に深淵に直面することによって死と可動性とが密接につながっているという，作業の本質的なパラドックスである**，と議論したが，両者をつなぐような自己／他者の感受性を見ることは，比較的容易であると思う。以下の部分で，この参照枠を通して見えるようになった，幾つかの主要な臨床的現象を描写し，なぜそれらが知覚を通して観察されるべきであり，推論を通して観察されるべきではないのかについ

て描いてみたい。幾つかの図式的な例は，私が分析作業をする中で生じる，このような二者的なプロセスを示している。

臨床的論点

「トピック」の突然の変化

　分析家がもし注意深く耳を傾けているならば，「トピック」の突然の変化には自己の表現の仕方の変化が伴い，そこには情動の変化も含まれるが，決してそれに留まるものではないことにしばしば気づくことだろう。私の参照枠からすると，生じていることは，トピックの変化によっても感情の変化によっても明確にされるものではなく，自己-状態の交替 switch と，それらを組織化する表象的現実の交替によって明確にされるものである。臨床的な耳は，自己のもう一つの部分の声を聞き，まさに今生じた部分が単に気分のシフトであるかのようにそれについて話すのではなく，それをそのまま受け入れることで，それを関係性へと誘う機会を得るのである。自己-状態の概念が，情動や気分のシフトといかに違うかに，まだまったく慣れていない人に対して，一文を示して明確にしてみよう。自己-状態は，高度に個別化されたモジュールであり，それぞれが，認識，信念，優勢な情動と気分，記憶へのアクセス，スキル，行動，価値，作用，生理学的な調整といったものを独自に組織化することで形成されている。

　発達においてすべてが順調にいったときには，それぞれの自己-状態が他の自己-状態の存在様式と十分に適合したものとなるため，自己-状態間に橋を架けてすべてを包含するような一貫性が可能になり，内的葛藤の経験を保持する能力が作り出されることになる。しかしながら治療においては，解離が予防的な保護として作用しているとき，自己-状態のシフトは，分析家が関与しながらの観察者の姿勢で患者に自由に関わることができている場合に，分析家に知覚されて意識される可能性が最も高くなる。あるいは，そう私は主張したい。なぜそのようにいえるのだろうか？　なぜなら，そのようなシフトは最初，患者の中の何かとして見分けられるのではなく，分析家自身の心的プロセスの不安定さとして見分けられるからである。分析家は，自分にはすぐには不快さとして認識できないような不快さに気づくのだが，そ

れは，患者と分析家が言語的なレベルで参与している**間**に生じている解離的なエナクトメントを通して，分析家と患者とをつなげてしまうような不快さなのである。

葛藤の言葉の誤解を招く使用

患者は，実際は解離しているにもかかわらず，分析家との愛着の絆を維持しようとして葛藤の言葉を使うため，葛藤しているように見えることがあり，紛らわしい。たとえば，彼女は，あることを別のことの**代わりに** *instead of* 精一杯感じようとしているけれども，うまくいくようには思えない，と言ったとしよう。「……の代わりに」というのは葛藤の言葉である。解離がある時点で心的プロセスを決定しているとき，患者のある部分が分析家との絆を安全に保とうとして，自分の仕事は自分の別の部分を病気として消し去りそれを「健康な」部分に置き換えることであるかのように話す。その「健康な」部分は，分析家がその時点で表れてくるように励ましていると彼女が感じている部分である。私自身の分析作業の一つのやり方として，私は以下のようなことを言ってみて，この問題を取り上げてみるかもしれない。

　　このことのあなたの表現の仕方を聞いて，何か私は，ある考えをあなたと共有したい気持ちになりました。私は，あなたには後ろに隠れている別の部分があって，その部分は，私が今しがた言ったことを嫌っているような気がするのです。そしてそれらの手に負えない感情 feeling から離れることで，あなたは，私たちの関係を安全なものにしようとしているのではないかと思うのです。［患者：「？」］思うに，あなたが話したときに私が深く感じていたのは，あなたは幾分恐れているようで，私がそうあって欲しいと思うような患者ではないということを謝っていたことでした。［患者：「？」］ときどき，私は気づかないうちに，あなたのある部分を，別の部分よりも好んでいると伝えているんですね。たった今，私はそうしたと思います。本当は，私はあなたの**両方**の部分から聞きたいのです。というのも特に，それらが互いに良い関係にないからです。［患者：「？」］ええ，恐れる**代わりに**自由であると精一杯感じようとしているけれども，うまくいくようには思えない，とあなたが言ったとき，あなたは自分自身の二つの部分の間の騒々しい不調和を，もうそのときは自分の手に余るものとし

て経験しているのだと私は感じました。あなたは恐れていたのですが，それにもかかわらず，もっと自由であろうとしているということを，私が知っているかどうか確かめておきたかったのだと思います。［患者：「？」］素晴らしい質問です！　私がそれらの部分をどのように見ているかを最も適切に述べるなら，今私に話し掛けている部分は，人生に対して自由に，心から応じたがっていますが，あなたの別の部分は，あなたが感情的に安全であり続けること**のみ**を心配しています。別の部分は，自ら危険を冒そうとしていると感じています。というのも，その部分は，あなたが自分自身を守ろうとしても盲点があると確信しており，その盲点とは，その部分が，避けられない瞬間と確信しているもので，予期せぬ形で足元をすくってしまうような瞬間だからです。その部分は，安全だと感じることを信頼し始めると，自分が愚かであると感じさせます。それゆえに，あなた自身がもっと強くて，もっと希望が持てるようになったと感じるときに，その感情 feeling を持続させるのがとても難しくなるのです。あなたがうまくいくようには思えないと感じるのは，自分にとって何が良いのかについて，異なる部分が異なる考えを持っているからで，それぞれの部分が，自分の方がすべての真実を知っていて，もう一方が間違っていると絶対的に確信しているからです。［患者：「？」］**もちろん**，それについて考えると頭痛がすることでしょう。今日はたくさんのことやりました。あなたの心がもっと落ち着いて感じられているときに，またこのことをゆっくり話す時間があるでしょう。［患者：「？」］ああ，今日終わりにする前に，何か他に質問があるのですね，いいですよ。［患者：「？」］あなたが自発性を感じ始めたときにあなたに恐れを感じさせようとする部分は，あなたの人生をただ台無しにしようとしているのではありません。あなたが誰かを信頼してしまい，続いて予告もなしに，酷い過ちを犯してしまってもう遅過ぎるということに突然気づくというようなことが起こって感情的に圧倒されてしまう，そういうことがないようにあなたを守ろうとしているのです。その部分は，敵ではありません。それは，何かずっと昔に起こったことが，いつでもまた起こるだろうと信じていて，それからあなたを守ろうとしているのです。それぞれの部分は，実は，あなたが必要とするものを与えてくれているのですが，今はそれぞれが互いに無視しようとしているので，一緒に協力できないのです。実際には，どちらの部分も，もう一方の

部分を決して消し去ることはできないのです。なぜならどちらもあなただからです。私たちの仕事は，それらが一緒に働けるようにすることなのです。少しずつ，あなたが**同時に**両方の部分を感じるように，私たちは援助します。そうすると頭の中で騒ぎを起こさなくても，それらが互いに話すことができるのです。私の言っていることが分かりますか？［患者：「？」］ええっと，私の言っていることが，**なんとなくは**分かりますか？

　これは「解離的なギャップに気をつける」ということの例の，一つの可能性である。分析家が，現在進行中であると感じる経験を共有できるのは，何が起こりつつあるのかを彼が知っているからではなく，むしろ知らないからであり，それゆえに分析家は患者からの入力を絶えず必要とすることになるのである。

抵抗？

　しばしば出くわすもう一つの状況は，両方にとって満足のいくように思われた生産的なセッションの後で，その次のセッションに，患者が反抗的な状態で——怒ったり，非難したり，遠く感じられたり，絶望していたり，今にも治療をやめるといった様相で——現れるというものである。分析家はしばしば，感情的に不意を打たれた気持ちになる。分析家が十分洗練された概念を持っていて，自分自身の理論的参照枠の中に収められるとしても，そうなることが多い。たいていの古典学派の分析家は，このようなとき，この現象を転移的な抵抗の一つの形と見て，防衛分析の枠組みの中で，すなわち無意識的な葛藤に対する防衛として解釈することで何とかしようとする。ほとんどの場合，この方針は袋小路となり，たいていは事態が悪化する。なぜだろうか？

　私の答えは，**今回は**参加者となった患者の自己は，前回の「良い」セッションの中では解離的な私ではない自己-状態として現れていて，セッションの中では，関係的な在り方では存在していなかったというものである。自己の中で解離的に存在していた私ではない部分は，前回のセッションでは無視されたが，今回は，生き生きと存在している。この自己にとって，前回のセッションにおける，一見成功したかのような分析家の解釈は，決して有用なものではなかった。今回は，患者のこの部分は，もはや私ではないもので

はなく，参加者となって，攻撃をしてくる。というのも，もう一つの部分は，自省的に振る舞うことで，この分析家はきっと希望を吹き込んでくれると信じても大丈夫，と仄めかしていた**から**である——恐怖，不信，永遠に続く警戒体制といった生き方の中に，いつまでも閉じ込められることはないという希望を。言い換えれば，分析家，そして分析家が個人的に最も好む患者の部分の両方が，酷いセッションに参加したかどで攻撃を受けるのである——ひどいセッションというのは，「防衛」と名づけられた患者の部分が否定され，セラピストにとって何の価値もないとされたからである。それでその部分は治療をボイコットしたくなったのだった。しかし，分析家と患者の「良い」自己が一緒に犯した大きな罪とは何であろうか？　それは，患者の解離的な心的構造の滑らかなまとまりを，もしかするとその尊厳さえ傷付けてしまったかもしれないという「罪」である。フェイル・セーフ防御システム＊が真の自省の瞬間によって和らいだときには，自己の中の情動的な安定性を守る部分が怒り心頭となる。愛着不全によって生じた発達的外傷の未処理の情動を保持している部分が，恐怖を覚えたり，落ち込んだり，あるいはその両方の状態となって，すべての部分に苦痛をもたらす——それゆえに，セラピストの「成功」という考えが非難の的となるのである。

　葛藤理論の見地から，一部の分析家たちが，自分たちが提供し得る限りの最も強力な転移解釈につながってくれれば，との意図で一見理にかなったようなことをするのはしばしばその瞬間である。だがそれは，事態を悪化させることの方が多い。分析家が始めるのは，「スプリッティングの解釈」（Caligor et al., 2009 を参照）とカーンバーグが呼んでいるものである——これはカーンバーグが「境界例」のパーソナリティ障害には特に適切だと見ている介入である。分析家が，意識的にせよ無意識的にせよ，自分の患者を境界例と評価する，あるいは再評価するのかどうかが問題なのではない。彼女がそう〔境界例〕であるかのように分析家が働きかけ，葛藤を避けていることについて患者に疑問を投げかける。分析家は，面接ごとの一貫性の無さを証拠としてあげ，想定される力動を解釈する。その際含意されているのは，その患者が「口の両側から喋っている」ということである。しかしながら，患者にとっては，解離が作用している限り，「一貫性の無さ」は何の参照枠

＊（訳注）p. 25 訳注参照。

も持たない。ある一つの時点においては,「患者の口の一方側」だけが経験としては存在しているのであり,分析家が葛藤の言葉を好意的に用いたとしても,それは彼女の情動的安定性への突然の,不可解な攻撃に変わってしまう。結果,彼女の,非常に傷つきやすい,愛着によって組織化されている中核的な自己感覚は脅かされてしまう。患者は,今-ここの関係の経験において過度に喚起された情動を収めようと苦闘するが,すると,愛着が完全に破綻するのを防ごうとして,その時点で解離を用いることが増えてしまう。そして,明確に考える彼女の能力は,しばしば損なわれてしまう。

　さらに悪いことには,まるでついに光明が見えてきたかのように振る舞い,とうとう「分かったと思って」しまう患者もいる。私の見るところでは,患者の海馬と前頭皮質（Bromberg, 2006b, pp. 181-189）が,患者と分析家の間で起こっていることを葛藤として処理していないので,分析家が葛藤の言葉を使うと,対人間的にも患者の自己-状態組織の中でも解離のギャップは広がってしまう。強い解離のプロセスを目の前にしているにもかかわらず提供され続ける転移解釈は（「スプリッティングの解釈」も含めて）,直接的な関係の経験において,患者が恥を感じながらも情動的な安全を求めていることには答えない。患者にとって,恥の経験を保持し,それを認知的に表象するのは負担が重過ぎるので,患者が解釈に対し,当惑したまなざしを向け,「あなたが分からなくなってしまいました I lost you」と言ったようなコメントをするとき,その反応は非常によく理解できる（いうまでもなく,実にうまい正確な愛着のメタファーなのだが）。

思考の具体性

　患者の思考プロセスが解離的に「オフライン」になったことを示す,少し別の指標は,その思考の具体性が突然増加することである。これは,分析家の解釈が**内容**に頑なに焦点を当てていて,解釈を提供した治療者**個人**についての患者の経験を完全に忘れてしまっている際にしばしばみられる。言い換えれば,解釈を行った人間との相互交流についての,患者の今-ここでの経験が,**個人的な**意味を失ってしまうのである。なぜなら,たとえ分析家の**言葉**が「理解」されたとしても,患者は,関係の上では「チェックアウト」してしまったようなものだからである。

状態依存的な記憶

　記憶の問題は，精神機能が本来，解離と葛藤の間の弁証法であり，葛藤のみに基づいて正しく見ることはできないということを示すのに，おそらく他のどんなものよりも適切であろう。解離が作用しているときには，記憶は，それが覚えられているか否かそれ自体よりも，あることを知るそのやり方によって組織化されている。たとえば，しばしばあることだが，ある患者が，セッションにやって来て，「昨日，何について話したか忘れました。それは確か，……についてだったと思います」と言うとしよう。前回のセッションは文字通り忘れられたわけではない。患者はそれ**については**覚えているが，**それを**覚えてはいない。**それを**覚えてはいないのは，記憶が状態依存的だからであり，特に，情動的に強く喚起されたために，その経験がそのセッションの間に認識されなかったり処理されなかったりした自己の部分にとって，前回のセッションが恐ろしいものとなってしまったときにそうである。言い換えると，患者は「個人的には」そのセッションのことを覚えていない。何故なら今ここにいる自己はそれに参加していなかったからである。せいぜい，今ここにいる自己は，前回のセッションでは，アーネスト・ヒルガード (Hilgard, 1977) がその催眠に関する革新的な研究で「隠れた観察者」と呼んだようなものとしてのみ，存在していた。そのセッションを「個人的に」覚えているためには，患者は，それに参加していた自己-状態にアクセスする**と同時に**，それを観察していた自己-状態にもアクセスすることができなければならない。さもないと，患者の解離的な精神構造は，その経験を「何となく」覚えておくのがやっとということになる。葛藤理論の視点から分析作業を行う分析家は，そのような瞬間を，特に頑固な抵抗の例とみなす傾向があり，患者が「葛藤」の両方の部分を同時に見られるように労力を注ごうとする。強調は，抑圧されてはいるが，時宜を得て正確に定式化された解釈を行うことで近づけると信じられている部分に向けられている。患者の反応はさまざまだが，治療を前進させるものは一つもない。よくある反応の一つは，患者が，分析家の考えについて話して，概念的には「同意する」ものの，自分が同意したことを経験的には知らないままにとどまるというものである。すなわち，患者は分析家の考えについて話すことはできるが，自己-状態のアンサンブル全体には届かない。自己-状態が全部揃ってやっと，自分

が何を話しているかが分かるのだが。

知覚的にもう一度生きることと情動の安全性
　私が今ちょうど述べたような状況においては，前のセッションで最も強い情動を持っていた患者の部分と話したいという願望を表現することが役に立つのをしばしば見てきた。その際，患者が安心だと感じてその自己-状態に接近するか，あるいは少なくとも，私の質問によってもたらされた認知の混乱の徴候を示してくれればと願う。続いて，この混乱に私は率直に目を向けて，それを，患者の中で，解離の経験を私と一緒に今ここでもう一度経験する危険を冒すか否かについて同意しなかった，別の部分によってもたらされた内的な苦闘として扱うかもしれない。その瞬間，私がエナクトメントに深くとどまり過ぎておらず，また患者ほどは解離していないと想定してのことだが，私は，「前回のセッションのところまで戻れるかやってみて下さい。そしてちょうど今，そこにいるかのように，もう一度そこに入ってみましょう」と言って，始めるかもしれない。もし患者が実際そうしようするならば，私は「どんな感じですか what is it like？」と尋ねる。——一見とても簡単な質問だが，それが目指すところは，患者が私と共に実際の経験をもう一度生きる reliving ことであって，患者の別の部分とそれについて観念的に話し続けることではない。
　イアン・マギルクライスト（McGilchrist, 2009）は，傑出した著作『主人とその使者——分断された脳と西洋世界を成り立たせているもの *The Master and his Emissary: The Divided Brain and the Making of the Western World*』の中で，「どんな感じですか」というフレーズの言葉かけがなぜそれほど強力であるかを解明している。

　　トーマス・ネーゲル（Nagel, 1979, p. 166）の有名な言葉にもあるように，もし意識が，「そこに何かがあるとき，それは，その生命体**であることの**ようなものである」という形で存在するようなものだとしたら，このことから，意識の経験とは「何であるか」ではなく「どのようであるか」だということになる。この「どのようであるか」——「どんな感じか」——は，生きているものを識別するような存在のあり方であり，少なくとも，左脳（焦点を当てたり分析をしたりする大脳半球）の特徴であるのと同じく

い，右脳の特徴（われわれが問題に焦点を当て，分析に力を注ぐまさにその分だけ理解のプロセスから排除されている大脳半球）でもあるはずである。(p. 221)

　この点をさらに明瞭にするのに，マギルクライストはネーゲル（Nagel, 1979, p. 170, n. 6）を引用して付け加えている。「『どんな感じですか what is it like ?』という英語の表現は，類比の形になっており，誤解を招きやすい。それは「（私たちの経験の中で）それが何に**似ている**か？」ではなく，「その主体自身にとってそれがどのよう how なのか」という意味である」(p. 495, 強調は原著)。
　しかしながら，「どんな感じですか？」と尋ねることは，患者に，何かとても難しく，混乱する可能性があることをするように求めることである。その瞬間に私との関係の中で，自分自身で**ある**ことがどんな「感じか it is like」について，対人間的に自省的になるという行為においては，愛着で組織化された患者の中核的アイデンティティの安全性が危険に晒される。というのは，もう一度生きることの恐怖に対して私の思いやりのある反応を必要とする彼女の気持ちは，私が彼女の中に喚起している強烈な恥の感覚と，そして，心配している人に痛みを引き起こしているという私自身の恥の感覚と，情動的に衝突するからである。**では何故そんなことをするのか？**
　キールストロム（Kihlstrom, 1987; LeDoux, 1989 から引用）によると，

　　未処理の主観的経験が意識的な自覚の中で象徴化されるためには，出来事の心的表象と，行為者もしくは経験者としての自己の心的表象との間につながりができなければならない。これらのエピソード表象は……短期記憶もしくは作業記憶の中にある。(p. 281)

　象徴化されていない情動が強くなればなるほど，自己の在り方の中で隔離した島が，作業記憶内でつながることを妨げる解離的な力はますます強力になる。扁桃体からの強い刺激は，海馬の機能を妨げる。これが治療の中で起きるときには，そしてそれが起こることは避けられないのだが，情動的な記憶に蓄積された経験の感覚的な擦り込みは，自己の他の部分から切り離されたと感じられるような，つながりを持たないイメージと身体感覚にとどま

る。情動を無意識のままにしておく解離的なプロセスは，何よりも，それ自身の生命を持っているプロセスである——それは対人間的でも精神内界的でもある関係的な生命であり，われわれが**エナクトメント**と呼ぶ二者的な解離現象の中で，患者と分析家の間で演じられる。

　ウィルマ・ブッチ（Bucci, 2002）は，同じように，持続的なパーソナリティの成長は，未処理の主観的な経験と，行為者もしくは経験者としての自己の**今−ここ**での心的表象との間につながりができるかどうかにかかっていると考えている。彼女は，治療作用は，彼女が感情図式 emotional schemas と呼ぶものの中で起こると仮定している——その図式は，象徴化以前の感覚的・身体的表象が優位を占める特定のタイプの記憶図式である——そして，私自身の議論とよく似た議論を展開している。

　　感情の図式は，**現在における経験と過去の記憶が，作業記憶の中で，その図式の身体的成分の活性化に依存する中核意識の拍動を同時に伴って保たれる**程度に応じて変えることができるだけである……。解離された苦痛な経験がセッションにおいて活性化されることそれ自体が，治療プロセスの中心である。（p.787，強調は引用者）

　したがって，「何故そんなことをするのか？」への答えの一つは「なぜならそれは必要だから」というものである。もう一つの答えは，その不安定性と「ぐちゃぐちゃであること」にかかわらず，患者と分析家は，典型的には，エナクトメントの間「耐え抜く hang in」ことができ，治療的な進歩を遂げることができるからである。ただしそのためには，分析家自身の解離した恥の感覚のために，自省することもないまま，あたかも，それが分析家に痛みを認めてもらい**気にかけてもらう**ことが必要だという表現ではなく，分析家に努力することを放棄してほしいという願望であるかのように考えて，患者の苦痛を延々と誤って経験してしまうことにならないようにしなければならない。エナクトメントは常に二者関係的なものである。だからこそ，自分自身の解離と恥の感覚を経験する分析家の能力が，患者の解離の経験と同様に，〔分析の〕作業に本質的なのである。そのようにもう一度生きる間，患者が怖がるのは，単に過去に恐怖を覚えたことのためだけではなく，**治療者との，今現在のエナクトメントそれ自体が怖いからでもある**。その結果，新し

い自己-意味の構築には常に何らかの自己-不安定化を伴う。だからこそ，「〔分析の〕作業」の間中，分析家が自分が患者の安全に常に注意を払っていることを伝えることが，最も重要になるのである。

ぐちゃぐちゃを生き抜く

　私は，エナクトメントを扱うプロセスを，主観性の衝突として記述する——これを私は「ぐちゃぐちゃ mess を生き抜く」と呼んでいる——ぐちゃぐちゃというのは，分析家によって情動的にそのように感じられるということであり，その中で分析家は関係の中で耐え抜く。衝突を，適切なテクニックの失敗であるとか，患者の中のこれまで発見されていない病理が現れたものとは見ない。これら後者のオプションの一つが選ばれるときは，分析家自身が再び安定する必要があるためであることが多い。この点は，ジェラルド・ステクラー（Stechler, 2003）によって，うまく述べられている。彼は「調整異常，明らかな無秩序あるいは混沌の時期に新しい状況と新しい組織が生じてくる可能性は，現代の自己-組織化システム self-organizing system の理論の際立つ原則の一つとなった」(p.716) と書いている。分析において，ステクラーは「作業はしばしば，古いパタンの再交渉から成り，それが新しい体系と新しい状況の創造を促進する」(p.718) と続けている。

> 　新しい状態が，より豊かで，より複雑で，さらなる発展のためにより適切な基盤となるのか，それとも，有害な適応によって狭めてしまうという意味であまり有利な選択とは言えなくなるのかは，この自己組織化システムにおけるパートナーがある一つの方向，もしくは別の方向に偏らせるかどうかにかかっているのかもしれない。……つまり，もしセラピストの……主な目的が自分自身の不安定化とそれに伴う不安を，それがまるで有害で耐えられないものであるかのごとく減らすことにあるとすると，パートナーの目的と選択は，同じ方向に偏ることになるだろう。もしセラピストが，自分自身，そして患者の不安定化とつながったままで留まり，それに引き続いて，率直で真正な情動に向かおうとする状態を選ぶことができれば，患者の方も同じ方向に向かうことになるだろう。一方，もしこの瞬間にセラピストがフリーズしてしまったり，わざとらしかったりするのを患者が感じると，治療の作業がうまく進むことはない。(p.723)

マーサ

　臨床例を提示すれば，読者の皆さんが，ステクラーの知恵を「ぐちゃぐちゃを生き抜く」という私の概念の中に位置づける手助けとなり，両方が経験的に生き生きとしたものになるだろうと思う。私の患者のマーサは，摂食障害のために治療に訪れたが，食事と運動に伴う体重変化の監視は強迫の域に達していた。マーサは若い頃のほとんどを強迫的な大食で過ごし，彼女によると，肥満といえるくらい体重超過だったという。しかしながら，私が彼女と出会うずいぶん前に，彼女は強迫的なダイエットの方法を見出して，私の目に映った「マーサ」の姿は，幾分痩せているように見える程度であった。専門的には，体重がそれほど減っていないので，神経性食思不振症とは言えないものの，彼女が「醜い身体」とみなしている自分の体をコントロールしなければならないという拘りの強さは，その体重が病的とみなされる神経性食思不振症のそれと同じであった。外傷のサバイバーと同じく，マーサの症状は，情動的に過度に喚起されることを避け，精神機能を壊してしまう可能性があるものを避けることに役立っていた。無の「深淵」に陥ってしまう恐怖が，長い間，彼女にずっと付きまとい，体を物としてコントロールすることは，人間関係において情動の調整をすることができないことの代わりとなっていた。彼女は，関係面で情動コントロールができないことを**経験すると**，狂気に陥るだろうと信じていた。このように，自分の体重を絶えず警戒していることは，自発的に生き生きと生きる可能性と入れ替わって，それを締め出してしまっていた。

　うまい描写だ。しかし，それは**二人で** *mutually* 到達したものではなく，彼女の内的な経験の理解が共有されたわけではなかった。それは，**私が**達した概念化であり，理論的には正確であるかもしれないが，マーサは一貫して無視をした。そのやり方を私は，ただ「目の前の問題」から目をそらせるために意図された「注意散漫 distractions」だと，ますます経験するようになっていった。

　マーサは三十代だった。私の見るところ，彼女は８歳頃ひどい離人感に苦しんでいたことは明らかだったが，彼女が見出した自分自身を保つ方法は強

迫的な儀式で管理することであり，それによって，彼女を再び狂気に陥れるかもしれない，予測できない情動が近づくのを防いでいた。私は，治療開始後2年に渡る経過の中で，彼女が提供してくれた彼女の過去の断片を寄せ集めて，マーサの成育史の全体像を思い描いた。そして，私は，適切だと感じたときに，その概要をためらうことなく提供した。しかし，私の記述の正確さを，彼女が認めたり，否定したり，考えてみたりすることは決してなく，私が補足の質問をしたときでさえそれは変わらなかった。こうして，正確さについての疑問は常に，背景に影のような問題を残していた。分析を始めて約2年になるあるセッションまでは。──そのセッションで彼女は，自分は，不安定で，自省的でなく，延々といつも怒っている母親によって狂気に追いやられはしないかという恐怖の中で，生きており，昔もそうだった，とこぼしたのだった。

　しかし，私が思い描いている彼女のイメージが少なくとも「大筋は正しい」とマーサは暗に認めはしたものの，私たちはそれ以上調べることはできなかった。われわれの思い描く全体像に少しでも違いがあると，われわれの間に葛藤が生じて，耐えがたい情動の洪水が引き起こされることをマーサは恐れていたからである。これもまた，そのときの，私の側の，もう一つの推測に過ぎなかった。推測ではなかったのは，マーサは，自分が依存している誰かと，この誰かにはもちろん私が含まれているのだが，衝突の可能性のある瞬間に居続けることがほとんどできないということだった。本質的に，彼女の中で意見が違うという経験を保っている部分は，「私ではない not-me」ものになり，前述したように，彼女はこの解離を，「注意散漫」によって支えていた──われわれの分析作業から注意をそらせて，別のユーモラスなもの，興味深いもの，あるいは，他の文脈で関連があったり重要であったりするものに向かわせるような振る舞いである。これがすべて失敗すると，彼女は取り乱してしまい，ただただ混乱するのだった。

　彼女は，私がこれらの振る舞いに次第に我慢できなくなっていることに気づいていないようだったが，これは驚くべきことではなかった。というのは，彼女は愛着の決裂をもたらす可能性があることには，ほとんど気づかなかったからである。一般的に，怒りは決して直接には表現されなかった──それは私たちのどちらもだったが。穏やかな苛立ちでさえも即座に解離的な状態の切り替わりをもたらしたので，彼女の直前の状態は，否定的な情動の

気配が短い間現れたかもしれぬその分だけ，ほとんど私の想像の産物のように思えた。

　彼女の母親の怒りは，彼女の発達早期において絶滅させてしまうような最も怖い力であった。それに対して彼女が恐怖を抱いていたことが，おそらく，彼女の間主観性の能力が最小限しか育たなかった最大の要因であった。以下に示す描写におけるエナクトメントについての私の報告から分かるように，フォナギーとタルジェ（Fonagy & Target, 1995）が両親の悪意のインパクトについて論じていることが特に重要となるのは，この点である。子どもに対してあからさまに敵意を示す養育者は，子どものメンタライゼーションの能力を著しく損なう。なぜなら，もはや子どもは，対象が自分について思考することについて安心して考えることができないからである。

　3年ほどして，われわれの関係の破たんを修復する上で私がどれだけ信用し得るのかを繰り返し確かめた上で，マーサと私との間には一つの関係が育まれていた。信頼という言葉は，治療が始まったときには何の意味も持たない言葉だったが，彼女のある部分は依然として嘲りをもってそれを見なしていた。この時点での分析作業はもっぱら，われわれが引き離されてしまう，今回は絶滅への下降は止められない，と彼女に感じさせてしまうことなく，われわれの主観性の間の絶え間ない相違を彼女が明らかにすることができるかどうかという点に集中していた。私がマーサをどう感じているかについて，彼女がコントロールする必要性はその強度を増し，その圧迫感が私にとっては（私より前に彼女と会っていたほとんどのセラピストがそうであったように）われわれの緊張の主な源となった。

　私がこれから述べるエナクトメントにおいて，マーサが私に述べたことは，あまりに対人間的には不合理だったので，異なる参照枠からすると，単に混乱しているだけはなく，精神病的と聞こえてもおかしくないものであった。真剣そのもので，まったくユーモアもなく，自省のかけらもないものであった。それが起こったのは，私が彼女に，前回のセッションになぜ来なかったのかについてもう少し詳しく知りたい，と尋ねていたやり取りにおいてであった。彼女はすでに，そのことを「忘れていた」と言い，思い出したときにはもう来られない時間だったと言った。彼女ができごとの詳細について話し始めると，彼女の自己-状態は変わり，話している間に笑い始め，まるで自分がとても面白い物語を語っていて，私が同じように面白いと思うだ

ろうということが「分かっている」かのようだった。

　　私はちょうどセントラルパークで走ったところで，本当に素晴らしくて，歩いて家に帰っていたところだったんです。いいトレーニングができて最高の気分でした，分かりますよねえ you know。そして，水曜日の午後にこんなことができるとは，何て素晴らしいんでしょう，だって普通はこんなことできないのだから，とつぶやきました。突然，**あなたが私の心に浮かんだようでした**。そして私は言ったんです，「あらまあ，ブロンバーグ先生の面接室に行くことになっていたじゃない。……ああ，とってもおかしいわ。けど彼に言うまでお預けね」。それはもうとっても**素晴らしかっ**たわ，ブロンバーグ先生。私はまったく嫌な気分がしていませんでした。そしてものすごくいいトレーニングができたんですよ。**先生はどうして笑わないんですか？**

　私は，「**面白い**と思わないからですよ」と答え，「私が何を感じていると思いますか？」と付け加えた。この質問が口をついて出るや否や，何故か分からなかったが，取り消せたらと思った。その瞬間に尋ねるには，まずい質問だと感じることだけはできた。特に，私の尋ね方が。さらに悪いことには，自分が彼女に苛立っていることに気づいていなかった。私が，「真面目な（ナンセンスではない no-nonsense）」態度をとりながら，気づいていたことは，主に，その瞬間に，私自身の中で受け入ることのできた限界を反映していた。つまりそれは，この出来事を彼女と一緒に「真面目に」に，探りたいという私の好奇心と願望だった。私は，何か別のものを隠すために「真面目さ seriousness」を過剰に用いていたことに気づいていなかった。それにもかかわらず，彼女がわれわれの「課題 task」から目を逸らそうとしていると私に思われたと私が口にしたとき，そこには十分不快なものがあったので，**彼女の早期警告システムの引き金は引かれたのだ**。

　マーサの自己–状態は切り替わった。彼女の笑いが消えただけではなく，その笑いに伴っていたあらゆるものも消え去った。彼女の身体的存在全体が，おびえた不幸な小さな女の子のそれになり，洋服は，不思議なことに，突然弛緩してしまった身体にはきつ過ぎるように今や思えた。間髪入れず，彼女は答えた。「**私は醜過ぎてその質問には答えられません**」と。

私は，状態の変化が起こる現象には慣れていたので，彼女の身体的変化にはショックを受けなかったが，それにもかかわらず，彼女の返答の不合理さと彼女がそれを言ったときの生真面目さには唖然とした。しかしながら，私は衝撃を「思考障害」の概念によってではなく，自己-状態構造の観点によって，自分の中に収めた。私は，マーサの自己の中に解離した部分を感じた。それは私が，聞いてはいたが，見たことはなかった部分であり，今ここに**予告なしに**現れて，私たちの関係の中でそれ自身の声を見つけようとしていた——そしてその部分は，そのようにすることで，合意の論理に対する私の期待を気にすることなく（私が，先ほど「**対人間的**に不合理」という表現を用いたときに意味していたことだが）現実の二つの領域を言葉で結びつけていたために，彼女は「歩く不合理 a "walking non sequitor"」[2]と化していた。

　「どういう意味ですか？」と私は尋ねた。マーサは身もだえし始め，彼女が最後に言った，醜過ぎて答えられません，という言葉を繰り返した。ようやく私は少しショックから立ち直ったのだが，私の声には，私が感じていた柔らかさが表れていたに違いない，私は，「私が何を感じていると思うかという私の問いが，とても嫌な気分にさせましたね。そうでしょう？」と応じたと思う。

　彼女は「キャンディを一つもらえませんか？」と，私が机の上に置いている，咳止めドロップを指して答えた。

　私は頷いて，咳止めドロップの箱に手を伸ばしながら，言った。「おそらく，あなたは，私の質問がどれほど嫌な気分にさせるものであったかを，私に理解して欲しいんじゃないですか？　そして，食べることが，あなたが知っている中では嫌な気分にならずにすむ一番確実な方法であることも？」

　彼女は微笑みながら答えた。「ええ」。そして私は，公園で走りに行ったあなたの中の部分は，あなたのことを嫌っているのではないか，と尋ねた。「ええ，彼女は私を**嫌**っています。なぜなら私はいつも彼女にとって厄介なことを引き起こしているからで，彼女は口を開けば私に怒鳴りつけるんです」と彼女は言った。

　私は，理解できます，と言い，「お互いがもっとよく話し合える方法を見

---

[2] このフレーズを創り出した私の同僚，スーザン・ロバートソン Susan Robertson の，自発性のあるウィットと，それを私と分かち合ってくれた寛大さの両方に感謝したい。

つける助けになりたいと思っています。もし私が大きなマーサ big Martha に話しかけて，彼女が私たちの会話を聞いていたかどうか分かったら，幸先がよいですね。それは大丈夫ですか？」

　私がよく知っているとてもマーサらしい声で，これまでよりも恭しさは減っているが，ずっと関わり合いを持てるようなやり方で，「はい，すべて聞きましたが，それは好きではありませんでした」と彼女は答えた。なぜ好きではないのか，と尋ねると，マーサは言った。「醜い方」ugly one は「愚かな赤ん坊」だ，だって彼女は「常にあらゆること」を恐れているのだから，と言った。私は，「小さい方」little one は，本当に素晴らしいトレーニングについて彼女が話していたときに私が感じていたかもしれないことについて私が質問したことで，怖くなったのだろうか，と尋ねた。私は，二つの部分が和解する可能性に一歩踏み出せないかと期待して，彼女が使った**醜い方**という言葉ではなく，**小さい方**という言葉を使ったのだった。私はすでに**彼女**のことを大きなマーサと呼んでいた。そして今私は，もう一方の部分に対する彼女の蔑みに味方しなければ，何が起こるのかを見てみたかった。その瞬間，マーサは私の言い換えを何も言わずに受け入れた――それは見た目以上のことが起こっているという合図だったと私は知るべきだった。「ええ，彼女は本当に怖がり始めました。それが，あなたが彼女と会ったら何をするのかを見るために，私は彼女を送り出したんです」と彼女は答えた。

　「それで？　私はどうでしたか？」と私は言った。

　「そうですねえ，**彼女**はあなたのことを気に入りました」と彼女は言った――**彼女**という言葉には軽蔑がこぼれんばかりであった――「でも，**私が**それをどう感じるかは分かりません」。

　軽蔑を無視して，私は，「小さい方」が私を気に入っているということを知る前であれば冒さなかったであろう，一つの危険を冒した。「もし仮に，私が質問をしたとき，彼女を嫌な気分にさせてしまうことについてあなたがそこまで心配していなかったとしたら，その答えは，私は**醜**過ぎて答えられない，ではなく，それは**怖**過ぎて答えられない，となったと思いますか？」と尋ねた。

　怒りの表情が彼女の顔に現れた――これまで見た中で一番怒っていた。しかし今回は，自己の解離された側面への切り替わりのようには感じられなかった。むしろそれは，**気分**の変化のように思えた。彼女は次のように話

した。

> 私には分かりませんし，混乱しているのは嫌なんです。大きくなるときに，私が醜くて，太っていて，奇妙だったとしたら，それでどうだっていうんでしょう。私が本当に気味悪**かった**としたら。だからといって，今何か変わったでしょうか？　どこでも，私は周りの人皆の憎悪の対象でしたし，それは脅威で，暴力的でした。これをもう一度すべて感じることから，どんな良いことが生じるというんですか？

さて，彼女はついに私に怒ってしまった！　しかし私はそれを治療的進展だとは感じていなかった。この時点で，私は少なからず防衛的で，傷ついてもいた。私は自分の最後の介入が，ただとても見事だと思っていたからだ。私は，感謝されていないと感じた。私は彼女の**すべて**の部分を考慮に入れているのに，彼女はただ意地悪にしているだけだと信じていた。
　私は突然，彼女が私をいつになく思慮深く見つめているのに気づき，私が感じていることが分かったのだ，と感じた。彼女は私をじっと見つめて，話し始めた。

> 私は，何を話しているのかさえ，よく分かりません。混乱するような感じ，**これでどうですか？**　答えなんか分かりませんし，あなたが考えていることが何であれ，そんなこと話したくありません。私の頭の中で，隠すことは何もない──自分は，本当に健康なんだ，と告げる別の声が聞こえます。私はその声を恐れています。私は，ただ，あなたでも誰でも，私の中には見つけ出されるべき何か健康なものがあると思ってもらって，私自身に注目してもらいたいだけのような気がします。

マーサは，これらすべてを，まったく警戒することなく，関係のつながりを感じているように，とても真摯に言ったので，私はその誠実さを体でもって経験することができたし，私はもはや自分が防衛的でも傷ついてもいないことを意識することができた。私は，自分がうまく解離してしまっていた何かを感じていた。私自身の恥──私が**彼女**を恥じ入れてしまったという恥である。私は，自分の恥と，それは彼女から隠されてはいなかったという事実

の両方を意識していた——自分の恥について彼女に明示的な形ではまだ何も言っていなかったのだが。私たちは互いに相手のことを「知っていた」が，私たちが知っていることを私たちがどんなふうに知ったかを尋ねることはしなかった——そして知られていることの一部は，私たちが共に，自分たちの弱さをさらけ出したということを受け入れることができたということであった。それは，暗示的で，相互的で，強力であり，そうして，われわれそれぞれの個別性を犠牲にすることなく，互いに近づけるようになったのである。

　私たちが状態-共有したからこそ，それが中心となって，マーサの恥が十分に減弱し，彼女の「他の声」の存在を，彼女が経験するのみならず**顕わにすること**ができるようになったと仮定することは，理にかなっていると私は感じる。私はさらに，このように**人としての** *personal* つながりが情動的に広がったことで，その後一緒に探究しつつ，共に作り出した言語的表現で，情動と認知を統合し，われわれの専門的な関係の持続的発展における不可分の要素とすることが可能となったのだ，と考えている。

　共有された空間の新たな領域がわれわれの間に作り出された。それは同時に，われわれ自身の中の異なる部分の間にも作り出された。私たちは共に，この空間に対して「目覚め」，今や**言葉**で，以前はただエナクトされるだけであった個人的な情動を表現することができた。認知的な処理が混乱させるという事実は，われわれの妨げとはならなかった。混乱は，われわれが一緒にいる場所の自然な一部のように感じられた。彼女は私と，そして私は彼女と一緒にいられるようになっていたのだが，それはこの混乱のおかげでもあった。そのおかげで，かつては私が受け付けなかった彼女の部分を私は個人的に感じられるようになった——受け付けられなかったのは，私が，自分の中の，情動面でそれと深く関係することのできる部分を解離していたからであった。私は，自分の楽しみのためにセッションを休むことができるくらい自由に感じていたという彼女の新しい喜びを経験することができなかった。そして，彼女はそれを私に知って欲しかったのだが，私はうぬぼれ屋のように振る舞っていた，と彼女に言った——まるで彼女の笑いは，彼女が「もっと良くなる」よう手助けするという，まじめな取り組みから，気を逸らそうとする努力であるかのように私は振る舞っていたのだ。さらに私は，彼女が**すでに**良くなっていて，それがどんなふうに良いと感じられるかだけでなく，それがどんなに怖いと感じられるかも，知らせようとしていたのを

認識することができなかった，と付け加えた。

　この時点で彼女は少しイライラしているように見えた（私もそうだった）。そして私は，それを露わにすると，私たちを傷つけてしまう，私たちの中の何かに注目することについて，**互いに**神経質になっていたと思う，と言った。そして，それは，私にとっては，あなたが私のことを真面目に受け取っていないと思ったときに，私の傷ついた気持ちを見せることについての不安だったと思う，と言った。そのために私は，純粋に遊び心を見せるという形で私のことを真面目に受け取っていた彼女の部分を，認識することができなくなっていた。「でも」と私は加えた。「私が何か傷つけるようなことをしたことも分かっています。私は，すまないと思いました。あなたは私の顔にそれを読み取り，あなたに聞こえていた**もう一つの声**について私に話すことで，私に手を差し伸べたのですね」。彼女は再び笑顔を見せ，私は私たちのつながりが深まっていると感じることができた。しかし，それは彼女の笑顔だけが理由ではなかった。今回は，マーサの笑顔に加えて，彼女が自分の考えを言葉にし，私の考えと比較することで——私たちの経験における**相違**も含めて比較することで，葛藤のリスクを背負う能力が生じていた。ますます，相手の考えを，完全には歓迎されない考えさえも共有するにつれ，自然に私たち自身の考えが共有されることが増え，もはや，互いに独白をし合うことはなくなった。その空気の中には，「良くなること」が将来における空想ではなく，今ここで起こっていることである，という気持ちがあった。

　分析作業が続く中で，マーサの自己-状態の他の部分も治療のプロセスに加わった。その中には，「他者」を信頼してしまうほど愚かではないことを確認しようとする彼女の部分も含まれていた。ジョギングに行っていたときにマーサにわれわれのセッションのことを「忘れ」させていたのは，実際，この「疑い深い」保護役であったのだ。それで，彼女が新しい自由の感覚を私と共有したとき，私はちょうど彼女の親のように予想通りの利己的な形で反応してしまい，もっと無垢で人を信頼している彼女の部分に，何かがこれまでとは違うと信じようとしてもまったく無駄だということを示していたのだった。

　今しがた述べたような臨床プロセス——私が比喩的に「夢見手を目覚ますこと」（Bromberg, 2006a 参照）と呼んだプロセス——においては，私が「夢見手」と呼ぶものは，眠っている間に一番馴染みのある自己-状態であり，

われわれが「夢」と呼ぶ解離した心的空間の中に住まう。しかし，それはその一つの表れに過ぎない。人の夢見手とは，人生いたるところに存在するものであり，許しさえあれば，患者の夢見手は治療プロセスに参加してくる。そして，その存在が最も有用であると感じられるのは，エナクトメントの最中，特に，分析家が自分自身の「夢見手」が患者の夢見手と同期して「目覚める」のを見出したときである。ここに示した臨床場面において，マーサの「夢見手」は目覚めつつあった。そして，目覚めるにつれ，同じく目覚めつつあった，私自身の中の，それに応じる夢見手と関係を結び始めた。そして私は，マーサにとって自由にただ楽しむことがどれほど解放感に満ちたものであり，そして私にとってその経験を共有することがどれほど解放感に満ちたものであるかを，人として personally 感じることができるようになった。それ以前の私は，自分の中で，彼女のその部分と心地よく関係を結ぼうとする部分を解離していたのだ。なぜなら，もし私が，自分自身の中で，自分を晒してしまうことから自分を守るのに最も頼りにしている部分，まじめで，いわば「十分に自制のできている」分析家という安全な拠り所を侵害してしまったら，傷つき傷つけられることについての私自身の許容量を晒してしまうだろう，と，マーサと同じく，私は恐れていたからである。

第Ⅲ部
躓きながら耐え抜くこと

第 5 章
真実と人間の関係性[1]

> 自分の判断に欺かれることがあまりに多かったので，……正しいのか，それとも間違っているのか，と疑う癖がついた……。にもかかわらず，私は，真実を他の何ものにも劣らず崇めている。そして，誰かに手を取られるだけで，二人ともそのことを忘れてしまうようなときには，……それを，私たち二人とも失ってしまったものを，探しに行くのだ。どちらもそれなしではやってゆけないのだから——私は，彼と地の果てまでも行くだろう。
>
> ——ローレンス・スターン『紳士トリストラム・シャンディの生涯と意見』(Laurence Sterne (1762), *The Life and Opinions of Tristram Shandy, Gentleman*)。

　弁護士は，これから言おうとしていることが「真実，完全な真実，真実以外の何ものでもない」という宣誓を嘘偽りのないもの legitimacy として受け入れる義務がある。しかしながら，精神分析家にとっては，真実の概念は，隔靴掻痒の痒みのようで，ずっと痒いのは掻き続けることが運命づけられているからではないか，と思うこともある。

　何年も前，私は，最初の精神分析のスーパーヴァイザーを喜ばそうとして，「従順な」患者が私の言うことにあからさまに反対した話を報告し，そのやりとりは彼女の治療において重要な出来事だった，なぜなら私が彼女について言ったことが真実ではないことも気づかせてくれたからだ，と言った。

　「真実とはどういう意味なのですか？」と彼は言った。

　驚いて，少しイライラして，私はもう一度，少し大きな声で言った。「うーん。えーと，それは真実ではなかったのです！」

1）本章の初出は，「真実，人間関係，および分析プロセス——対人／関係の視点から」(Truth, Human Relatedness, and the Analytic Process)(『国際精神分析誌』*International Journal of Psychoanalysis*, 90, 2009) で，その論文に加筆修正を行ったものである。

「それはどちらかというと，**正確**ではなかった，というように聞こえますね」と彼は反論してきた。

「正確，というのはどういう意味ですか？」と私はやや反抗するように尋ねた。いろいろあったが，彼の気取ったところは好きになれないとはいえ，スーパーヴィジョンが進むにつれて，われわれの間で起こることは何であってもいつでも話し合うことができるということが分かるようになった。しかし，私がもっと価値を置くようになったことは，「真実であること」と「正確であること」を区別する彼の力であった。真実は，主観的な現象として，私の臨床の仕事において重要な位置を占め続けているが，それが姿を現すのはただ，正確さという間主観的な現象と絶えず論戦が繰り広げられるような文脈においてだけだ。議論沸騰気味で「真実の瞬間」を一緒に処理するという，私のスーパーヴァイザーの率直さ，スーパーヴィジョンの間ずっとみられた同じような率直さは，精神分析を行うことと精神分析家**であること**との違いを経験する手助けにもなった。それは，臨床的な感受性の核心にある，行うことと存在することの間に本来備わっている緊張でもある。それを本章でお伝えしたいと思う。

私が最も重視するのは，臨床で強いられる枠組みが，患者の経験の質感を広げ，豊かにするかどうか——患者が自分の経験を表現するのに有用な方法であるかどうか——を見極めることである。スティーヴン・ミッチェル（Mitchell, 1993）は，この感受性が「理論をもたないこと atheoretcical」とはまるで違うということを，明確に指摘している。

> 単一の，客観的で，分析的な「真実」に対する信仰を放棄すること（あるいは，単一の，客観的な現実に迫る複数の分析的真実があるとすること）は，**無価値な相対主義につながるわけではない**。花を生けた花瓶を描く方法は無数にある——しかし，だからといって，描かれた絵が皆同じように感動をもたらすとは限らないし，同じように人の心を捉え変容の経験をもたらすというわけでもない。(p. 65)

ミッチェルは，われわれの共有された概念的な視点の本質について次のように述べ，議論を呼んだ。クライエントの自己経験を拡げるプロセスは，一つであろうと複数であろうと，永続的な真実を見つけることに基づいている

のではなく，二人の人間が，自発性の能力を高めながら，二人で一緒にやることを共に創造するという現実性 actuality の中にある。**客観的な現実**としての真実は，一人，あるいは他のもう一人の，どちらか一方の心の中だけに存在するとは思われない。そして，もちろんこれが，本章で紹介した『トリストラム・シャンディ』の題辞の眼目である。つまり，「真実は，私たち二人とも失ってしまったもの，どちらもそれなしではやってゆけないものである」。それを探すには，われわれはもう一人の手を取り，「その人と地の果てまで一緒に行く」覚悟をしなくてはならない。このような目で見るとき，精神分析とは，別名，対立する主観的真実が共存しうる，対人関係的／関係論的るつぼ，とも言える。この視点は，意外かもしれないが，発達的な用語で患者の進展を見ようとする感性と相容れないものではない。ローレンス・フリードマン（Friedman, 1988）は，いかに二つの感性が分析関係の中に共存するかを雄弁に描いている。あるレベルでは，分析家は患者の発達的可能性の入れ物である。

> ある種の子ども時代の欲求は，分析によって突き止められるだけでなく，分析によって満たされもするが，それは，親の目から見れば，自らの成長の可能性と同一化する欲求でもある。そのように反応されることは，希望一般を提供するだけではなく，現実を，関連づけながら望みが持てる形で，構造化する。(p. 27)

しかし，フリードマンが言うように，分析作業にはパラドックスが必要である。希望は，患者を治療に取り組ませるもので，古い在り方を手放すことを可能にするものだが，「希望というのは現在の希望でしかなく，その形も，患者の現在の心理学的な形状によって与えられる」。

> 言い換えれば，分析家は，患者が自分自身の言葉で語ることを受け入れねばならず，同時に，それに甘んじてはならない。患者を，患者自身で語る言葉で受け入れなければ，患者がまるで誰か別の人であるかのように尋ねることになり，**患者が希望の理由を持てなくなり**，分析家の考えていることも認識しないだろう。もし分析家が患者の言葉に甘んじてしまうと，パーソナリティの中でも見えない部分を無視してしまうことになり，より

大きな満足を求める患者の願いを裏切ってしまうことになる。(p. 34, 強
　　調は引用者)

　これにもう一つだけ加えておきたい。フリードマンが書いている「希望」
は，あるがままのあなたが受け入れられることだけから生じるものではな
く，あるがままのあなたが**必要**とされているということから生じる——つま
り，純粋な意味で，あるがままのあなたと一緒にいることは，あなたの「問
題」にもかかわらず，分析家に**心地よさ** pleasure をもたらすという認識から
生じる，と私は思う。もしお望みなら，それを「愛」love と呼んでもよいが，
少なくともそれは，そこから愛が溢れてくる泉ではあるだろう。しかし，ど
んな名前を付けるにせよ，治療による成長（と同時に早期の発達的な成長）
の土壌の肥やしとなるのは，このことに他ならない，と私は言いたい。——
これは，患者が同じままであり続けながら変化する能力の土壌であり——そ
れが希望の基礎であるがゆえに，発達の基礎となるものである。
　それが**欠如**すると，特に発達の早期にそれが欠けると，状態-共有の能力，
間主観性，レジリエンスの獲得が，極めて妨げられやすくなり，ときにそれ
が閉ざされてしまう。そして，他の子どもであれば外傷とならないような，
適応上の失敗に耐えられなくなる。私は，認識されないこの外傷の側面——
必要な他者の楽しみの源としては価値がないということを中心に形作られ
る，子どものあるいは親の自己経験——は，ある種の患者が「私でない」自
己-状態にとりわけ傷つきやすくなる理由ではないか，とさえ主張したい。
そういう患者は，自己／他者の境界の透過性があまりに危険なので，関係的
無意識を発達させることができず，闇と非現実と恐れでいっぱいの状態のま
まとなる。
　私は，分析家の二重の責任を，フリードマンがうまく述べているように，
「本当のあなた real you」が存在するという考えを放棄することによって，
大きく促進されるものと見るようになった。それはどういう意味だろうか？
人々は，しばしば，「本当の」自分を見つけたいと治療にやって来る。治療の
重要な目標は，敢えて言うなら，彼らが本当の自分でありたいと希望したり
気にかけたりするような人物像は，世間から見られている部分が真実を反映
しないのと同じく，自分についての真実を反映するものではない，というこ
とを認める手助けをすることである。その部分は，隠された，しかし「より

真実の」部分を隠してしまう「隠れ蓑」として，考えついた部分かもしれない。これらのさまざまな部分の間の交渉は，かなりもつれたものになり得る——実際「真の」自己の探求は，曲がりくねったものといってよい。この要点は，「ヒステリーの人は，本当の自分の振りをしながら人生を生きる人である」という古い格言に暗示されている。私は，ヒステリーの人たちは，槍玉に挙げられている人たちではないか，と思う。その自己-状態は特に素早く切り替わるので，他者も，そしてしばしば自分自身も，自己-表象の真実味を疑うほどだからである。「本当かどうかは分かりません」。「何となく本当の気がするのですが，嘘を言っているかもしれないとも思います」。このような優柔不断さは，不正の働きによるのではなく，解離した（「私ではない」）自己-状態の存在の働きによるのであり，この解離した自己-状態が保持している情動的な現実は，葛藤を抱える形で解消することはできない。というのも，それらには，関係を結ぶような自己表現をするための語りのコンテクストがないからである。

ドグマ心的

　私に欲求不満を感じて，ある患者は「**あなたは，ひどくドグマ心的** *dogmentative** **だわ**」と口走った。半ば笑いながら，半ば狼狽しつつ，ブツブツと，私は答えた。「新しい言葉を造る権利はありませんよ。それは不公平です」。私は，その言葉がどういう意味なのか，全然分からなかった。ただ，彼女が，何とかして言葉の戦いに「勝った」ということは分かった。というのは，彼女が私の在り方について行った描写を言い負かすような言葉を，彼女がやったように，簡潔に言うことができなかったからである。彼女が私について言ったことは「真実」だったのだろうか？　ドグマ心的 dogmentative という言葉が存在しないのならば，どうしてそれが真実であり得るのだろうか？　もっと重要なことだが，それは**正確**だったのだろうか？　後者への答えは，われわれの出会いについてのそれぞれの経験を共有して，ようやくたどり着いたのだが，お互いに「イエス！」であった。しか

---

*（訳注）dogma（ドグマ）と mental（精神的）と -ative（形容詞を作る接尾辞）からなる造語と思われる。

し，ここが肝心なのだが，彼女の新造語は彼女自身の異なる部分を表しているということを，われわれは認めることができた。そして，そこには，彼女が私を認知することは，もしまじめに聞いてしまうと，あまりに正確**過ぎる**と感じられ，彼女の核となるアイデンティティを統合している，手順記憶的な愛着パタンを不安定にさせることを恐れている部分も含まれる——そうならないように，彼女は少し「いかれた」反応をしたのだ。

　彼女の異なる部分，ということで私は何を言いたいのだろうか。私は，論文（Bromberg, 1998a, 2006a）の中で，正常な心を，われわれが日々の生活の中で宿っている複数の自己-状態として見る見方を提唱し続けてきた。正常な解離を用いることによる，自己-状態間の柔軟な関係があるからこそ，人間は，人生の複雑な，常に変化する要求に，創造性と自発性をもって取り組むことが可能となる，と論じた。この見地からすると，正常な解離は，日々の心的機能に固有の心／脳のメカニズムだが，自己の一貫性の制約の中で一番手っ取り早く適応的であるような，自己-状態の組み合わせを選ぼうとする。この柔軟性によって，性格の安定性と変化とを，同時に交渉するような，目を見張る能力が人に与えられる——これは，変化しながら同じままで留まることができる能力である。

　あらゆる分析プロセスに内在する部分には，心／脳によって，心の中で，「私ではない」自己-状態へと組織化されるような，患者の解離的な経験の布置との作業が含まれる（Chefetz & Bromberg, 2004 を参照）。注意すべきは，自己のこれらの部分は，関係性のコンテクストにおいては，認知的には象徴化されず，ドネル・スターン（Stern, 1997, 2009）の言葉を使えば，「未構成の」経験 "unformulated" experience と呼んだものとして存在する。最適な心的機能は，人が複数の自己-状態に葛藤しながらアクセスできるところにあり，精神分析的な治療は，解離的に互いに引きこもったままになっている，分離した自己-状態の間に，内的なコミュニケーションを促すのに好ましいコンテクストを提供することでなければならない。治療において，患者と分析家の間で演じ出されたエナクトメントを，共同して象徴的に処理することによって，患者の引きこもった自己-状態は，「想起された現在」（Edelman, 1989）として生き生きとしたものになる。この，**非線形的な**プロ

＊（訳注）p. xi 訳注参照。

セスは，累積的である。それによって，感情的にも認知的にも，想起された現在を使って，分析家と，真に想起された過去を構築することができるようになる。内的葛藤を安全に経験することのできる能力もまた増すので，その結果，葛藤を解消する可能性が，あらゆる患者にとって促されることになる。

真実と意識の不連続性

意識は不連続だが（詳細な議論については，Osborne & Baldwin, 1982 と Hermans et al., 1992 を参照），毎日の生活において，不連続に気づくことは破壊をもたらす可能性があり，それを隠してくれる錯覚 illusion を必需品として持っているので，それに気づかないでいられる。自己-単一性 self-unity が持続して在るという錯覚を生み出すのは，意識を，たとえそれがどのようなものであろうと，ある瞬間に最も適応性のある自己-状態の形状に基づかせる，心の発展的な能力である。ミッチェル（Mitchell, 1991）は，主観的な真実のこのようなさまざまな形状を，「特定の観点を中心にまとめられた，経験，行動の積極的な型を具現化する人間についてのさまざまな見解，自己の感覚，存在の在りよう」として解釈した。それは，「総体としての自分自身について持っている，普段の現象学的な感覚の基礎をなす」（pp. 127-128）。そして，「その結果，自己が複数的あるいは多重的に組織化され，異なる対人関係のコンテクストに由来する，さまざまな自己イメージや対象イメージあるいは表象を取り囲むようにパタン化される。**われわれは皆，重なり合った，多数の組織と視点の合成物であり，われわれの経験は，連続しているという錯覚によって，滑らか〔な連続したもの〕にされている**」（p. 139，強調は引用者）と記している。ミッチェルは，私も同意するが，自己は，多数であると同時に総体である，という主張で締めくくっている。つまり，単一の自己であるという感覚は，一つの経験則であって，心の状態のネットワークを継ぎ目のないものと感じさせることによって，心的機能の自己-状態の構造を安定させるものである。それぞれの状態は，その自己に対しては「真実」であるが，自らの権利において，比較的自立していると感じながら，同時に，「私」という，橋を架けて一つにするような経験とも繋がっている，と感じることができるのである。

真実とは，このように論じるとすれば，それぞれの状態の主観的な要求が，他者性によって不安定化させられることなく，それ自体正当なものであると感じるのを支えることに役立つような現象である。言い換えれば，**人にとっての真実とは，状態依存的なものであり，主観的なものであるということになる**。それは合意による妥当性（Sullivan, 1953 を参照）を欠くが，これが生きていく上で問題となるのは，特定の状態によって保持される真実があまりに隔絶されて，自己-状態間の（そして他の人との間の）交渉 negotiation に支障が出るときである。治療においては，対人間の関与によって，自己-状態間の交渉が増えることが可能となり，その結果，ある特定の真実の状態依存的な経験が，より柔軟な自己-他者経験に主権を譲り渡すことも可能となる。これが起こると，真実は，意見，信念，あるいは確信 conviction〔信念，罪の自覚〕にさえなるが，もはや絶対的に確実なものではなくなる。真実を意識の不連続と関連させることを，精神分析のプロセスに当てはまるように，以下のようにうまく表現したのはミッチェル（Mitchell, 1993）である。

　　ある特定の時点で，患者は，自分の経験の特定の解釈だけを報告し，その経験の他の重要な解釈を見過ごしたり，消し去ったりする（分析家は，自分の方がよく分かっていると思っているかもしれない）。ある特定の時点で，分析家が提供できるのは，患者の経験のある側面についての，分析家自身の解釈，解釈の解釈でしかない。前の文の「でしかない」という言葉は，対人間の理解の重要性を過小評価するものと受け取られるべきではない。お互いの解釈についての解釈は，相互的な成長を可能にし，それと入れ替わるようにイマジネーションの使用が促される。（p. 60）

　この観点からすると，現実・真実は，絶対名辞＊において，空想・不確定性と区別できない。というのも，異なる自己の部分が，他の部分を**私**として認識する能力は，常に相対的なものだからである。したがって，「私」であるような自己の部分にとっての現実・真実は，「私でない」ような部分にとっては，ファンタジー・推測ということになる。われわれが現実と呼ぶものは，

＊（訳注）絶対概念の言語的表現。

そして，われわれが「真実」と呼ぶものは，自分のどの部分が，その時点での意識にアクセスできるかにかかっている。

その構図に「現実」を持ち込むとしても，私のスタンスは変わらない。マーシャ・カヴェル（Cavell, 2000）は，現実というトピックについての，われわれそれぞれの見解に関して，公刊されたやりとりの中で，「見方は多数だが，……現実は一つであり，それはわれわれ皆にとって同じである」（p. 525）と述べている。私の答え（Bromberg, 2000b）は，これが哲学者によって述べられたものであれば有益だが，臨床家によって提供されたものであれば非常に問題であると感じる。なぜなら，臨床家がいつも仕事をしている領域はとても複雑なので，このような区別をするとパーソナリティの成長が促進されるよりはむしろ妨げられることが多いからである，というものであった。現実と真実の性質に関する私の見解は，心の自己-状態の見方に由来するものであり，それによると，現実は各自己-状態の自己-組織化による布置によって形成されることになる。ある自己-状態によって経験される現実が，別の自己-状態と矛盾するものになるかならないかは，情動の調整異常に対する解離的な守りが心的構造としてどの程度存在するかによる。

治療を通して患者が成長していくことができるためには，客観対主観，「真実」対「偽り」という問いが意味を失うような移行空間を，交渉をしながら共に構築して行くことが必要である。移行現象は「真実」か否かを考察する中でウィニコット（Winnicott, 1951）が述べているように，「この点について結論を出すことは期待できない。この問いはなされるべきものではない」（p. 240）。この移行空間の中では，現実は**共有された心の状態**であり——バック（Buck, 1994）が大脳辺縁系の間の会話（Schore, 2003a, p. 276 より引用）と呼ぶ，暗示的なコミュニケーションのチャンネルである。自己と他者の間の境界の透過性が徐々に高まることをよしとすることで，患者／分析家関係は，関係的な無意識の発達を許容できるようになる——この関係的な無意識は，共有された治療空間であり，そこで，古い真実を，自己／他者の意味の新たなパタンへと再組織化することができるのである。

神経ネットワークと自己-状態ネットワーク

　治療作用の源は，脳／心の現象である．治療的な成長にこれほど時間がかかる一つの理由は，心の自己-状態の組織化が，脳の神経ネットワークの組織化と結びついているからである．脳の神経ネットワークは，ニューロンの集団からなり，それらが一緒に発火して信号を送ることで，神経シナプスでつながったコミュニティが形作られる．神経シナプスのコミュニティ内の同一のニューロン集団があまり変わらない形で一緒に発火し続ける限り，新しいニューロン集団がそのコミュニティに信号を送って，そのネットワークに新しい情報をもたらすことは，難しくなる．言い換えれば，脳と心の両方が，「真実」のそれぞれのヴァージョンを持っている．神経のダーウィン説とも言えるエデルマン（Edelman, 1989, 2004）の理論は，脳の神経生物学を，「高度に個別化されたネットワークを生み出す恒常性と多変性のパタン」（2004, p. 29）と述べている．この記述は，私の思い描く，心の自己-状態の構造と一致する．自己-状態のネットワークを，高度に個別化された存在様式を生み出す，恒常性と多変性のパタンとして語るのであれば，私は文句なくエデルマンの神経ネットワークの用語を使うだろう——この高度に個別化された存在様式を生み出す自己-状態は，それぞれが，認知，信念，主な情動と気分，記憶へのアクセス，スキル，行動，価値，作用，生理的調整について，自分自身のまとめ方で独自に組織化されていて，発達的にすべてがうまくいくなら，それぞれが，他の自己-状態が保持している真実と十分うまくやっていけるので，さまざまな自己-状態の間に橋をかけて全体を一つにするような一貫性が可能となる．しかし，エデルマンの鍵となるフレーズは，「**恒常性**と**多変性**」である．脳の中でダーウィン的な適応をする部分は，神経的なネットワークが新しい情報を使いながら拡大することが可能かどうかに左右されるが，恒常性と多変性の間には常に格闘がある．安定性（恒常性による生き残り）には，成長（変化による生き残り）と同等の，あるいはそれ以上の発達的優先性があり，神経ネットワークの「真実」は，そして自己-状態の真実は，手に手を取って，新しい情報が，心／脳の**安定性**を脅かすことを防ぐように求めてくるからである．

脳は，正常な解離のプロセスを用いて，不適応を起こすような矛盾した自己-状態（過度に選言的な真実）を，日頃から，同時に意識しないようにしている。しかし，人生は，決してそんなに単純ではない。感情が高揚した予測できない状況においては，煮詰まってくると，自己-状態が**外傷的と言えるほど互いに隔たったもの**となり，防衛的な解離の引き金が引かれる。そのようなときには，それらを意識の中に同時に持ち続ける試みが為されており，特に，自己-状態の真実間のせめぎ合いが，愛着と関連している（Main & Morgan, 1996 参照）ときであることが多い。広汎に及ぶ解離は，大規模な外傷に苦しむ患者には（一回だけのエピソードであっても，あからさまな虐待が繰り返された場合でも），ほとんど常に明らかとなるが，その一方で，それは発達的外傷にはきわめて固有でよく見られる反応である。発達的外傷は（ときに**関係的外傷**と呼ばれるが），常に，早期の愛着パタン（「安全な愛着」も含む）を形作るものの一部をなしており，それが今度は，ボウルビィ（Bowlby, 1969, 1973, 1980）のいわゆる「内的作業モデル」を確立する。内的作業モデルは，手順記憶を含んでおり，それが中核自己 core self を作り，不安定化に対してどの程度脆いかを決めることになる。発達的外傷は，このように，程度の差はあっても人生早期の避けがたい一面であり，あらゆる分析の仕事において重要である。つまり，愛着関連の外傷は，すべての人の過去の一部をなしており，あらゆる治療経験の要因であるが，ある患者にとっては，それは，解離的な心の構造をもたらすので，パーソナリティの機能と精神生活を実際に乗っ取って，現在と未来についての「真実」を指令することになるのである。

　外傷の衝撃が最も硬直した解離的な精神構造を生み出すのは，その結果生じる分離した状態の一つが，**愛着に関連した中核自己** *core-self* によって高度に組織化されている場合，そして，外傷がそれを侵犯する恐れのある場合であると示唆することさえできる。そのような状況において，情動面での不安定化の恐れがあるときには，アイデンティティ危機の可能性が付きまとう。愛着の用語を使えば，心が突然「奇妙さ」に圧倒され，それによって人は，自分の自己に対して奇妙なものとなり始め，実際の狂気もしくはその前兆の

＊（訳注）論理学の用語。命題において二つ以上の選言肢が含まれ，少なくともそのうちの一つが選択されるべきことを示すさま。

引き金を引くことになる——いわゆる「離人症」の恐怖である。私が見るところ，この心／脳が経験する急襲の源は，以下のようなところにある。愛着スタイル（Ainsworth et al., 1978 を参照）の違いにかかわらず，中核自己は，自省的な思弁（物語的記憶）よりもむしろ，早期に確立された行動パタン（手順記憶）によって形作られるので，内的葛藤の認知的要素として保持することはできない。かくして，解消の可能性はなく，**考えようと無駄に格闘すればするほど事態は悪化する**。なぜなら，愛着の破たんを経験することで，精神的コントロールの欠如感が増すからである。患者は強迫に頼ろうとするかもしれないし，儀式に耽ったり，自分を宥めるやり方を作り出そうとするかもしれないが，診察室であれ，家に一人でいる場合であれ，パニックを収めたり自分自身の思考をコントロールしたりすることはできない，と感じるようになる。

このような状況においては，解離が，しばしばそのもっとも硬直した形で，救いの手を差し伸べる。本来思考によっては近づくことのできない，未知な感情的に脅かされた状況との果てしない格闘から心を守るために，神経のダーウィン説によれば，脳の発達的な機能が再調整されることで，格闘する思考が制御不能の源となって調整異常状態や潜在的離人症をもたらさないようにしている。恒常性と多変性とのバランスをとることは，脳が生存に直接目を向けると，優先度が下がる。解離の引き金は，自動的に先を見越して引かれ，フランク・パトナム（Frank Putnam, 1992）が「逃げ道がないときの逃げ道」（p. 104）と呼ぶものを遂行することになる。

ポージス（Porges, 1997）は，これを，神経生物学の用語を用いて「大量の交感神経の刺激を必要とするような，報われない戦略から，迷走神経背側核複合体と関連する，代謝面で温存できる不動の状態への突然で急な変化」と述べている。アラン・ショア（Schore, 2007）は，この突然の切り替わりは，「ブロンバーグが，解離した『主観的な現実のギャップ』と呼ぶもの，つまりさまざまな自己-状態の隙間にあって，強い情動を帯びた状態間の一貫性を妨げる『空間』の説明になる」（p. 758）と示唆した。

明らかに，エデルマンの神経ダーウィン説の理論は，自己というものの安定性だけでなく，創造的な自己変容のプロセスも——これはある程度の自己-脱安定化を必要とするプロセスであるが——説明するはずである。心が創造的に機能する能力は，脳の神経可塑性に依る——これは，新しいパタン

と組み合わせでニューロンを発火させる新しい情報を学習することによって，そのシナプスの配線を**修正する**，脳の適応的な能力である。洞察は，フロイトの臨床的貢献の主眼であるが，洞察が生じるためには，脳のシナプスのネットワーク，特に右脳のそれが，「偶然の思いがけないつながりによって変容させられ」(Lehrer, 2008, p. 43) る必要があることが示されてきた (Bowden & Jung-Beeman, 1998, 2003; Kounios et al., 2006, 2008)。対人間^(たいじんかん)的^(てき)な経験に関する最新の神経生物学的な研究（たとえば，Schore, 1994, 2003a, 2003b; Siegal, 1999）によって，このような思いがけないつながりは，**他者の心と新しいやり方で意識的・無意識的に相互交流する**ことで促進されることが明らかとなっている。その際，ちょうど分析関係におけるように，新たなニューロンの組み合わせが徐々につながるようになると，自己-状態が発展して，硬直した自己-状態の真実を調節できるようになる。

　自己-状態の治療的なせめぎ合いが増えてくると，情動の耐性が増し，調整異常の恐怖（津波の影）が減る。そして，それぞれの神経ネットワークは，新しい情報を受け入れる能力が増すと同時に，内的葛藤を保持し解消する心の能力が増す。しかし，自己-状態間の一貫性を取り戻すことができるのは，それぞれのパートナーの複数の自己-状態が，個々の真実の幾つかに降参して，「私でない」もの以上のものとして，他者を認めることができるときだけである。

葛藤，抑圧，抵抗

　正常な心的機能としての解離は，通常，内的葛藤との快適な弁証法的な対話において作用する。特定の自己-状態によって保持されている真実の，あるヴァージョンが尊重されることを保証する一方で，それぞれの状態が，それと異なるヴァージョンを保持している他の状態に柔軟にアクセスし，そのようにして個人が内的葛藤を経験して，その解消の可能性に専心できることを保証するようにもデザインされている。しかし，解離は，心が混沌とした外傷的な情動を経験しないようにすることで，自己の安定性を先を見越して保証する手段でもあるので，それは抑圧の概念を単に言い換えたものではない。抑圧の定義は，不快な精神内葛藤を生むような，自分が感知しない心的

内容を避けるようデザインされたプロセスのことである。しかし，葛藤は，単に不快というだけではなく，心には**耐えられない**ものにもなり得る。そういうときには，解離は，葛藤の対話において機能するのではなく，患者が特定の時点の「私」の経験と一致しないような**自己**の側面から疎外されることに，その痕跡を残す。

　それぞれの人のパーソナリティの特定の領域において，精神内葛藤の経験は耐え難く，まして解消することなど困難を極め，ある人々にとっては，この能力が育たないことは，早期の幼年時代にまで遡る。というのも，同時に二つないしはそれ以上の分離した自己-状態にアクセスして，安全に許容する心の能力が，その時期に実質的に排除されたからである。しかし，どの患者にとっても，葛藤と解離の自然な対話が損なわれたり締め出されたりする領域においては，葛藤の解釈は役に立たないか，事態を悪化させさえする。

　私は葛藤という概念に反対しているわけではない。葛藤理論は，解離を葛藤のもう一つの形として説明することなしに，解離の現象を説明できるような余地を残す必要があると言っているのであって，私には，決して他の分析学派からの同盟者がいないわけではない。たとえばジョージ・カネストリ（Canestri, 2005）は，解離を，現代の葛藤理論の中に同化できるような別の形の葛藤として概念化している人たちに直接挑んでいるが，その彼がこう書いている。解離から葛藤への移行についての私の仮説は，論理的前提という視点からは，ウィニコット（Winnicott, 1965, 1971），ガッディーニ（Gaddini, 1992），グリーンエーカー（Greenacre, 1969），そして，一次的解離段階の存在を想定し，**それに引き続く**移行によって構造が構成され，最終的には葛藤も構成されると考えている人たちと非常に似ている（p. 308, 強調は筆者による），と。言っておかねばならないのは，解離が絶頂のとき，葛藤を構造化する力は，まだ存在しないということである。カネストリは，解離について，それが臨床場面で生じたときには妥協の産物であって，（解釈によって）それ自体分析可能なものである，という見解に強く異議を唱えている。彼の要点は，私と同じく，解離は**本来的**に非葛藤的なもので，自己-状態間の解離的なギャップをまるでそれが頑固な形の葛藤であるかのように説明する努力は，「葛藤理論を心の中に偏在する組織化の原理として救済しようとする場当たり的な仮説」（p. 308）であるというものである。彼の批判を真摯に受け止めるなら，治療において，何か新しいものが生じるということ

がいったいどのようにして可能となるのかを問わねばならない。なぜ，それぞれの自己-状態の「真実の島」は，分析の現状をずっと維持しないのだろうか。分析家が，治療の行為は真実をうまく発見することにかかっていると信じていないならば，どのような原理がそれに取って代わるのだろうか。

　二人の異なる著者がそれぞれ，昔ながらの「抵抗」の概念を再検討し，それが過度に内容に束縛されていると論じながら，この問いにアプローチしているのは興味深い。(Bromberg, 1995b を参照のこと)。リー・ラザー(Rather, 2001) は，現代のクライン派の視点から，次のように述べている。

> 抵抗は，無意識の特定の内容物に対してだけではなく，無意識的な現象がそこから生じてくると感じられるような「他者」の存在そのものに対しても起こる。精神分析の目的は……［ある意味では］私が「無意識的他者」と命名したような心の側面との協働的な内的関係を形成することと概念化されるであろう。(p. 529)

　注目すべきは，ラザーの「無意識的他者」が特に言おうとしているのは，患者のもう一つの部分——患者の「夢見る自己」(Bromberg, 2006a 参照)——のことであり，内在化された対象のことではない。ラザーが「無意識的他者」と呼ぶところのものを，私は「私ではない」自己-状態と呼ぶ——それは情動的な現実の解離した布置であり，そのような布置は，その「他者性」と，意図されていない今ここでの相互交流を通して取り組むことで，内的葛藤をより安全で，取り組み可能なものにすることができる。用語のことはさておき，抵抗という概念を，無意識的内容に限定することを超えて拡大することで，無意識的現象の根本的な源——内的世界の自己／他者の配置——が，臨床のプロセスに，もっと直接的で自然な形で，自由に参加できるようになることを示唆したラザーの広い見識に，私は賛成である。

　アダム・フィリップス (Phillips, 1993) は同様に，抵抗の概念は，伝統的に別の言い方では，過去の反復として概念化されてできたものだが，驚きや新規なものへの抵抗と理解する方が有用である，と論じている。彼も，これまで無意識の内容にあまりに強い焦点があてられていたので，理論と観察が一緒になって，「予め抑圧されているものは経験の新しさである」(p. 87)という分析家の臨床的な経験を曖昧にしてしまった，という見解を提示した。

そのフレーズで、フィリップスは、私と他の多くのポスト古典派の分析家が支持するであろうことの舞台を用意しているのだが、それは新たな概念編成の参照枠であり、「分析的真実」に、そして臨床判断を一方向に偏らせるその強いけん引力に、取って代わるべきものである。私が述べているのは、焦点を内容からプロセスへと置き換えるということである。焦点が内容にあるときには、フィリップスは「真実への関係はサドマゾ的なものとなり、真実は、われわれにとって従う方がよいものとなる」（p.5）と強く主張する。ラザーによる論述とフィリップスによる論述から外挿して、内容への焦点は患者と分析家の衝突を生み出し、それによって、**患者の中に隠されていると思われること**を探し求めることになり、今ここでの**関係の中に欠けている**と思われることを覆い隠すことになる、と私は付け加えたい。患者の中に隠されていることを推論しながら探し求めることは、分析家と患者の注意を逸らし、「私でない」自己-状態の間で情動的に起こっていることについて、知覚的に気づく可能性から離れてしまう。そこから、双方が、解離しながら、個人的な意味を、血の出るような思いで絞り出してきたというのに。このように、「抵抗」の時点で、新たな経験の新規さは、注意を向けるべきものとしては用いられない。なぜなら、心／脳は、**予め**、「経験から、物語の力に向けられる感情 feeling と可能性を奪ってしまう」（Stern, 1996, p.259）からである。

安全と危険

　患者／分析家のペアのそれぞれが、自らの安全と危険の間のバランスを叩き出さなければならない。しかし、どのような患者にとっても、独立した主体の中心としての分析家とぶつかり合うことが、十分に安全でエネルギーを与えてくれるものとなるためには、分析家が、自分のために物事を見積もろうとせず、さらには、患者についての自らの真実を、良い治療結果をもたらすための**手段**として用いようとしないことである。分析家のコミュニケーションが、自分の経験を、患者の心に計画的に衝撃を与えたいと思ってではなく、**それを知って欲しい**と思って、それを共有することを基礎に置けば置くほど、患者には「情動的に正直」（Levenkron, 2006 を参照）だと感じられ、患者もますます同じように反応することになる。この原理を尊重すれ

ば，一見脆い多くの患者たちが，分析家の教示に直面しながら持ちこたえることが可能になる。なぜなら，患者は，自分自身の主観性を，他者によって提供された「真実」と交換しなければならないがゆえに危険にさらす，ということにはならないからである。

　隠された真実や無意識的空想は，どれほど分析家が柔軟に，思慮深く，うまく，自分の解釈を提供しようとも，「覆いが取られる」ことはないと思う（第7章参照）。精神分析における治療作用の源泉は，患者と分析家双方の内的な対象世界を作り上げている刻々とシフトしていく自己-状態に情動的に生き生きと対人間的に関わることを達成することだと言いたい——それは，「共構築された王道」（Bromberg, 2000a, pp. 86-87）であり，それまで想定されていなかった自己-状態の真実が，両方のパートナーが関わる心の中で，認知的言語的に象徴化されることを可能にする。さらに私は，これが最も強烈に生じるのは，自発的で，求められていない対人関係の相互交流の間である，と主張したい。この臨床プロセスの特徴を，ラッセル・ミアーズ（Meares, 2001）は，「次に起こること」と名づけた。対人間で目新しいことは，自己を成長させる。なぜなら，それは両者にとって予想できないものであり，二人の心の間で生じたことによってまとめあげられるものであって，どちらか一人のものではないからである。相手の心の状態に能動的に巻き込まれるという相反的プロセスによって，患者が今ここにおける自己を知覚するときに，以前は解離していた，相容れない自己-物語の経験に関する意識が共有されるようになる。このプロセスは，他者の治療的な「内在化」とでも呼べるような状態を生み出す。対人間的な経験が安全だが安全**過ぎ**ないものである限り，自己／他者の境界の透過性は，外的にも内的にも増し，精神分析は強力な変容のプロセスになる。精神分析の治療作用が形をとるのは，この相反的プロセスの目新しさと驚きによってである。そして，それが，成功した分析の結果，患者のパーソナリティ構造が柔軟になり，自発性が向上することの理由であろう。

　対人関係的／関係論的臨床プロセスにおいて，分析的関係性の本質は，古典的治療のそれとは，認識論的に異なる。というのも，治療作用の第一の源は関係性そのものであり，治療関係を**通して**作り出される何かではないからである。解離した自己-状態のコミュニケーションを共同して処理することが進むにつれ，患者は徐々に，対人間的にも，自己-状態間でも，重荷と感じ

られることを，整理して理解することができるようになり，その際，今ここでの自然な相互交流も，そこに含まれる「安全な驚き」も，遮断されることはなくなる。このように，増大する自発性と調整異常の恐怖の減少との間に，フィードバック回路が形成され，患者の発達的外傷の中で解離した領域を，その瞬間に，思いやりのある，人間的だが不完全な関係の一部として，もう一度生きる relive ことが可能となる。それによって，その内的対象世界が，囚われの状態から解放されることになる。繰り返せば，治療作用の源は，心／脳的な現象である。脳は解離の自動的な引き金を引くことを減らし，心は間主観性の発達が増すことを支える。こうして，患者が内的葛藤に耐え，それを解消する可能性が促される。

　精神分析的な成長とは，情動的な許容度の増大がすべてで，それに勝るものはない，と私は考えているだろうか？　まったくそんなことはない。私の考えでは，私が今述べたことは，確かに，情動調整の能力の増大にはつながるが，ロナルド・レイン（Laing, 1967）が「人間であることの全体性を，その関係性を通して回復させようとする二人の人間の頑固な企て」（p.53）と呼んだこととして理解していただくのがもっとよい。全体性の回復はどうすれば可能になるのだろうか？　間主観性の発達は，二つの相反する，同じくらい頑固な情動的真実を前にして，さらにいずれも相手に誤解されているという状況で，どうすれば可能になるのだろうか？

　エナクトメントは，患者の過去における愛着に関わる発達的外傷を再現している程度に応じて，脳の「恐怖システム」（LeDoux, 1996）を活性化するが，よい分析的関係は，過去に欠けていたもの——自省的で，関与してくれる，思いやりのある他者もまた提供する。その他者は，自分自身の真実を，自明のものとして保持することによって守るということを，際限なくしようとするわけではない。脳と心の両方に衝撃を与える，何か新しいものが現れてくることを可能にするのは，このパラドキシカルな組み合わせである。塹壕で囲まれた真実を島状に体現する自己-状態が，以前にも増して他の自己-状態とコミュニケーションできるようになるのは，自分自身の真実が危険に晒されないからである。脳のレベルでは，新たなニューロン集団が，古いコミュニティの中で一緒に発火と配線を行って，新たな情報が，以前はあまり誘発することのできなかった神経シナプス・ネットワークの一部となることができる。安全な驚きは，コミュニケーションの間主観的な通路の発達を育

むことができ，それによって，レインが「人間であることの全体性」と名付けたものが回復するが，それは，自発性と安全性が共存できるが故に，自分自身のエネルギーを注入された出来事を共有することを通して，自己−他者の新たな意味が共に創造される**間**に生じる。

　精神分析を「人間であることの全体性を，その関係性を通して回復させようとする二人の人間の頑固な企て」とするレインの概念については，ジャン＝マックス・ゴーディリアが，2010年に，精神分析と歴史の外傷に関するオンライン上のコロキアムで，他に例がないほど雄弁かつ深遠に述べた。

> おそらく，外傷を疾病分類学的症状として語るのをやめるときが来ているのかもしれない。……外傷は，ネイティヴアメリカンの文化のドリームキャッチャーと同じように，歴史キャッチャーとして働く。**開示** *disclosure* という言葉さえ，重要ではないし，ある瞬間に，試しに患者と喋ってみることができる精神分析家には適切ではない。われわれは「自分の」外傷の所有者ではなく，その真実の半分，あるいは三分の一，あるいはほんの最小の部分を背負うだけなのである。そして，精神分析の実践の技法と理論は，歴史の杭といったレベルになるように，作り替える必要がある……。**われわれは，俳優や歌手のように演じているのではなく，外傷が配達されない手紙として居続け，亡霊と殺人を無限に生み続ける所に，何か新しいものを創造するために，召喚されているのである。**（強調は引用者）

　ゴーディリアの「われわれは，真実の半分，あるいは三分の一，あるいはほんの最小の部分を背負うだけ」という知見の治療的影響を最大限引き出すためには，患者と分析家の主体性の間で解離的にエナクトされた衝突を，対人関係的に交渉 negotiation することが必要である。安全と他者性のパラドキシカルな共存を通して，古い意味と新しい意味の総合を可能にするのは，安全な驚きの**対人間的**な基盤である。ゴーディリアが示唆するように，外傷が，疾病分類学的な症状というよりも，歴史キャッチャーであり，分析家が治療を行うというよりも，何か新しいものを共に創造することに参画するよう召喚されているのであれば，「精神分析の実践の技法と理論を，作り替える必要がある」という彼の主張は，ほとんど説明を必要としない。私が言い

たいのは，この作り替えの中心となる部分は，衝突と交渉の間も，患者の経験の情動的安全は絶えず揺らいでいるので，分析家が瞬間ごとの変化に橋架けするように波長を合わせているということが，分析プロセスの一部としてオープンに伝えられねばならないと，分析家が理解していることである。治療関係における患者の安全は，それぞれが，ある瞬間に，相手の自分体験と進んで格闘しようとすることで形作られ，患者と分析家が，個人的な「真実」の情動的な衝突を治療的に利用できるようになるのは，これらの出会いが本当に相互的になることを通してである。治療的なスタンスとして，患者の主体性と分析家のそれとの間の衝突を，体系的に避けようとすることは，実際には患者にとって，関係のある存在（あるいはつながりのある存在）を見出そうとしている，解離した患者の自己-状態の生命性を否認するものとして経験される。分析家がこれらの部分に，情動的かつ個人的に応じなければ，それらは認められて生き返ることのできる，人間的なコンテクストを奪われてしまう。

　本当の相互性からは雑音が生まれる。では，「雑音」とはなんだろう。不調和のレベルを上げるような，主体と主体がつながらないという経験はどんなものであれ，雑音と言える。セラピストは，対人間的(たいじんかんてき)な「雑音」を避けることはできず，どれほど侵襲的にならないようにしても，その雑音が大音量になることもある。ここで大切なのは，セラピストが情動面で正直になることである。大切なことは，患者と共に**いよう**と努力していることを，現在進行形で患者が感じられるかどうかである。ここで「共にいようとする to be with them」とは，患者の解離した恐怖や恥を心に留めつつ「分析の仕事」を行おうとすることである。安心を与えることができるのは，**存在** *being* の連続性が，逆風の状態でも感じられることであって，分析を正しい方法で行えるような，仮説設定能力ではない。情動面の正直さが，内容や言葉そのものによって伝えられることはほとんどない。それは主に関係の絆によって伝えられるのであって，ショア（Schore, 2003a, 2003b, 2007）や私も含む他の分析家は，右脳同士の状態-共有を媒介として神経生物学的に伝えられる，と考えている。それには，他者が自己の一部として感じられるようなときに生じる，自己と他者の一体感が伴う——人間関係のこの特別な性質こそ，「安全だが安全**過ぎない**」という治療にはなぜ，患者が自ら引き受けようとする危険がつきものなのかを説明するものだ，と私は考える。

第5章　真実と人間の関係性　133

瓶の中の魔神

　ウィニコット（Winnicott, 1958）は，「一人で居られる能力」へとつながる発達的プロセスを，まさに次のような言葉で述べているが，よく知られているように，もう一人の人間が必要だと仮定している。「一人で居られる能力の基礎は，誰かが居るところで，一人で居ることを経験することである」。この必要な他者との関係を，どのように概念化するのかについて，ウィニコットは「自我-関係性というのが，当座の適切な用語である」と提唱している。しかし，彼はさらに，自我-関係性の状態には，イドからのインプットがまったくないわけではない，とはっきりと述べている。それどころか，「自我-関係性の枠組みの中で，イド-関係性が生じ，それは，未熟な自我を崩壊させるのではなく強化する」。この強化が継続して起こると，発達は進展する。「次第に，自我-支持的な環境が，自己に取り込まれ，個人のパーソナリティの中に組み込まれるので，実際に一人で居ることのできる能力が生じる」（p.36）。

　ウィニコットが述べるところによれば，彼が「自我-関係性」と呼ぶ，関係的な絆の内在化を通して，**実際**に一人で居られるようになるが，それは内的世界が関係を育むものになったからであり，その能力は，それまでは他者という外的な存在に依存していた状態から発展しうるものである。そして，非常に重要なのは，関係的な絆の内在化は，完全に調和することはない，ということを扱わなければならないことで，崩壊させられるのではなく，強化される，ということを，彼が暗に示していることである。ただし，不調和が修復可能であるという条件は付く（Tronick & Weinberg, 1997も参照）。修復が可能であるためには両方のパートナーが参画することが必要であり，それが，ウィニコットが非常に周到に述べているように，情動的な雑音は，フロイト派のイド自体からではなく，「イド**関係性**（強調は引用者）」の中から生じるという理由になる。私が自己-他者の衝突と呼び，エナクトメントの一側面と見なすのは，イド関係性の中で，これが噴出することにあたる。ウィニコット派の言う，一人で居られる能力の発達は，調整異常に陥った情動を，関係性で調整できる能力が発達して成熟することと織り合わさっている，と見るのが理にかなっているように思われる。さらに私は，真に一人で居られる能力と，相手と真に関係を持てる能力は，これがうまく組み合わ

さって発達することによるのではないかと考えている。

　これを臨床的な観点から膨らませてみよう。分析的な治療が，本当に，硬直した自己-状態が繰り返し再編されて，徐々に柔軟で複雑なパタンへと変化するプロセスであるなら，再編が起こるたびに治療関係そのものも変化を被り，そのことによって分析家の臨床的な判断に新しく異なるものが要求される。この文脈で，この事実を述べておく価値があると考えるのは，関係の絆を患者が「内在化」することが，彼女自身の皮膚の内側で，より安全なものに感じられる限り，通常とは異なるエナクトメントが生じることがよくあるからである。そして，これはしばしば分析家の不意をつくのが常である。その患者は，突然，分析関係の「基本原則」を変更したかのように見える。前の章で述べたマーサの例が典型的である。彼女はセッションのことを忘れて，セントラルパークでランニングをし，一緒に走れたらどんなに楽しいだろう，と考えていたというのである。ときに，分析家の目を盗んで，関係性がハイジャックされたかのように感じられることがあり，ある意味，これは正しい。なぜか？　なぜなら，ハイジャックと同じように，それは一方向的で，何の警告もなく生じるからである。これは，本来的に，共有された移行の橋を欠いた現象である。患者／分析家関係に徐々に近づくことはなぜできなかったのか？　答えるのは難しい問いだが，考えてみよう。

　思い浮かぶ一つの仮説は，ウィニコットが「実際は一人」と呼ぶところの状態でいられる能力を患者が新たに発見すると，この経験を，自分の成長を別々に推し進めてくれる二つの要素を包含するようなやり方で利用できるようになる。第一の要素は共有されていないので，第二の要素は突然現れたように見えるのである。

　患者にとって，おそらく人生で初めて，自分の皮膚の内側で安全で全体だと感じることが，そして，それが消えてしまう幻ではないということを**知る**ことが——つまり，現実の誰かが，彼女のことを心に留めていなくても，その幻は消え去ることはないと実感することが——どのような感じなのか想像してみてほしい。この経験の「治療的」側面は，直接にではなくとも，少なくとも暗示的には共有できるものである。感謝，安心，希望，安堵——これらは，成長と，そして癒されたという気持ちと関係がある。しかし，そこにはそれ以上のものがある。癒されたという気持ちに属するものではなく，**全体**だという気持ちに属するもの——しばしば純粋な喜びに近い，楽しみの経

験である。過去においては，喜びはおそらく，束の間しか存在しないものだった。というのも過覚醒に妨げられたからである。喜びは安全ではなかった。今や突如として，彼女は，安全がすぐに持ち去られることを心配することなく，それを感じている自分を経験し，それと共に居ることで，これがそうなのだという喜びを大いに楽しむことができる。彼女は，喜びを十分に抱きしめることができ，望む限りそれに浸ることができ，それを特別な宝物として持ち続けることもできる。もしそうしたいと思えば，共有もされるだろう。これは，心の中に外的な目標を持っていたから，あるいはそれを，共有すると奪われてしまうような，秘密の「真実」として捉えたから，実現したわけではない。彼女の内的世界を，本来の喜びの源として経験する**能力**が，突如として今の彼女の一部となったから，実現したのである。大喜びで新しい経験を味わいながら，彼女は共有すべきものを差し控えてはいない。むしろ彼女は，自分の新しい能力を，**実際**に一人で居られることに利用している。そして，そうすることで，内的な世界を，プライベートな空間として強化しているのである。そしてその空間は，快適に一人で居ることを選ぶことができる空間であり，ウィニコット（Winnicott, 1963）が「隠れているのは喜びだが，見つけてもらえないのは惨事だ」（p. 186）と述べたような場所ではない。これらの状況において，患者は「真実」の新しい形に辿り着く。その真実が真実であるのは，一つには，まさにそれが共有されないからであるが，それが新しいのは，彼女がそれを共有する**必要**がないと思ったからである。彼女はもはや，ウィニコットが「洗練されたかくれんぼ遊び」と呼んだものを通して，内的な孤独を減ずるために，自分の一部を引き渡す必要はない。

　しかしながら，どこかの時点で，自分の内的世界を使うという彼女の密やかな楽しみは，分析家との間で，関係面でエンパワーされたという新たな感覚を実際に試してみるための準備となる。それは津波の影によって妥協させられることのない，個人的な力の行使 personal agency を経験することである。そして，今や，自分の成長を別々に推し進めてくれる二つの要素のうち，第二のものと私が定式化した部分に辿り着いた。これは，（前章のマーサに見られたように），第一のものが共有されていないが故に，突然現れたように見える。分析家にとって，そのようにショックなものとして現れるものとは何だろうか？　それをアラビアンナイト物語の漁師版として見てみよ

う。物語の中で，漁師は，瓶の中に何千年も閉じ込められてきた魔神の懇願する声を聞き，魔神を瓶から出してやると，ひどくショックを受けたことには，そこから出てきた魔神は，恩を忘れただけでなく，巨大で，悪意に満ちて，対立し，以前の不幸な自分とはまったく違う姿になったのである。私は，このイメージを心に留めておくことで，読者の皆さんには，今や新たに解き放たれた患者が，もはや内的世界に閉じ込められてはおらず，彼女に羞恥から行儀よくさせていた「私ではない」自己-状態と共に生きる姿を容易に思い描くことができるようになることを願う。彼女の内面では，分析家が気づいている以上に長い間，解き放たれたと感じてきていたし，今や，プライベートな自己の，公的な旅に出かける用意ができており，筋肉を屈曲させて個人的に得た力を発揮しようとする，熱い情熱もみなぎっている。

　すべては順調だが，一つだけ例外がある。漁師の場合と同じく，分析家は，彼が今目にしている人物を理解するために使うことのできる，移行のコンテキストを持っていない。患者は，予告することはできなかった。なぜなら，彼女の新しい自己-経験は，関係面ではまだ定められていないからである。ここでは，アラビアンナイト物語を使うことはできない。第一に，分析家は，狸親父（あるいは狡い奴）ではない。第二に，もっと重要なことだが，分析家が直面している問題ははるかに複雑である。漁師とは違って，分析家は，患者に自分の「瓶」の中に戻ってほしいとは思っていないが，認識できると感じられる対人間的なコンテキストもなく，生じたことを理解する力もないとなれば，しばらくはお手上げと感じる。分析家としては，今ここからの解離的な逃避は，まず避けられない——それは引き続いて起こるエナクトメントの共同創出も同じで，しばしば，主体性同士の衝突が，予期せぬ形で戻ってくることが前兆となることが多いが，その衝突が，情動面で，関係性における雑音を生じるのである。

　ウィニコットの知恵が特にはっきりするのは，ここである。分析作業のこの段階において，自己-他者間に生じる「雑音」は，患者の関係性の絆の内在化を強化し，それに先立つ貢献部分を支えるだけでなく，それに新しいものを加えもする。患者は，新しく発見した情動的なたくましさの感覚を用いて，以前は決してできなかったようなことを，危険を覚悟で行うことができる。彼女が，関係の中の雑音を正当なものと認めるだけでなく，多かれ少なかれ承知の上でそうしているのは，それが楽しいからである。そういう患者

は，心の中では，認知面での自己-再象徴化のプロセスに取り組んでいる，つまり，心 mind を「精神-身体 psyche-soma」と満足のいくように再びつないでいる（Winnicott, 1949）のであって，分析家とは，ただ単に衝突しない対象以上のものとして関係を持とうとしているのである。彼女は，自分というものを，より一貫したものとして経験するところから，分析家と関わっているのであり，それを達成する手段として関わっているのではない。**ウィニコットのいわゆる一人で居られる能力の「内在化」が，外傷となる可能性のある情動を処理し調整するための，関係能力の増大に顕著に結びつくのはここである。**

　実際，私は，分析家の「躓きながら耐え抜くこと」と呼んでいる治療作用を主張してきた。しばらくは，分析家は忍耐を失い，自分が経験していることを明瞭に考えることができなくなる。今ここで，自分の患者と取り組む有効な方法が何なのかさえ見つけることができない。なぜなら，患者の心が，非常に馴染みのないもののように感じられるからである。そして，彼は解離し，情動的に患者からは切れてしまい，自分の心のライブラリの中へと向かう。そこでは少なくとも，ほとんど新しいといってもいいような考えを探しまわることができ，それが真実であることさえある。これは悪い治療だろうか？　分析家が，あまりに長い間，関係という点で目覚めないことに甘んじている場合にだけそうである。もし，分析家が，自分自身が切れているということを感じられるなら，このごたごたした臨床プロセスは，主観的な「真実」間の衝突の豊かな礎となる。そして，既に論じたように，最も本物で，影響力の大きい成長が生じるのは，そのような衝突の関係的な交渉からである。つまり，もっと適切に言えば，分析家が「目覚め」，現在起こっている経験について考え始めることができるようになるプロセスは，エナクトメントが実際生じているということを認識すること，そして，一緒にそれを進める方法を見つけるか，あるいは，共有された解離した繭の中にしがみついたままでいるかであるということを認識することの能力が，徐々に発達するかに依っている。この点で，私の仕事の例が役に立つだろう。

クローディア

　クローディアは，私と治療を始めたとき，ほぼ40歳であった。彼女は5歳のときに，精神障害のある兄から性的虐待を受けた。しかし，しばしば見られる後遺症とは違って，クローディアは，その場面の視覚的な記憶を，今なお明確に保っていた。実際，治療を始めたときに最初に彼女が述べたのもそのことだった。しかし，それが問題だと考えているから話したのではなかった。反対に，彼女は，私がそのことを**大事**にすることを恐れており，そうなる前に切り上げた。「私は大切ではないことに時間を浪費したくないです」と彼女は言った。彼女はまた，たまたま母がその事件を知るところとなったが，母がそれをどのように思ったのかは分からない，と自ら話した。私は，彼女がまるで映画を見ているかのように，その場面をはっきりと思い描くことができるのに，そのことに対して，彼女自身もお母さんも，感情面の衝撃をまったく思い出せないように見えることに関心を持った，とコメントした。彼女の答えは，それは，その出来事が重要ではないということの更なる証拠であって，まったくとるに足らないことだから決して話さなくてもいいというもので，**やはり，彼女は話さなかった**。

　一緒に分析作業を始めるとすぐに，クローディアが幼年時代に，早期の虐待以外にも多くの方法で，非常に多くの部分を自分で不当に貶めていることが，少なくとも私にははっきりした。あまりに多いので，彼女の現在の問題に一つの「明白な」原因をその過去に見ようとすることに彼女が警戒するのは，この文脈だけを見れば，完璧に理解できた。クローディアの幼年時代に対する私の見解は，およそ以下の通りである。成長と共に生じてくる**日常茶飯**の問題に取り組むことを喜んで助け支えてくれる，関心を注いでくれる母を求めることは，健常な発達的欲求であるが，それを望んでも無駄だと言われてきた。実際，そういう思いやりを求めることはわがままなサインだと繰り返し母親に言われてきた。なぜなら，障害のある兄とは違って，クローディアは「欠陥がある」わけではなかったからである。自分の手に負えない重大な危機が生じたときだけ，彼女は助けを求めることができたのだが，助けを求めるときには非常な恥を感じた。だから，そのような「危機」は，前

もって「ないもの」にされた。心に重荷を背負った，しかし「欠陥がない」ことに誇りを持った子どもとして，無視と否認 disconfirmation の外傷が重なるにつれ，何か新しいことが生じるたびに，彼女は一人でそれと取り組む決意をしたのだが，彼女には過大なものとなっていったと考えられる。まさにこの，母に言わずに重荷を背負うという決意こそが，物事と取り組むときの愛着パタンにおいて重要な中心要素であり，このパタンが，彼女の中核的な自己感覚を形作ったのである。クローディアは，目に見える部分では，「小さな良い子の兵士」という自己-状態を生き，内なる絶望を伝えたいと強く願う，彼女の中の「私ではない」部分を非難する，内なる声に制御され続けた。

　5歳の頃から，彼女は解離の能力を用いて，この内的な拷問から逃げてきた。「ぼーっとする Spaced out〔間隔を置く，間を空ける〕」と彼女は呼んでいた。ときにそれは，彼女が本当は昼寝ではないと知って，「昼寝をとること」でもあった。彼女の解離した精神構造は，思春期までは完全に硬直したものにならなかったが，その頃からその社会的な損害を経験し始めた。

　クローディアは，やがて結婚し，子どもを授かり，職場ではかなりうまくやり，かなりの責任を与えられたが，予想されるように，いつもくすぶり続ける火を消している感じで，常に他者との関係において，すべてが崩壊してしまう寸前だと感じていた。子ども時代の発達的外傷にかかわらず，クローディアは，大抵はかなり良い親だったが，何年もの間，一瞬でも自分の母性的な注意を緩めると，娘のアリスを（もちろんクローディア自身の別の部分も含むが），危険な状態に陥るのではないかと恐れてきた。アリスは，大きくなるにつれ，ますます自由を求めるようになり，これはクローディアにとっては気のおけないことだった。アリスを「守る」ことへの過剰な注意という問題は，実際，クローディアとアリスが一緒にうまく対人間的に取り組んでいたことだったが，クローディアが私に，彼女らの関係について話したとき，この進展は決して認められなかった。クローディアの解離した自己-状態の真実間の内的な衝突は，私たちの関係の中でエナクトされた。私は，実際以上に，彼女が「私が自分の子どもを守らなくては大惨事が起こる」という一つの真実の中に埋め込まれていると思っていたが，その度合いに気づいていなかった。こうして，実際彼女が必要としている以上に，彼女の問題の解決には，私の力が必要だと思っていた。そして，助けのいらない「欠陥

のない子」として，彼女の母親がするようには彼女と関係を持たないよう必死になっていたので，彼女のアリスに対する関わり方を私も彼女にしていた．確かに，惨事が起こらないように私の子どもを守っていた，ということに気づき損なっていた．

しかし，クローディアは，「私に屈しない」ということよりも，もっと複雑なことをしていた，ということが明らかとなった．彼女はもう既に十分深く成長しており，自分の心を「プライベートな空間」として使うことに楽しみを見出していたが，そのような発達について，私は何も知らなかったのだ．しかしながら，私は，少なくとも，彼女の精神機能において変化が生じていることには，何かしら気づいていた．徐々に，彼女の思考の固さが消えていくように思われ，ほとんどユーモアに近いようなものの影が，短時間だが現れてくるようになった．しかし，はっきりとした脈絡なく，現れては消えるので，現在進行しているエナクトメントの力が強くて，私はそれを，真面目に取り上げるべきものとして見ることができなかった．以下の事例描写で，読者の皆さんも見られるように，私は，クローディアをガラス越しにぼんやりと眺め，母親のような世話をする能力だけでなく，洗練された思考能力についても見ていたが，その両方の点で，私の考えは彼女によって正されようとしているところであった．

面　接

その面接の前に，クローディアからの留守電が入っていた．その日の早い時間に，彼女が私に残していたものだった．その中で，彼女は，私が電話に出なかったので，そしてともかく午後には面接で会うことになっているので，電話をした理由については会ったときに話します，電話をかけ直すには及びません，とだけ残していた．

私がそのメッセージを聞いたのは，面接の予約時間の2時間前のことで，そのメッセージにもかかわらず，彼女は，本当は私にかけ直して欲しいのではないかと思って，落ち着かない感じになった．「欲しいwanted」という言葉を私が使っていることに注意されたい．私がかけ直す「必要があるneeded」と感じていた，と認めるのがより正確であり，この違いはとても重要なので，強調しておきたい．なぜ私は，彼女が必要としていることを感じたくなかったのだろうか．私は彼女に電話をかけ直したくなかったdidn't want。私は忙しくて，自分がしていたことを妨げられたくなかった。さらに，「災難が起こらないように自分の子どもを守る」ことができていないだけでなく，嫌になるほどに彼女の母親のように感じていたという事実を扱いたくなかった。だから私は，自分自身に向かって，彼女は「大人」なのだからと言い聞かせ，彼女のメッセージの明示的な**内容**に従って，そこに暗示されている**情動的な**メッセージには耳を傾けず，電話をしなかった。一方的な臨床判断のほとんどの例に漏れず，私の決断は，少なくとも一部は「自分の利益になる」ような「真実」に基づいているのだが，まさにこの部分こそ，非常にしばしば解離するのである。

クローディアはセッションに着くと，その日の早い時間に，私に留守電を残した，と何気なく言い始めた。そして落ち着いた声で，前日の夜「奇妙で，取り乱すような経験」をしたと述べた。それで私に電話をしたのだった。それから，電話そのものについての自分の気持ちを詳しく述べることなく，電話をした「取るに足らない」理由について話し始めた。彼女は，突然，自分に降り掛かってくるあらゆること——仕事，結婚，母であること——に圧倒される気持ちになり，それは自分の心が対処できるものを越えていた，と言った。

彼女らしい高いレベルの能力をもって，まさにそのとき話題にしたのが，深刻な夫婦間の不和を無視し，彼女と夫が購入を考えていた，新しいアパートを見に行った日のことであった。また，自分の職を脅かすと信じるほどの個人的な葛藤を抱えていた上司が，**何の用件なのかは言わずに電話をかけ直すようにという伝言を残した**日について話した。そして，母親として「不十分な点」について話し合うことが予定されていた娘のセラピストとの約束を翌日に控えた日のことを話した。最後に，私と分析作業を続けるための予約の日を決め，自分の心を圧倒してしまうと彼女が思っていた，対人間的な経験に直面して，今ここにとどまるという能力は，間違いなく改善されていると話した。

非人間的 inhuman な計画表！　ひとりでに生じてくるあらゆることと取り組むという，クローディアの，愛着に基づく決意に対してさえも非人間的。クローディアにとって，その夜，この過重な精神的負担を葛藤の状態で持っていることは不可能だったので，彼女の脳は長い間使っていなかった解決法に目を向けた。彼女は，トランスの「眠り」——意識の変容状態——に

入った。彼女はひどい偏頭痛と思い出せない夢で目を覚まし，**右目がまったく見えなくなっていた**。そして，彼女はパニックになり始めたが，それは目が見えなくなったことそれ自体のためではなく，目が見えなくなって娘の世話ができなくなる可能性を考えてのことだった。私は，その症状に以前ほどショックは受けなかった。というのも，彼女の右目は，彼女が思春期の頃に，その瞳が，突然，左目よりも遥かに大きくなることがよくあった目だということを，私は既に知っていたからであった。[2]

　上記のことを心に留めて，エミリ・ディキンソン（Dickinson, 詩 599, 1862）の声を聞いてみよう。その詩のイメージと言葉は，外傷的な情動を心の底から具体化 embody しているので，その詩節は読み手の心に外傷を想起させるものとして知られている。

　　あまりに激しい苦痛は
　　心を呑み尽くしてしまい
　　深淵を恍惚でおおうもの——
　　すると記憶は
　　深淵の上を
　　歩いて渡ってゆけるのだ
　　ちょうど夢の中に遊ぶ者が
　　危なげなく進むように——
　　開いた眼なら足を滑らせ
　　骨を粉々に砕いてしまうのに
　　〔『エミリ・ディキンスン詩集　続自然と愛と孤独と』中島完訳，国文社，1973 年〕

　早くから，クローディアはディキンソンになら認めてもらえるだろうと感じていた。しかしながら，今回は，クローディアは，解離による昔の解決法に完全に身を委ねることはしなかった。彼女の脳は，彼女が持っている二つの「目を開く」ことで，骨を砕く深淵に落ち込む危険があるかのように自動的に反応したとしても，彼女の心は，実際既に，脳が求める自動的な防御

---

2) この現象は，実際，重篤な解離性障害を持つ患者の神経学的症状に関する実験室での研究では，報告されていた（Ischlondsky, 1955）し，強い感情的な苦痛を被っているものの解離の程度はそれほどきつくない患者については，臨床のエピソードとして，同僚が報告してくれていた。

を，どんな犠牲を払っても乗り越えるような，複雑な認知レベルを扱える力を得ていた。クローディアのその認識力は，今や揺るぎないものとなったので，怖がっていること being scared と，傷跡が残っていること being scarred との違いを彼女は修得した。彼女の「津波の影」の経験，情動の洪水が角まで押し寄せていて，それと共に，ディキンソンのイメージを使えば，あまりに激しい痛みなので，心を呑み尽くしてしまうという，ありふれたサインは，その外傷的な目印であるところの，彼女を完全に乗っ取ってしまう力を，失ってしまった。実際，クローディアは怖がっており，情動的にも調整異常をきたしてはいたが，過去の彼女に特徴的に見られたのとは違って，彼女が「目を覚ました」ときに，私に電話をしてメッセージを残した。彼女の目の生理学的な状態は，解離的な反応として再来したものの，それは，心理的な「私」の状態を，身体で置き換えたものではもはやなかった，ということもできるだろう。つまり，彼女はもはや，自己の連続性が情動的に脱安定化されるという目に遭うことはなかったのである。

　希望がもてる hopeful ように聞こえる。**そうだろう？**　実際そうだったが，進行中のエナクトメントの一部として，私が希望をもてたことは，自分自身の解離をもたらす手段として要請されたことなのである——実際，私自身の目の一つを見えなくするのに使われた。クローディアは，莫大な心理学的な負担を負っているにもかかわらず，解離の症状に抗わずに，一つの自己-状態でここに居ることができ，「十分に fully」存在することができたのは何と素晴らしいことか，と自分に言い聞かせた——あるいはそう信じようと決めたのである。私が好ましいと考える，「十分に」存在することの定義を，そのときに形作ったのは，彼女は自分の問題と取り組むことができるようになったので，私が電話をかけ直さなくとも何とも思っていないようだった，という安堵の気持ちであった。
　次のようなやり取りが生じたのは，アリスとの関係がどれほど悪くなりつつあるか，そして自分の悪い母親としての育て方について，アリスのセラピストに話さなくてはならないことがどれほど恐ろしいかを，話し始めたときだった——そのやり取りに，私は息もつけなかった。

　　PB：アリスが息をつけるように，もう少し余裕を与える必要があるん

じゃないでしょうか。彼女を一人にすると，彼女に何か悪いことが起こると心配していますね。一分間静かにしているだけでも，彼女をネグレクトしているんじゃないかと感じてしまうのではないですか。

クローディア：［それに触発されて直面することになり］私が過保護な母親だと仰っているのですか？

PB：［防衛的にならないように，なぜなら，事実，それこそが私の言っていることなのだから］はい，そうだと思います。

クローディア：［強調して］うーん。あなたは誤解しています。私は，子どもには過保護ではありません。ただ普通のおばあさんというだけです。

PB：［当惑して］おばあさん？　おばあさんとはどういう意味ですか？

クローディア：おばあさんは，一度は母親でした。だから，孫を持つと，母であるという点では二回目です。かつて経験してよく分かっているのだから，おばあさんたちは，それが生じる前に何を予測すべきか知っているのです。

PB：［まったく当惑して］そのことが，あなたと何の関係があるのですか？　あなたはおばあさんではありませんよ。

クローディア：ネグレクトは私と関係のあることです。私は子どもの頃，自分自身の母でなくてはならなかった。だから，これは二回目なのです。それが起こる前に何を予測すべきか分かっているので，私はまさに普通のおばあさんなのです。

　クローディアは明らかに，私の身の潔白 innocence の訴えをもてあそぶことのできる自分の力を楽しんでいた。しかしそれ以上に，クローディアは自分自身の心も楽しんでいた。彼女は危険な領域にいたが，彼女の愛着は恐怖にさらされていなかった——彼女の脳が，自動的な解離の引き金を引くほどでなかったことは確かだ。皮肉をこめた機智を働かすことのできる新たな能力が，対人関係の直接性を通して姿を現してきたが，彼女にそんな能力があるとは，私は知らなかった。この直接性は，彼女に対する私の狭い見方への，まごうかたなき挑戦であり，同時にクローディアにとっては明瞭たる喜びの源泉であった。たとえ彼女が，自分に起こった変化によって私が当惑している姿を目にしたとしても，彼女は私のことを十分に分かっていたので，

私もまたこの嬉しそうな賢い人物を,「彼女が誰なのか」知らなくても, 楽しんでいることは分かった。われわれの絆は, いつも通りで変わることなく, より強固なものにさえなるところに来ていた。
　それから彼女は, こう言った。「**私は, あなたが電話をかけ直してくれることを必要としていました** *needed*。**あなたは, そのことを知っていたはずです。たとえ私が必要ないと言ったとしても, かけ直してくれるべきでした**」。
　私は自分の頭がくらくらするのを感じることができた。私の心に浮かんでくることすべてを, 私は投げ捨てた。なぜなら, 私は自分の防衛を感じることができたし, 自分自身からも, 彼女からも, それを隠してしまいたいと思ったからだ。彼女が言ったことは真実なのだろうか。そんなことがあるだろうか？　彼女が「本当に」求めていたことを, 私はどうしたら分かっただろうか？　その疑問をほとんど声に出して言ってしまいそうだったが, クローディアは続けた。「確かに。あなたは勝ち目のない状況にいると自分に言い聞かせようとしていますね。でも多分, 私があなたのことで一番責めたいのは, 私がその変なメッセージを残したときに, 私が何を感じていたかを考えてくれなかったことです」。
　私自身の言葉で言えば, クローディアは**私に「安全な驚き」を与えた**のだ。彼女は暗黙のうちに私を誘って, 一緒に共有された空間を作る喜びを共にしようとした。そしてその空間で, 私たちは, 彼女が留守電メッセージを残したときに本当は何を感じていたのかを, 一緒に探求するのである。そしてその誘いは同時に, **私が**感じていたことを探求することになり, その質問を私の心から追い出したいと思わせることになったことを, 探ることになるのである。
　われわれのどちらも, これからどうなるのかについて楽観的ではなかったが, それにもかかわらず, 互いに最善を尽くすつもりでいた。クローディアの最初の襲撃は, 忠実に, 母が彼女にとったおざなりの態度と, 母が決して真心を込めて「本当に」満足させてくれることはなかった, という自分の気持ちに向けられた。これに対する私の最初の反応は, 機械的でぎこちないものだったが, 兄が彼女を虐待したときに, 母親がクローディアの経験に無関心であったことに集中していた。そのために彼女は, 私に電話をかけ直して欲しくなり, そのことで, 私は母親とは違うということを示したかったのだ。私はこの解釈をかつて何度も, さまざまな場面で提示してみたが, 例に

よって，空しく，遠い経験のように感じられた。この解釈に対する反応は，適切にも，不機嫌な沈黙だった。彼女の不機嫌さに，私はすぐに失望した。「窮地」から抜け出したいと願い，セッションを始めたときよりも一層悪くなっていると思った。修復するために何か助けが必要だったので，私は再び自分の内的世界に入り，紋切り型ではあるがもっともらしい「真実」をみつけ，それにしがみついた。彼女の不機嫌さは，私の解釈が，機械的ではあっても，実際には当たっていることへの怒りを隠すものだ，と自分自身に言い聞かせた。つまり，早期の虐待の視覚的な詳細をまだ思い出すことができたにもかかわらず，そのことの**感情的な**経験も，母親と共有できなかったという事実も，ただ重要というだけでなく，**非常に**重要なので，もはやそれを無視できず，私に電話をかけたのだということを，彼女は突然認めざるを得なかった，と。幸い，私の中の別の部分がよく分かっていたので，私は，おおむねこの筋は正しいと信じてはいたが，これを声に出して言うことはしなかった。彼女からいかに離れていると感じているか，私は気づいていたので，私の解釈は，それが抽象的な世界では真実であると私が信じていようがいまいが，経験の世界では，私自身が感じていたように，クローディアにも本物ではなく空虚なものに感じられるであろうことにも気づいていた。

　どうすればよいのか！　私の食器棚が空であることは明らかだ。もっとうまく「働いてくれる work」ものはその中には何も残っていなかった。問題は，私の考えではなく，私にあった。だから私は，探すのを止めた。不思議なことに，諦めることがそれほど悪いことだとは感じられなかった。さらにもっと不思議なことには，私が以前は感じることのできなかった，別のことを感じることができたのは，その瞬間だった。私は，自分の心の中で進行していたことの経験を共有できると思った。それを共有できると思ったのは，彼女にそれを知ってもらいたいと思ったからで，それがどこかよい方向に導いてくれると思ったからではなかった。そして，それが私のしたことだった。私は自分の解釈を共有し，私の解釈**に対する**私の感情 feeling も共有した――私がこの解釈に目を向けたのは，私が切り離されたと強く感じたことに動揺したからであり，彼女に提供できる何らかの信頼できる考えを探していたからであった。彼女とただ一緒にいる方法が分からなかったから（このようなことをした）のである。私の解釈が私にはどれほどもっともらしく思えたとしても，その論理を理解することが，何らかの点で，彼女にとって役

に立つと信じる理由はまったくない，と告げた。彼女は注意深く耳を傾けて，明らかに，私が今言ったことについて考えをめぐらせている様子で，それから，私の解釈を，彼女自身の言葉でもう一度述べようとし，述べ終わった後で，慎重に考えながら，それは役に立たないと思うが，私たちの**両方が**，それが役に立たないと今分かったことは，少なくとも役に立つと思う，と言った。

　この瞬間のユーモアは，私の口から出たものではなかった。私は理解するために探索することは諦めたところだった。なぜなら，私はアイディアが尽きていて，その結果，私の考えは少しも役に立たないということを同意するところに落ち着いたからである。それはまさしく金メダルの演技ではなかったかもしれないが，私たちが今しがた行ったことに関わる何かがあって，それが，経験という点において，その瞬間より前には思いもつかなかったようなやり方で，われわれを結びつけた。理由はよく分からないが，唯一われわれが同意したのは，私の考えは役に立たないことであるという事実にもかかわらず，私はもはや，彼女から切り離されたと感じることはなかった。私は，彼女と親しいと感じるだけでなく，その親しいと共に，自由の感覚，敢えて言うなら楽しいという感覚を感じることができた。「変な」電話のメッセージの謎を解くというプレッシャーは消え去った。そして，その場所で，突如として，われわれの関係がそれぞれにとってどんなふうに感じられているかという経験を共有していることに気づいた。そして，それが起こるべくして起こったかのように，自然に行っていた。この個人的なことを「エナクトメントを扱う」という概念に依って解釈するのは，私を悲しませることであるが，臨床的な観点からは，それこそまさに私たちが行っていたことである。

　私たちの関係の中でエナクトされているものを，それぞれがどう経験するかについて検討するにつれて明確になってきたことの一つは，彼女の「おばあさん物語」に含まれている，橋をかけてまとめるような暗黙の意味であった——その意味とは，われわれが共にそれを言葉にする準備ができたときに，そこにあることが見えるような意味である。「私はまさに普通のおばあさんなのです」というメタファーを通して，クローディアは，手続き的にも，言語学的にも，彼女の自己-状態の配列は解離的に組織化されているというよりは，一貫した自己の経験として組織化されていて，それ故に，自身

の存在を言語化したり，アナロジーを使ってそうしたりできる，と伝えていた。彼女は，楽しくお茶目なメタファーを作り出し，その中で娘，母，祖母の間の複雑な対人関係が，一つの自己表現の形となった。これを私と共有しながら，クローディアは，彼女の自己-状態が，留守電のメッセージに現れたやり方とは違い，それらは構造的な一貫性を獲得して，互いにとって「私ではない not-me」ものになった，あるいは再びそうなるかもしれないようなときは越えた，と誇らしげに言った。母，娘，祖母は分離した存在単位以上のものだった。それらは，相互に関係していた。私と一緒にメタファーで遊びながら，クローディアは，自分が全体性を獲得したことを，私に伝えると同時に示していたのである。そして，それを楽しんでやっていた。彼女は，自分の楽しみが，まさにそれを感じていたからという理由で表現されていたのだが，私の心の状態と一致していないことは，気にしていなかった。

　セッションが終わるまでには，留守電のメッセージはもう奇妙には思えなかったし，クローディアはもはや私にとって異質には見えなかった。私が，私たちの関係を乗っ取ったと経験したクローディアという人は，もはやよく分からない「他者」ではなかった。自己であることと他者であることの間の境界は，われわれ二人にとって，新たに透過性のあるものになったのである。

　時間をかけて，徐々に，私たちは，彼女の電話にかけ直すことにメリットがあったかなかったか，という問題をめぐる複雑さを意識するようになった。彼女は，自分の中で，電話をかけ直してもらうことに意味がない，と実際に感じていた部分に触れて，そのことについて違う感じを持っている自分の中の他の部分を守るために，それを明らかにすることができなかったことを認識した。これが，彼女が残したメッセージが，「一種の」妥協であると考えられるものの，半-解離的な解決でもあるということの理由であった。私とすぐに話すことを必要としている部分と，自省的な交渉は行われなかったので，そのメッセージは，葛藤が解決されるときに現れる，明晰さという特徴を失った。それぞれの部分の必要性は，その時点では，あまりに相容れないものだったので，葛藤としては保持されず，それぞれが，自分自身のコミュニケーションのチャンネルを使って，解離的にエナクトされたのである。どんなエナクトメントでも言えることだが，常に，それに相反的な分析家の自己-状態があって，それもまた同じように，それらの解離した存在をエナクトする。私もまさにそうであった。

クローディアの中のさまざまな部分のほとんどが，今や互いにコミュニケーションをとり，それに相当する私のさまざまな部分も，同じように，対話をしていた。このセッションで生じたことは，精神分析的な真実を見出そうと figure out することを止めたが故に起こったのである。私たちが解離的な繭から解放されたのは，クローディアが，私に何を求めていたかを**感じる**ことができたとき，そして私が同じことを，私自身もそれに相対するように欲望していると**感じる**ことができたときであった。それは，私が電話をかけ直すかどうかに関わることではなかった。私たちのそれぞれが，お互いに相手から，何かを必要としているということに関わることであり，それは具体的な行動を超えたものであった。クローディアは，彼女の要求の切迫性を，正当なものとして私に経験することを必要としていた needed。そしてそれは，私が電話をかけ直すとかかけ直さないとか，私がそう**したい** wanted とかしたくないということには関係なかった。つまり，私たちが格闘していた問題は，「真実」に関する問題ではなく，自分自身の考えを持ち**ながら** while，お互いを「感じ入る」（状態-共有）ことの困難さ，それぞれの心が自分自身の現実を保持し表出しながら，相手の現実を「異常なもの」として経験しない（Mayer, 2007, pp. 133-143 参照），ということの難しさであった。しかしながら，明らかにしておきたいのは，今や私たちが共有している，共に創造された空間は，それぞれのパートナーにとって，同一のものではなかったし，同一のものであることはあり得ないだろう。というのも，個々の自己-状態の真実は，自己-経験に寄与し続けるからである。違うのは，相手の主体性はもはや，自分自身のそれにとって異質なものではない，ということである。

　精神分析の治療において，ただ「私」であることの喜びを回復することが本来の目標であるという，私の強い確信を，少なくともその幾分かを伝えることができたら，と願う。クローディアの，自分自身であるという私的な喜びは，他人との関係において，自己経験を共有することを可能にするものとして必要な側面であった。しかし，彼女が「私的な自己の公的な旅」を引き受けるには，クローディアと私は**一緒**に，彼女の電話のメッセージの語られていない部分を見つけなければならなかった。われわれが発見したのは，そのメッセージが，兄による虐待の経験と，それに対して母親が無関心であったという経験にまつわる解離した情動とは，**間接的**にしか関係していなかっ

たということである。時間が経つにつれ，それらの経験の両方がますます意識的に鮮明になり，意識的に話し合うことができるようになったのであるが，その語られなかった「メッセージ」が，直接的に重要だったのは，彼女の母親に対してではなく，私に対してだったのである。何故そうなのか？ なぜなら，早期の外傷の処理は，その核心において，関係的なものだからである。過去になされたことから患者を解放はしないが，彼女自身と他者に対してしなければならなかったことからは解放し，それによって，過去に自分に対してなされたことと共に**生きる**ことができる。このことが，治療的に欠くことのできないそのメッセージが私に送られ，母親には間接的にしか送られなかった理由であり，そしてまた，子どもの頃の外傷の情動を伴った回想は，われわれ自身のそれにまつわるエナクトメントを扱うのに有効な余波であって，「不可欠の条件」ではなかった，と主張したい理由である。

　最終的に，語られなかった「メッセージ」で最も目立つのは，クローディアが私に，少しずつ，暗示的に伝えることができるようになったことであり，それはつまり，「あなたは，必ずしも常に，私が必要とするものを私に与えなくてもいい権利を持っています。私は，私のあらゆる部分を**認めてもらう権利**を持っています。私は今，その権利を，恐怖があふれてくる感じを持たずに要求することができます」ということである。

人間的な関係性に関する結語

　情動調整の能力が発達し成熟することは，自己調整と関係的な調整の間の，絶え間ない，自然な弁証法を利用できるかどうかにかかっている。ショア（Schore, 2003a, 2003b）が明確にしたように，早期の関係性の絆が安定した安全なものとして内在化される度合いが，脳の構造，特に右半球における構造の重大な側面を実際に決定する。これが今度は，後の人生において，個人が，自分自身の自己調整メカニズムを利用できないときに，心理療法的な関係に見られるような相互交流的な調整を利用できるかどうかを決定する。ショア（Schore, 2003b）はまた，分析家の，精神生物学的な調節役の役割と，共に参加する者としての役割の，二重の役割を強調している。そしてこの二重性は特に，情動の動きが高まったときに重要になる。言い換えれば，

分析家の役割が治療的な力を持つのは，彼の調節役としての働きが，共に参加することと独立したものではないからであり，イドの関係性が自我の関係性の状態を阻害するというよりは，むしろ強化するという，ウィニコットの観点とも共鳴することを強調しておきたい。このように，（ショアとウィニコットの）それぞれの解釈は，衝突と交渉のプロセスが治療的であるのは，それによって他者性と出会うことが単に怖くなくなるだけでなく，楽しめるものとなるからである，という私の見解を，それぞれ違う角度から支持してくれる。なぜ「楽しめる」ことを問題とすべきなのだろうか？　ジョン・クラウバー（Klauber, 1980）は，フロイト（Freud, 1933）が精神分析の長期的な目標であるとした，イドのあったところに自我あらしめよ，という格言に，新たな理解を提供することで，この疑問を明確なものにした。クラウバーの言述によれば，この目標に到達するためには，

> 自我は粗野な刺激に対する寛容性を増さねばならない。そうすれば，それを直接的な形でも間接的な形でも，より容易に表現できるようになる。こうして，利用できるようになる満足の数が増していく。……いずれにせよ，分析のプロセスの何らかの内在化は，おそらく修飾された形で，本能的な満足に対する能力の増加を伴って，分析の成功の，実践的かつ論理的な基準を提供する。**患者が分析的なプロセスを楽しんだことに，そのような帰結が示唆される**（ここではこれ以上定義することはしないが）。（p. 195，強調は引用者）

　私が示唆しているのは，クラウバーが「分析のプロセスの内在化」と呼ぶものが生じるために，分析関係は，自己のあらゆる部分に対して生きたものでなくてはならない，ということである。そしてこの点において，精神分析の長期的な目標のクラウバーによる改訂された理解——かつてイドのあったところに**イドと自我**あらしめよ——は，分析作業がうまくいくための基準である，といってもあながち間違いではない。もしフロイトが生きていたなら，彼の格言のクラウバーによる解釈は「真実」ではない，と言うかもしれないが，ときが経つと，二人は，的確だと感じられるような何かに，共に辿り着くかもしれないと思う。

　それ故，私が最後に述べておきたいのは，次のことである。患者に何かを

言っている間は，私が提供するものは何も真実ではなかった。患者が私の言うことに同意したか，しなかったかはともかくとして，私は正直にそのように言うことができる。しかし，私は嘘をついていたわけではないし，同じく正直にそのように言うことができる。ここで私がアイロニーを用いるのは，冗談ではなく，読者のみなさんに，私が安心を奪われる経験がどのようなものかを本当に知っていただくための努力の末のこと，と思っていただきたい。多かれ少なかれ生の臨床のプロセスの中で，患者と共に泳いでいくことがどのようなものであるか，溺れる恐怖を和らげるための不変の固定点として，真実あるいは客観的現実にしがみつくことなく，できる限り泳いでいくということがどのようなものであるか，そしてそれがどれほど私の安心を奪う経験であるかを知っていただきたいのである。そのような固定点がなければ，何か別の安全の源が必要である。それによって，分析家は患者と共にいて，彼らがやっと手に入れた馴染みのある性格構造を進んで変え，実現されるかどうかはともかく，利益を得ることができる。私は，この安全の源とは，人間的な関係性だと信じている。

第6章
これが技法であるならば，最大限活用せよ！[1]

　アメリカ革命の歴史家たちによれば，「これが反逆であるならば，最大限活用せよ If this be treason, make the most of it」という最後の5つの単語をパトリック・ヘンリーが実際に言ったのかどうかについては，はっきりしないままであるという。しかし，イギリスの支配の優位性に挑んだ有名な演説の中で強い感情を露わにしてしまったことについて，ヘンリーが後に謝ったという点については正しいと断言している。この章では精神分析の「技法」について扱うが，ここで私は，この古典的な概念へのわれわれの歴史的絆を断ち切ること，あるいは少なくとも今以上に緩めることの必要性を，説得力を持って論じることができればと思っている。それでは，私の「反逆」を説明してみよう。

　当然のことだが，他の人間との相互交流を巻き込むような多くの仕事は，何らかの技法的スキルを個人としてマスターしていることと，その技法的スキルが関係的な自発性のうちに取り込まれていることの両方を必要とする。この事実は逆説的に，精神分析における古典的な技法の概念を支えてきた。技法だけでは不十分であり，人間的な関係が同じくらい重要であると長い間理解されてきたからである。ここで私は，自己の成長のプロセスは，本質的にそして明確に関係的であるという考え方を提示する。自己の成長は，患者と分析家の関係によってもたらされるのではない。逆に，治療作用の源は関係そのものなのだ。患者と分析家は，一緒になって自分たちの間に関係的無意識を作り出す。そこに現れるものは，個人として彼らのどちらか一方のみに属するということはない。この治療のコンテクストにおいて，分析家の専

---

[1] 本章の初出，「躓きながら耐え抜くこと——これが技法であるならば，最大限活用せよ」（Stumbling Along and Hanging In: If This Be Technique, Make the Most of It）は，『精神分析的探求』 Psychoanalytic Inquiry, 31(6), 2011. に掲載された。

門家としての役割は，共有された個人的な場の中に組み込まれている。ここから私の反逆まではほんの少しである。私は，われわれがすることを「技法」と名づけ続けることは，臨床的にも，理論の体系としても，精神分析の自然な発展を遅らせると考える。

　治療プロセスについての私の理解を，書くことのプロセスを私がどのように体験しているかということと比較してみると役に立つかもしれない。私が書くときの心の状態は，トピックによって組織化されているものではなく，与えられたトピックがその中のどこかにあることを見つけて，心地よい驚きを感じることもしばしばである。30 年にわたって精神分析について書いてきて私が理解したことなのだが，一つ一つ新しい原稿を書いているとき，私は何について書いているのかあまりよく分かっておらず，それがやがて「何か」についてのたくさんのページを抱えることになり，その上で私はそれらのページと対話を始めることができるようになり，予め思い描いていたトピックとどのように合うか，さらにはそもそも合うのかどうかについて発見する。しかし，書いているプロセスにおいて，次の考え，あるいはラッセル・ミアーズ（Meares, 2001）のぴったりのフレーズを借りるならば，「何が次に起こるか」を創り出すのは，私の自己-状態の経験における関係的に組織化されたシフト——既にページに書かれているが，今やそれ自体の同一性を持つようになったもののインパクトによってある程度決定される自発的なシフトである。言い換えれば，事実上のトピックを決定するのは，構築されつつあるものの高まりゆく声との私の内的な対話なのである。予め選ばれた概念的トピックが私の記憶から蒸発してしまうわけではないのだが，私を捉えるものはそのようなトピックではない。大切なのは，何かが経験的に生き生きとしたやり方で立ち現れてくるのかどうかであって，それがそのトピックを，どんなトピックであれ，語るに値するものとするのである。書くことについて私がこのようにコメントするのは，それがそのまま容易に，私が分析家であるときに自分が体験していることの描写となるからである。私が機能するにあたって最も大切なことは，一人の「他者」との関係であり，それはその他者が患者であれ，論文であれ，それ自体一つの心を持った私自身の自己-状態の一つであれ，同じことなのだ。

　このことと「技法」の概念はどのようにかみ合うのだろうか？　どの分析家にとっても，ある一つの理論的概念の有用性は，それが他の概念とどの程

度一貫性を保つかどうかにかかっており，その一貫性によって，自分が精神分析の中で起こると信じることに整合性を与えることができるのである。問題となっているその特定の概念は，自分と患者との間に生じたことで，やがては成長につながっていく，と分析家が信じるものを決定するような全体的なコンテクストにとって重要と感じられるか？ この基準は，他の概念に当てはまるのと同様に，「技法」の概念にも当てはまる。

　分析家が患者と日々仕事に取り組む間，技法の価値についての分析家の意見を決定するコンテクストは，理論的であるというよりも経験的である——分析家の聴き方のスタンスが決めるのである。分析家の聴き方のスタンスは，分析家が患者の治療的成長につながっていくものと信じて行うことのバランスを取るにあたっての要となるだろう。

　たとえば，精神分析について書く者が「分析する道具」（たとえば，Balter et al., 1980; Lasky, 2002）としての自分の心について語るとき，そこで示されているのは，少なくとも概念上は，患者が語る素材を聴くに当たって，患者を「理解する」ための一つの手段として自分の心を用いるような分析家としてのスタンスである。この「理解」は，しかし，分析家の考える「技法」の概念と本来的に関連している——ここで「技法」とは，患者の無意識の中に隠されているものについて推定し，それを検証するために「分析的道具」をもっとも効果的に用いるための（緩やかなものであったり硬直したものであったりするが）一連の規則のことを指す（Levenson, 1972も参照のこと）。この考え方は，データを妨げたり，示唆によって汚染してしまうべきではないとする一方で，分析家の「技法」と一致するような介入の可能性には常に目を光らせておくというやり方である。

　「技法」が暗黙のうちに存在していることに気がつかないと——これはどの学派の分析家にも当てはまることなのだが——その技法と内的に一貫性を保ってはいても，二者間の細かな探索の可能性を閉ざしてしまうような聴き方のスタンスを産み出してしまう。「技法」は，分析家の聴き方のスタンスに影響を与えることによって，自分が聴いていることを分析家が概念化するやり方を決める。それはさらに，分析家が聴いていることと，行っていること，まだ達成されなければならないと考えていること，そして望まれる結果の達成を困難にしている要因，これらの間の関係を分析家が統合的に理解するやり方を決めているのだ。危険なのは，このような統合的理解は，患者と

現に交渉 negotiation をする前に起こってしまうということである。個々の分析家を見れば，その中にはこの見えない陥穽をものともしない分析家も数多く存在することを私は十分承知しているが，一方，熟達した臨床家が理論の不親切な側面を前にいつもうまく立ち回ってきたことも周知の通りである。ノルウェーの作家ペール・ペッテルソンの小説『馬を盗みに *Out Stealing Horse*』（2003）の中の一節について考えてみよう。[2]

> あなたがほどほどに，控え目で親密な口調で話しかけたら人々は喜ぶだろう。そして彼らはあなたを知っていると思うだろう。しかし実際はそうではない。彼らはあなたについて知っているのだ，彼らは事実について知らされているのであって，感情については知らされていないのだから……あなたに起こった出来事，そしてあなたが下した決定すべてが，どのようにしてあなたを今日のあなたに作り上げたのかを知らされてはいないのだから。**人々がすることというのは，彼ら自身の感情と意見と想定でもって隙間を埋め，あなたにほんの少ししか関係のない新しい生活を作り出し，そしてあなたを放免することなのだ。**（pp. 67-68，強調は引用者）

語り手が精神分析の患者であると想像してみよう。治療関係において鍵となる次元は，分析家が「行為しつつその中で自分自身を捉える」ように努めるところにあり，分析家が上に描かれたような人々の一人に**なりきってしまう**という瞬間は避けられないとはいえ，その間もそう努め，このことが出来るかどうかが「技法」の概念に直接関係していると私は考える。それは何故か？　技法は課題に関連しているからである。専門性の度合いによらず，技法とは，たとえ能力が必然的に不完全なものであっても，ある特定の課題をこなせるようにとの期待を持ちながら用いるものである。ローレンス・フリードマン Lawrence Friedman は，フロイトの技法に関する論文を再検討した 1990 年のパネルの座長を務めたが（Burris, 1995 参照），その中で 6 本の論文（Freud, 1911, 1912a, 1912b, 1913, 1914, 1915b）を選び出し，それらを，フロイトが，治療の基本を表す一つのまとまりとして意図した論文であるとした。フロイトに倣って，分析家たちは伝統的に，技法とは行動をガイ

2）想像をかきたてるこの小説を教えてくれた私の新しい同僚アルネ・アンドレア・ドスケに深く感謝したい。

ドする一連の規則——それに従うことで真正の分析プロセスが発展しやすくなる,というように分析家の行いを決めるような一連の規則——であると考えてきた。真正の分析プロセスを創り出すことが分析の課題である。正しい技法を記述する規則が,その手段である。

しかしこの何十年かの間に,患者／分析家関係の本質は何なのか,そして真正な分析プロセスとは何なのかについてのわれわれの考え方を根本から変える精神分析的考え方が生まれ,変化が起こってきた。グリーンバーグとミッチェルによる 1983 年の古典『精神分析理論の展開——欲動から関係へ *Object Relations in Psychoanalytic Theory*』以来,分析諸学派の間で起こりつつあるシフトが,フロイトの理論の関係的な方向への修正を表しているのか,あるいはもっと何か根本的なもの——その核心において「関係的」であるような真正なパラダイム・シフト——を表しているのかについて盛んに論じられてきた。その議論は,主に古典的立場と対人関係的／関係論的立場の間で繰り広げられたものであるが,これらの二つの学派の間の対話を,さらに最近では米国関係論学派の分析家と英国対象関係論学派の分析家との間の生き生きとした対話を創り出すのに役立った(たとえば,Bass, 2009; Parsons, 2009 を参照せよ)。

対人関係論と関係論の著者たちは,われわれは実際パラダイムの変化に直面しているという考え方を受け入れ,それを一者心理学から二者心理学への変容として概念化した。私はこの定式化は正確であり,この概念的シフトの中には三つの重要な臨床的シフトが見られるように思う。一つは内容の優位性からコンテクストの優位性へのシフトであり,もう一つは認知の優位性から情動の優位性へのシフトであり,最後に,「技法」の概念から遠ざかる(それをまだ捨て去っているわけではないが)ようなシフトである。

全体としては,古典的分析家たちは概ね関係的パラダイム・シフトの考えには懐疑的であった。彼らは,「数字絵*を描く painting by the numbers」ことの危険性についてはいつも重々承知していたと的確にも主張する。彼らはまた,古典的技法は一連の規則で規定されてはいるものの,ストーン(Stone, 1961)に始まって以来確かに,一つの対象として扱われていると患者に感じさせないように規則をどのようにして人間的に適用すればよいのか

＊(訳注) 予め数字で指定された領域に指定された絵具を塗ることで描く絵。規則に従うのみで,自発性や創造性を欠く仕事,の意。

について古典的分析家は懸命に考えてきた長い歴史があるとも訴える（Bromberg, 1996b を参照のこと）。彼らはさらに，技法は分析的行動のベースラインとして機能するが，ある種の患者においては，予め決められた条件のもとでは，ある種の戦略的な，しかし分析可能な逸脱があってもよいと論じる。最後に，技法の規則は，行動を処方することによって，分析家が無意識のうちに規則から逸脱してしまった場合（逆転移）にその深刻さについて測り知ることを可能にするという付加的な価値をも伴っていたとも論じる。そして臨床レベルでは，古典的分析家は，自分たちはフロイト（Freud, 1912b）の「平等に漂う注意」を維持せよという命令を心に留めながら――自分自身と患者の――情動的経験に実際取り組んでいるのであって，したがって分析的関係が成長していくコンテクストの中に，患者と分析家の双方が含まれているのだといつも考えてきたのだ，というもっともな議論を展開し，パラダイム・シフトという考え方に反対してきた。

　この最後の議論の問題は，古典的分析家の聴き方のスタンスは，フロイトの「平等に漂う注意」の概念によって技法的に定義されている限り，分析家が関係をどのように用いるのか，また自分自身の情動的経験をどのように用いるのかを，**経験のあり方において非関係的なやり方で形作る傾向を持つ**という点にある。すなわち，フロイトが平等に漂う注意という言葉で意味したものに敬意を払おうとするために，古典的分析家の聴き方のスタンスは観察される**内容**によって形成されることになり，関係性のコンテクストが考慮されているとはいっても，それは内容のもう一つの側面に過ぎなくなってしまう。対人関係的／関係論的分析家の聴き方のスタンスは，これとまったく正反対である。関係的な聴き方のスタンスと平等に漂う注意とを臨床的に区別するのは，**分析家の，橋を架けるような調律が，自身のコンテクスト化された知覚的経験に対して向けられている**，という性質に他ならない。言語的内容は，今-ここでの場，すなわちエナクトされているものと話されているものとの間の，絶えず変遷する情動的弁証法によって作られる場，の一つの構成要素であるに過ぎない。

　聴き方のスタンスの質的な違いは，古典的分析と関係精神分析において，「技法」の概念がどれだけ相対的に重要とされるのかを大きく左右する。なぜそうなのかは，フロイトの「平等に漂う注意」を実際の臨床プロセスに翻訳してみて，その意味合いを詳しく見てみると一層はっきりするだろう。フ

ロイト（Freud, 1912b）が「平等に漂う注意」という概念を導入したのは，フロイトが，強制的な技法と彼が信じた技法を批判し，それを自由な形式の聴き方と彼が考えたスタンスに置き換えることを勧奨したときであった。分析家は，人間的に可能な限り，自分の注意を患者の連想にバイアスを持たずに向けるべきであり，そうすることで，個人的に好む考えのために特別に重要であると思われてしまうような連想に選択的に注意を向けてしまわずに，無意識的意味が臨床的素材から立ち現れてくるのを可能にしなければならない。古典的文献の中でフロイトの勧奨はさまざまに論じられてきたが，フレッド・パインによる1988年の論文（Pine, 1988）ほど明解に，あるいは公平に議論した論文はほとんど見当たらない。パインは，「完全に中立であるということは不可能である……通常われわれは，われわれが聞いているものの意味の**可能性**を規定しているおよそ一連の理論的構成概念を心に描いているものである」（p.577, 強調は原著者による）と論じた。したがって，「耳を傾けようとする臨床家にとって，平等に漂う注意というフロイトのガイドラインは，それに相対するものをわれわれが認識する限りにおいて意味がある。つまり，意味を作り出すこと，**意味を見出すこと**，秩序を求めるという人間の心の傾向である」（p.576, 強調は引用者）とパインは論じる。もしパインの見解が正しいとするならば，私は実際正しいと思うのだが，古典的分析家の「意味を見出す」作業は，話し手その人よりも話し手の連想に焦点を当てるような，内容を求めての聴き方のスタンスによって支えられることにならざるを得ない（Schafer, 1976, 1983も参照せよ）。そのようなスタンスは，分析家が患者の連想の「素材」の中に聞こえる意味の可能性にもっとも適合する理論的構成概念を選び出し，続いてどのようにしたら一番うまく「時宜を得た」解釈を練り上げることができるのかを考えることを可能にする。

　手短に言うと，フロイトが非指示的なスタンスを目指していたにもかかわらず，後の世代の分析家たちはもともとの意図に敬意を払いつつ，それに反する聴き方をしてしまっていたのだ。「平等に漂う注意」と「技法」が，臨床状況を二つの要素――どのように聴き，何を行うか――に二分するような明確な概念になっていくことは，したがって予想されることだった。同じように，古典的分析家の伝統的訓練においては，聴き方のスタンスと介入の仕方（つまり，連想の流れに分け入ること）をそれぞれ別個のものとして教える

ことになっていった。このことを修正しようという試みもあったのだが，このような二分法は強力な歴史的背景を持っており，それは，米国精神分析学会の精神分析教育委員会 Committee on Psychoanalytic Education（COPE）の 1974 年の会議で述べられていることの中にも見ることができる。

> 正確な内容の分析と素材を非防衛的に用いることの二重の要件は，柔軟性を持って満たされなければならない。分析家が自我状態と分析プロセスに常に調律しており，解釈等の適切な量を決定することは，スーパーヴァイザーと訓練中の分析家の間の教育的関係と並行するようなプロセスとして考えることができるかもしれない。(Goodman, 1977, p. 36)

「平等に漂う注意」という概念は，分析家が聞いたことと，分析家が聞いたことで行うこととを切り離してしまう。したがって，聞いていることの内容の正しい理解が分析家の行いによってもなおも可能であり続けるためには，「技法」の概念が「平等に漂う注意」と一緒に扱われなければならない。どの内容を追究すべきなのかをあまりに早く決めてしまわないことは確かに賞賛すべきことではあるが，分析家が依然として内容に焦点を当てており，二者的な経験のコンテクストに注目していないという事実を変えるものではない。「平等に漂う注意」をもって聴く分析家は，たとえ関係性の主題の内容の側面にオープンではあっても，依然として自らを二者の対の外部に位置づけているのである。したがって，ある古典的分析家が，患者と「関係的に」仕事をするのだと主張するか否かとはまったく関係なく，その分析家をガイドしているモデルは経験を重視したものでもなければ，二者の場によって意味されるものを表したものでもないのだ。

　対人関係的／関係論的な聴き方のスタンスにおいて重要なのは，セッションの間自分にとって患者と一緒にいるということがどのような感じなのか，患者にとって自分と一緒にいるということがどのような感じなのか，それについての分析家の経験は刻々と変動するのだが，分析家の心の状態がそれに調律していることである。それは，絶えずシフトしてゆく多重のパースペクティヴ——分析家自身の，そして患者のパースペクティヴ——についての分析家の知覚を，生のデータの源とする，すなわちそれを「素材」とするようなスタンスである。分析家は，無意識的空想を探し出して，推し量りながら

まとめ上げようと努めることはないし（第7章を参照せよ），隠された「真実」を求めもしない（第5章を参照せよ）。分析家の「素材」は，常にシフトしてゆく経験のコンテクストであり，そのもっとも強力な要素は，感覚を通してまず分析家のところに届くのであって，認知を通してではない。実際，この経験のコンテクストは，エナクトされている要素を含んでいながら，一方で，言葉として表されている他のものも含んでいるために，すぐに認知的プロセシングに用いることはできない。もし分析家が知覚的にそれに注意を払い続けることができるのならば，患者と分析家を結びつけているエナクトされた経験はやがて少しずつ感じることができるものになり，そして共有されていく。共有のプロセスによって，互いに積極的に関わり合うことを通して対人間的（たいじんかんてき）に作られていく，**合意による**理解 *consensual* understanding を通して，認知的にそして言語的に処理することの可能な関係的無意識の創造が可能になる。ロセイン（Lothane, 2009）は，シェイファー（Schafer, 1976, 1980）の「行為言語 action language」よりも，**言語行為** *language action* という用語に一理あることを論じているが，それは積極的な対人間的関わり合いの質のためである。

　私は，患者の連想の概念的意義として定義される「内容」は考えなくともよい，と主張するつもりはまったくない。むしろ反対に，私は治療プロセスにおける連想のしめる位置を再評価しようとしているのである。私は，連想とは関係性の経験の一つの側面であり，それは知覚の援助によって一番うまくアプローチできるものであると考える。この精神的プロセスについて，私は本書の中でさらに論じるつもりである。

関係的無意識

技法のないプロセス

　ある友人が音楽キャンプでの夏休みからちょうど戻って来た。それはマクダウェル・キャンプ＊の音楽家ヴァージョンで，応募者はそれぞれの音楽的到達度を評価され，一人ひとりの能力のレベルがうまく合うようにトリオに分

＊（訳注）作曲家エドワード・マクダウェルの妻マリアンによって1907年にニューハンプシャー州に作られた，芸術家（作家，作曲家，画家など）のための滞在型養成場。

けられるのだった。私はその友人にこの評価のプロセスはどうだったのか聞いたのだが，彼女はいつも物事の良い面を見るようなタイプで，彼女の答えに私はとても魅了された。「良い技術を持っているけれど湧き出る音楽がなかった人がたくさんいたわ」。私が続けて，「湧き出る音楽がない」というのはどういうことかを聴くと，彼女は肩をすくめて，「言葉にするのは難しいのだけれど，良い技術を学べば治るというものではないわ」と答えた。

　最近，マイケル・ティルソン・トーマス（Thomas, 2008）が書いたレナード・バーンスタインについての記事の中で，同じことが違った風に描かれていた。

　　何千回も弾いてきた同じ音符をじっと見続けることで，音楽家は自分のパートの中に埋もれてしまうことがあることを彼は知っていた。彼は，楽団全体が彼と一緒に，むしろ即興のように感じられるような経験をして欲しいと願っていた。彼は楽しいこと，そして危険の香りが好きだった。彼は，演奏とは，作曲家が曲を作っている間に感じた感情的状態を表現すべきであると考えていた。彼にとってそれは，感情的に，そして身体的に巻き込まれることを意味していた。（p. 25）

　この感性に同調することのできる読者は，このことは技法に反対しているわけではなく，単にわれわれが既に知っていること——技術だけでは十分ではないということ——を示しているだけだということもまた感じることができるだろう。私はこのことは，たとえば音楽を奏でるように，何かを一緒に行う人間にも言えると思う。そのためにはまず技術的スキルを個々人がマスターすることが必須であるが，その技術が，今度は，関係の中で自発性を吹き込まれなければならない。しかし，分析家が持ち込まなければならない「スキル」は，技法を学習することによって得られるものではないし，また「適用」されるものでもないから，精神分析的関係はそれとは本質的に異なるものだと私は固く信じている。小学校時代の成績表に「みんなと仲良く勉強し，遊ぶこと」という評価の項目があったことが思い出されるが，精神分析家にとってのスキルはそれに近いものだと思う。子ども時代，テストをしないでどうやって先生がこの評価を付けることができるのか私はまったく理解できなかったが，振り返ってみれば，私の先生は，私が他の子どもと勉強

したり遊んだりしている間，音楽がデュエットから湧き出ているかどうかを聴いていたのだと思う。

「演奏とは，作曲家が曲を作っている間に感じた感情的状態を表現すべきである」とバーンスタインが信じていたというトーマスの考えは，**私の耳にとっての音楽**なのだ。それは，著者と読者の間の自己-状態の関係が，分析家／患者関係における情動的経験と話される言葉を結ぶ複雑な弁証法を描いているのだという私の考え（Bromberg, 1999）と同じような考えである。カルロス・ルイス・サフォン（Zafon, 2001）が，『風の影 The Shadow of the Wind』という小説の中で書いている一節を取り上げてみよう。主人公のダニエルは，ある日突然，子ども時代の彼にとって心底重要だった友人と再会するが，その再会を通して彼はその友情の誕生を再び生きる。

> この，体の大き過ぎる孤独な少年は，自分自身のブリキの仲間たちを作っていたが，その仲間たちを紹介してくれたのは私が最初であるらしかった。それは彼の秘密だった。私は自分の秘密も分かち合った。私は彼に自分の母親について話し，母親がそばにいないことがどれだけ寂しいことかを伝えた。私の声の調子が変わったとき，トーマスは何も言わず私を抱き締めた。われわれは10歳だった。その日以来，トーマス・アグイラーは**私の最高の**――そして**私は彼の唯一の**――**友人**になった。（p. 94, 強調は引用者）

サフォンが最後の文に二つのダッシュを置いたのは実に見事であり，それによって彼は「最高の」という言葉と「唯一の」という言葉に言語的統一性を与えている。そうすることで彼は，「友人」という言葉に，それぞれの少年の個性についてわれわれが認知的に知り得るものを超えるような経験的全体性を与え，われわれの気持ちを揺さぶる。それぞれの形容詞は，二人の少年のうちただ一人のパーソナリティに当てはまるだけのものなのだが，その友情の関係的な一体感は，両者を足し合わせたものよりも大きく感じられる。作者は「トーマス・アグイラーは私の一番の友人となり，そして私は彼の唯一の友人になった」と書くこともできただろう。しかしもしもそうするならば，一体感の代わりに分離感が残る。サフォンの言葉の用い方は，本だけではなく彼自身の中へと読者を引き込む。個性と一体感は，再会という行為に

おいて一つのものとなるのだ。

　分析家としてのわれわれの仕事においてもそうである。われわれは皆，人生のある時点で思いがけない再会があって，それで「記憶に残っていない」**結びつき**が実際に呼び覚まされることがあることを知っている。サフォンが描いた二人の人間の再会は，私が「あなたの近しさ」（第 8 章を参照せよ）と呼ぶものにそっと命を吹き込んだのだったが，サフォンはこの二人の経験を呼び覚ますことで，著者と読者の間の状態の共有を魔術のように創り出している。私にとって，分析家としてわれわれがすることの根幹はここにある。結局のところ，毎週毎週のセッションとは皆，絶え間ない個人的な再会のプロセスのようなものではないのだろうか？

　分析的関係においては，専門的なものから個人的なものを分けることはできない。私は，分析家の専門的役割が，共有された個人的な場――「無意識への王道」が関係的無意識に変形されるような場――の中に包摂されるような関係について話しているのである。関係的無意識に至る道は，むしろ**一般人**の道であり，技法的に推奨することができることは，長い道のりの間には予想もしない障害が待ち受けていることを認識することくらいしかない。しかし，フロイトの「王」道を変形していくことで「関係的無意識」を共に作り上げていくと私が提案するとき，私は実際に何を言おうとしているのだろうか？

　デイヴィッド・マルーフ（Malouf, 2009）は，彼の小説『身代金 *Ransom*』の中で，トロイア戦争の最中の，鮮やかな一連のメタファーを通して，私の意味しているところを描いている――王プリアモスの自己-経験が，アキレウスに身代金を払って殺された息子である戦士ヘクトールの遺体を取り戻す旅の途中に変わっていく様を通してである。イノシシ狩りの途中に観察者として「王道」を辿ることの意味ではなく，生の中に**ある**ことの意味をプリアモスは発見するのだが，それは，足を小川に浸して冷やすというありふれた行為に身を任せることを通して，そして，アキレウスに思いがけず**個人的**に触れた瞬間，すなわちより大きく，より「重要な」旅の目的を超越するような瞬間を通してのことであった。

　　今回の旅を始めたとき，彼は，自分がこれまで遭遇したことがない物事に
　　晒されることになるだろうということを非常に明確に理解していた。それ

が新しさの代償というものだ。しかし今こうして口の中でパンケーキの素晴らしい味を楽しみ、唇にもう一滴ワインを含んでみて、彼は、新しいものは快適なものでもあり得るのが分かった。たとえばこの、両足を冷水に浸しながら座っていること。足の上を水が流れ来ては流れ行く。小さな魚がやって来て、足を調べる。そして言う、これは違う、何も取り出すものはない。アマツバメが甲高い声を出しながら飛び回っていること。陽光が増すにつれて、声は大きさ、昂ぶりも増していく。もちろんこれらはそれ自体が新しいというわけではなかった。水も、魚も、尾の短いアマツバメの群れも、昔からずっとここにいて、彼ら自身の生を営み、彼らにふさわしいささやかな活動に動き回り、自分たちの目的をせわしなく求めていたのだった。しかし今に至るまで、彼らに気づく機会はまったくなかったのだ。彼らは王の領分にはいなかった。彼らは王の観察や感じ方にとっては不必要なものであり、背景に退いていた。王の注意はいつも中心にあるものに注がれていた。彼自身である。(p. 122)

彼は象徴的に中心にいたのだが、それは形式および彼自身の王としての威厳が要求したものだった。しかし彼は、自然界そのものにはまったく触れていなかった。半トンもの湯気立つ肉と骨が切り付けられ、突き通され、そして地面に乱暴に押し倒されるのを待っている場所に向かって茂みを駆け抜けていくときのパニックと汗、そういったものには無縁だった。(p. 123)

それは謎に包まれていた。実際上の卑近な物事、すなわちこの特定の場面とか、このボート、この王とは何の関係も持たない、時を超えた式典の世界、重要な行いの世界の一部だった。周りの風景ですら、その特定の要素を失っていた——葉の種類と色、あるいは日が射しているのか霧に覆われているのか、地面は乾いているのか足元がぬかるんでいるのか。王の領域は表象的であり、観念的だった。すべては単なる偶然だった……これらはすべて無視され、偶発的で平凡なものの、混乱した、そして混乱させる領域に属するものとして片付けられた。彼の生全体がそのようであった。あるいはそのときまではそうだった。しかしここに出て来て彼は、すべてはそれ自体に過ぎないのだということを発見した。それが新しく思えたことだった。(p. 124、強調は原著者による)

適切な分析的治療においては，フロイトの王道を辿る旅は実に「表象的であり，観念的」なものとして始まり，当初は，「無視され，偶発的で平凡なもの，混乱した，そして混乱させる領域に属するものとして片づけられ」るものすべてが触れられないままなのかもしれない。しかしそれはやがて一般人の道となり，考えることのできなかった，私ではない私という自己-状態は，今-ここでエナクトされる出来事へと共に創り上げられていく。それは対人関係を通して生きられ，患者の主要な「私」の布置の一部となる。そのとき，自己の凍てついた側面が「謎に包まれている」ことを止めるのだが，それは精神分析的関係が「実際上の卑近な物事，すなわちこの特定の場面とか，このボート，この王とは何の関係も持たない，時を超えた式典の世界，重要な行いの世界」であることを止めるからである。患者と分析家の自己-状態の間の衝突 collision と交渉 negotiation の非線形的なプロセスは，相手の（そして自分自身の）自己の解離された側面の認識をゆっくりと育む――それは不協和と再構築の弁証法であるが，プリアモスが発見したように，「すべてはそれ自体に過ぎないのだ。それが新しく思えたことだった」からこそ，変容をもたらし得るのだ。しかし，エナクトメントは知覚的に強い現実感を伴う**が故に**，それは同時にごちゃごちゃとしていて予想し難い。そこで私は，その際の分析家の経験を「躓きながら耐え抜くこと」と特徴づけたのだった。言い換えると，**もしも分析家が，関係性を通して存在しようとしている患者の自己の解離された部分のインパクトを個人的に感じていないならば――もしも分析家がそれに個人的に反応しないならば――患者の解離された自己-状態は，認識され生き生きとするための人間的なコンテクストを奪われることになる**。分析家と患者の双方にとって，それまで話すことのできなかったものを表現する声を探すことに含まれる自由**と**痛みの混合物以上に個人的なものはない。C・S・ルイス（Lewis, 1956）の皮肉っぽい，苦々しいまでの思索を見てみよう。

> 自分が正に本当に思っていることを言うこと，その全部，自分が本当に意味していること以外の何ものも一切言わないこと，これこそが言葉の芸術であり喜びである。そんなのは口先だけの話だ。長年にわたり心の奥底に置いていた言葉をとうとう発するように強いられるその時が来るとき，そんなことは既に馬鹿馬鹿しいほど何回も語ってきたことであって，言葉の喜

びなどについて話しているのではない。(p. 294)

対人関係的／関係論的技法？

互いに，相手の主観性について自省的に認識すること（われわれが**間主観性**と呼ぶもの）は，現代の臨床家，研究者，そして精神分析諸学派を代表する理論家たちにとって大変重要なトピックとなっている。中心的な焦点の一つは，消化されていない情動的経験――ウィルマ・ブッチ（Bucci, 1997a, 2003, 2007a, 2007b, 2010）が**象徴化以前の** *subsymbolic* と呼び，ドネル・スターン（Stern, 1997, 2009）が**未構成の** *unformulated* と概念化し，そして私（Bromberg, 1998a, 2006a）が**解離している** *dissociated* と考える経験――の認知的象徴化をどのようにすれば一番うまく促すことができるか，ということであった。

ジェシカ・ベンジャミン（Benjamin, 1998, 2005, 2007）は，**サードネス** *thirdness* という概念化を通して，自己と他者の分極化 polarization を乗り越える能力が可能になるためには，人と人との関係性における間主観的コミュニケーションの能力が必要であることを強調した私自身の仕事と共振するような，発達論的で臨床的な定式化を提供している。私と同様（第1章および第3章），ベンジャミンは，移行精神空間の発達と他者の主観性の認識が，交渉を通してどのようにして達成され得るのかについての論を展開している。彼女は，認識に基づく内的な全体性の経験は

> サードネスの空間，共有された現実の空間を支える原則である。それは，多重の現実の交渉が起こり，失敗が認識され，そしてギャップが修復されることを可能にするような抱え込む空間を構成する原則である。それは，間主観的な意味を可能にし，われわれが知ることと知られることのプロセスを信じることを可能にするものである。(pp. 676-677)

と雄弁に論じている（Benjamin, 2007）。これで，精神分析における自己の成長は本質的に関係的であるという私の主張が――そしてなぜ技法の概念が単に不要であるのみならず妨げにもなるとも感じられるのか，あるいはそのように私が論じたいのかが，少しは明らかになったのではないかと思う。

精神分析的心理療法を含むすべての力動的心理療法における治療作用の基

礎は，解離的な精神構造によって囚われている心の領域において間主観性を発達させることである，と私は考える。精神分析的治療への患者の反応性は，他者もまた精神状態を持っているということを理解するのみならず，彼ら自身の精神状態が存在することに対して他者が互恵的に生き生きと反応するということを経験することの，人間に備わった——そしてある種の他の霊長類にも備わった——能力にかかっている。関係性を持つ能力には，経験的に，アラン・ショア（2003a, pp. 94-97）の右脳から右脳への「状態-共有」に始まり，ボストン変化プロセス研究会（Lyons-Ruth, 1998, 2006; D. N. Stern et al., 1998）が**関係性を巡る暗黙の知** *implicit relational knowing* と呼んでいるもの，そしてピーター・フォナギーら（Fonagy et al., 2005）が**メンタライゼーション** *mentalization* と名づけているものに至るまでの一連の幅があることが知られている。簡単に言うと，間主観性の発達は，愛するように，同意して，反対して，憎むように，あるいは当惑して，などさまざまにではあるが，いずれにせよ「他者」が自分のことを何らかの形で心の中に抱いてくれていると一個人が経験できるかどうかにかかっている。最も重要なことだが，治療においてそれは，分析家と患者双方の精神機能の解離を認識することによって自己-状態の透過性が増していくことで，二人が躓きながらも関係的無意識を共に創造することが可能になるような，ある共有された解離的な場に対して，二人が互いに反応することができるかどうかにかかっている。

　心理学者のセイモア・エプスティン（Epstein, 1994）は解離された情動という現象を扱っているが，「情報処理には，二つの，並行して相互作用するモード，すなわち，合理的システムと感情的に駆動されるシステムの二つが存在する」（p. 709）と想定することによって，認知的な無意識と精神力動的な無意識を統合している。彼は，精神的プロセスが他にどのように組織化されていようとも，合理的なプロセシングと経験的なプロセシングという，より上位の区別に従ってもまた組織化されていると考える立場をとっている。彼は，感情を強く帯びた素材がその表現を求めて突き進むのは，フロイトが提案したように，それ自体の持つ，表現を求めるエネルギーのためではなく，情動的に重要な経験の表象を統一的で一貫した概念システムに同化しようとする根本的な動機があるためだと論じている。エプスティンは，このプロセスは二つのシステムの間の順応を可能にし，したがって経験と一致する

ような世界の一貫したモデルの構築を促すものであり，本質的に適応的なものである，と述べている。

エプスティンは続けて，精神機能についてのこの見方を，自己完結的なエネルギー・システムというフロイトのモデルと比較している。エプスティンの考えについていろいろと調べていると，情動的に重要な経験の表象を，統一的な一貫した概念システムに同化しようとする根本的な動機として彼が描いているものを組織化するために必要な自己／他者のコンテクストの存在について考えないわけにはいかない，と私には思えてくる。

しかし，このような理論的パースペクティヴを持ったとしても，臨床的に考えて技法の概念を捨て去ることが望ましいということが直接示唆されるわけではない。そのような直接的な示唆は，この参照枠の中で分析家が患者にどのように関わるのかをよく考えることを通してのみ得られる。私には，それは次のようなものに思われる。患者と分析家が，自分たちの間で起こっている何かについての自分たちの解離された情動的経験——二人の間の，感じられはするが，考えることのできない相互の経験——にアクセスし，隠さずに共有すること，このことは状態-共有のプロセスを通して可能になることなのだが，そのようなプロセスによって対話の領域は拡大し，より流暢になっていく。すると次に，対話の内容はますます統合されて行き，複雑なものとなり，言語的に象徴化されるようになり，自省可能なものとなり，それがやがては葛藤の解決へと繋がっていく。

患者の象徴化されていない意識状態の主観的現実は，特に患者が分析家をどう経験するかは，分析家によって感じ取られ，そして，何か役に立つようなやり方で認められる必要がある。さらに，分析家がそのように認めることは，本質的に，そのような経験の由来となる自己-状態へのアクセスを維持しながら，今-ここでの分析家の個人的な経験を共有するプロセスである。精神分析においては，このように共有していくことは，関係的な意味で，真剣な感情的努力を要する課題であるが，それはどの程度共有することが役に立ち，どの程度共有することが過剰であるかを，前もって知ることができないという理由による。ハーバート・ローゼンフェルド（Rosenfeld, 1987）は，それは「ほとんど芸術の形式のようなもの」であり，「分析家は強烈な関係性の中に入り込み，なおも経験を言葉にしていく機能を保ち続ける心づもりがなければならない」（p.160）と述べている。私はさらに，患者の（そし

て分析家自身の）成長にとって分析家が貢献できることの最たるものは，シフトして行く自分の自己-状態の経験を共有していくという予想することのできないプロセスを，個人的に痛みをしばしば感じながらも，分析家が格闘する努力を続けることだということをつけ加えたい。もしも対人関係的あるいは関係論的な分析技法というものが存在するとしたら，それは主に，分析の過程を通してずっと，自己-状態を有効に共有するということの意味について，分析家が交渉に交渉を重ねることを続けていく能力にある。

　前章で私は，精神分析において成長をもたらすような治療作用を，一つの心／脳のプロセスの観点から論じた。すなわち，心の自己-状態の展開と脳シナプスの展開が共働することで，ニューロンの新しい組み合わせが互いに一層繋がり合い，その結果，自己-状態の真実というものの硬直性を調節できるように自己-状態が展開していくことが可能になるようなプロセスである。私は，洞察が可能になるためには脳のシナプス・ネットワークの配線，特に右半球の配線が「たまたま，偶然につながることによって変化すること」(Lehrer, 2008, p. 43) が必要であるという知見について論じた。対人間の経験の神経生物学についての最近の知見（たとえば，Schore, 1994, 2003a, 2003b; Siegel, 1999）は，そのような偶然の再配線は，他の心と新しいやり方で意識的および無意識的に交流することによって促進されることを示している。このことこそが正にわれわれが分析的関係において求めているものであり，さらにつけ加えるならば，われわれが個人的関係において求めているものでもある。

　私は，フランス在住の分析家ミシェル・サンチェス＝カルデナスと電子メールを取り交わす中で起こった，短いけれども驚くべきやり取りを参照することで，この最後の点を強調したいと思う。彼はそのとき，第5章の古いヴァージョンを丁度読み終えたばかりだったが，彼にとって，対人関係的／関係論的思考はあまり馴染みのないものだった。意見を異にする領域があるにもかかわらず，われわれは相手の参照枠に心から興味を示し合ったのだが，そのことを指して，サンチェス・カルデナスは以下のように書いた（私信）。

　　ここで私たちの関係は，真正であり，かつセッティングによってうまく統制されているものだと思いますが，このような新しい配線を可能にするよ

うな，情動的で関係的な，偶然に生まれた新しい経験だったと思いますか？　私はこのことは重要な問題だと思います。なぜならそれは，いかにして，他のセラピー（たとえば認知療法）もまた効果があるようにみえるのかを理解できるようにしてくれる扉を開けてくれるからです。

彼は「真正であり，かつセッティングによってうまく統制されている」というフレーズを用いたが，それによって，それまでわれわれの間にずっと存在していたものの，電子メールという「セッティング」の中では触れられていなかった，情動的な生き生きとした感じが呼び起こされた。私はそれに反応して，深く「認識される」という感じを直ちに経験し，彼とそれを共有した。トピックそのもののエナクトメントとして，そのやり取りは私の中にある一つの心の状態を喚起したが，するとエリザベス・ストラウト（Strout, 2008）が，小説『オリーヴ・キタリッジの生活 Olive Kitteridge』の中で，そのような瞬間における主人公の経験を力強く，簡潔に描いていることが思い出された。「彼女は，自分が見られていたのだと感じた。それまでは，自分が人には見えていないと感じているということを，知りさえもしなかった」（p. 213）。

関係する心の成長

科学哲学に関連して言えば，私が示している観点はゲシュタルト心理学の多大な貢献に依拠している。それは二つの意味においてである。第一に，ゲシュタルト心理学の場の理論は，今-ここでの現象である知覚が，認知を組織化する要素として中心的役割を持つことを示した。第二に，ゲシュタルト心理学は，たとえばパーソナリティの成長のような，われわれが理解していない現象を見る必要性を強調した。それを見るためには，抽象的な原因と効果に関して概念的に，そして線形に「理解」しようとする代わりに，ある場の内部におけるある瞬間に生じている必要にして十分な諸条件を特定する必要がある。

エリザベス・ロイド・メイヤー（Mayer, 2007）は，精神分析の将来を担っているともいうべき一冊の中で，間主観性という現象を彼女が変則的な経験 anomalous experience と呼ぶものの領域にまで拡張している。変則的な経験とは，われわれが合理的と分類するものとは両立し得ないが，真実味

のある知覚のことである。彼女の思考の及ぶ領域とその意義についてすべて論じることは，この章の範囲を超えているが，変則的経験と知覚の間の関連は，精神分析的関係において起こるものと大いに関係があると思われるため，彼女が述べていることを引用したいと思う。ある人が，それぞれが「それ自体の心」を持っている多くの自己-状態を実際に持っているとすると，情動経験は状態に依存するものであるため，強い感情を帯びた出来事は「真実」であると知覚されるようになり，他の人が（あるいは他の自己-状態が）その同じ出来事を別様に経験しているということは，程度の差こそあれ，変則的であると知覚されるようになる。メイヤーは次のように述べている。

> ある一つのやり方で見ることを通して学んだものを，別のやり方で見ることを通して学んだものと統合することがいかに有用であると思われようとも，われわれが同時に二つのやり方で見ることができるように自分の知覚の場を組織化することは，端的に言って不可能なのだ。**この洞察から言えることは次のことである。変則的経験かもしれないような経験に特徴的な知覚は，知覚のその瞬間において，合理的思考に特徴的な知覚を可能にするような心の状態とは到底両立し得ない心の状態から生じているように思われる。**知覚のモードは……通常の線形的思考が瞬間的に不可能となり，文字通り停止状態に陥っている心の状態にアクセスできるかどうかにかかっている。(p. 137，強調は原著者による)

二つの状態が，同じ心にとって同時に合理的であるということは起こり得ない。ここにおいて，メイヤーの洞察はなお一層明晰なものとなる。ゲシュタルト主義者は，変則的な諸部分が同時に存在していると経験する方法は，知覚的なものだということを，われわれに示したのだと彼女は理解する。その鍵とは，

> 一つの状態ともう一つの状態の間を器用に動きつつ，［他方］を見ながら同時に［もう一方］の記憶を保つことができるようになることである。しかしそれは，喪失経験を許容することを意味する。われわれは，他方を見るためにはもう一方を諦めなければならない。新しいものを見るためには，われわれは慣れ親しんだものを諦めなければならない……。たとえほ

んの一瞬であっても，何か他のものを見るために合理的思考に基礎を置くわれわれの習慣を捨て去ること——それはわれわれの大部分にとって到底容易なものではない。(p. 138)

　精神分析家にとって，メイヤーの洞察の中でも一番強く訴えるものは，喪失してしまうということの認識，すなわち，たとえ一時的にでも，患者と分析家の双方が合理的思考の能力を共に喪失してしまうということの認識である。しかし，治療を受けている患者にとって，この喪失はさらに一層深刻なものであり，安定性を損ないかねないものである。なぜならば，患者が解離に頼るのを止める方向に動くにつれて，患者は分析家と共に，自分の中の「私ではない私」という発達的外傷の領域を再び生きることを許容し，「私ではない私」として隔離されていた情動の調整異常の身体的苦痛が戻ってくることにオープンであろうとするものだからである。程度の差こそあれ，過去の発達的外傷をエナクトする形で再び生きることは，現在における自己の連続性を喪失する脅威として経験され，それは，愛着によって組織化されている中核的同一性——情動的な安全性の基盤——を巻き込むならば，精神機能を特に不安定にしてしまう可能性がある。個人的関わりを持っているパートナーとして，分析家の「躓きながら耐え抜く」能力がとりわけ重要になるのは，治療におけるこのような瞬間においてである。それは何故か？　愛着に基礎を置く情動的な安全性を維持するということは，**手順〔記憶〕に基づく**[*]ものであって，思考によって組織化されることなく，感情的に重要な他者との交流のパタンと具象的に結びつけられているからである（Ainsworth et al., 1978）。

　患者が手順に基づく愛着を維持することを必要としていることに敬意を払うことは，治療における分析家の関係的な「課題」の中心である。それはつまり患者が変化しながら同じままで留まることができるように助けることである。課題のここの部分に失敗すると，伝統的に「抵抗」としてレッテルを貼られてきたものを——私はそれを，不快な洞察を患者が避けようとしているものとしてではなく，自己の解離された部分を，分析家が交渉もせずに認めようとしないことに対して患者が抗議しているものと考えるのだが——分

＊(訳注) p. xi 訳注参照。

析家が引き起こすことになる。メイヤーは解離については多くを語っていないが，しかしそれは，彼女の参照枠が精神機能の理論を提案するような方向を向いていないからである。彼女は抑圧についても語っておらず，これら二つの用語は索引には見当たらない。しかし，**解離**という言葉は本文の中に実に二度現れ，そしてそれぞれ注目すべき文脈を伴っている。ある所では，彼女は変則的な知覚の出現について「解離的揺さぶり」として語っている。メイヤーの描写は，興味深いことに，自分と患者の間に何か変則的なことが起こっているという経験を分析家が最初に感じるときの，不快な感じを思い出させる。それは，メイヤー（Mayer, 2007）が述べているように，「普通の知とはまったく異なる感覚を伴う」何ものかである。

> 変則的認知を包摂しようとするモデルは，生起していることの感覚を考慮に入れる必要がある。そこには，あの特有の解離的揺さぶり，身体的衝撃，感情，そして普通の知とはまったく異なる感覚を伴う知を伴って意識へ噴出してくる観念，これらの余地がなければならない。起こっていることの感覚は，データの一部である。(pp. 214-215)

メイヤーが解離の概念を他の所で用いるときも，同じようなニュアンスを伴っている。彼女の同僚の一人は，他の同僚が経験した変則的な出来事についての話を聞くと，仰天しながら，それは現実だと確信しているが，しかし同時に，信じられないことだと断じた。「二つのことを自分が同時に考えるって一体どういうこと！ まったく意味が分からないわ！ 私はこんな考え方に慣れていないの――ほとんど解離しているわよね」(p. 134)。メイヤーは次のようにコメントしている。

> 彼女はその発言によって，そういうものがそもそも存在するとすればの話だが，一見変則的な出来事が予想可能なものであると同時に，信じられないものとして意識にどのようにして入り込み，銘記されるのかについての決定的に重要な何かを摑んでいた。彼女はそれら二つの両立し得ない観点の間を，一方を拒絶してしまったり二つを無理矢理「辻褄が合う」とすることなしに，行ったり来たりすることができたのだった。(p. 135)

どうすればこんなことができるのだろうか？　メイヤーは，彼女の同僚は「逆説を受け入れることにした……。もしも二つの辻褄が合わないならば，そのこと自体がそのデータの特徴になるのだ」(p. 135) と答えている。メイヤーはここで，逆説と葛藤の間の重要な区別について指摘している（Pizer, 1992, 1998 も参照のこと）。自身を経験するやり方として両立し得ないために，理性をもってすれば変則的であるとせざるを得ない二つの経験を，ただ一つの心の状態の中に留めておく能力が欠けているとき，それら二つの両立不能性は内的葛藤として解決することができない。解離することなく，ただ一つの心の状態の中に留めておくためには，それらは逆説として留めておかれなければならないが，しかしそれが可能になるのは，陰性の情動のレベルが，認知的安定性への脅威として経験されてしまうような調整異常の状態に近いものとして感じられるということがない場合に限る。心の一貫性が，不安定性の苦しみに曝されていると感じられているときには，人は自分自身を内省することができなくなる。それでは，何が必要とされているのだろうか？　この上ない感受性をもって，メイヤーは答えている。「たとえ一瞬であっても合理的思考を置き去りにすることは，われわれが気楽に招いてしまってもよい喪失ではない。しかし，われわれが変則的な知が生じるような心の状態にアクセスしたいと思うならば，**敢えて招いてみることが，まさしく必要とされているものなのかもしれない**」(p. 139, 強調は引用者)。

　メイヤーは，人間の精神的発達の未来は，関係的であるばかりではなく間主観的でもあるのであって，それは，われわれが現時点において合理的に受け入れることが可能である範囲を超えて行くだろうと明確に論じている。彼女が語っているこのような「招き」は，深い関わりを持つ他者からの招きであり，そのような他者との間にこそ，ある一つの精神状態を共有することが可能になるかもしれないのだ。それは，一人であるよりも大きい全体性の中で，各々が一つ一つの部分であることが可能になるような状態である。

　精神分析的治療は，この「招き」が双方向性であるときに最もうまく働く。必要なのは，分析家と患者による境界を巡る絶え間ない交渉のプロセスである。それは，双方が自らの中における別々の自己の間の透過性の高まりを許容し，招き入れ，変則的な知を可能にし得るような関係的無意識を共に構築していくプロセスである。私は治療プロセスを，各々がもう一方の招きを安全であるとますます感じることができるようになり，そのような領域が

形作られていくことを受け入れていくようなものとして考えている。それは，自己と他者が，どちらか一方のみによっては定義されないような，より大きな全体の一部として次第に経験されていくが故に，相手を変則的であると感じる程度が次第に少なくなっていくような現象である。

　メイヤーは，最も広い意味での人間の成長というものの根幹であると私が信じているものの核心——ともすると互いに疎外し合ってしまいかねない多重の自己-状態の間に立つ能力が向上すること——に触れているのだが，最後にそれについて論じたい。それは，実り豊かな精神分析的関係において起こると私が信じているものの本質でもある。習得された技術と深く関係しているがために，自発的で非線形な自己-他者の間の交渉としての治療的成長という，自然なプロセスの妨げとなってしまうような治療作用のモデルを無理に押しつけるということが起こらなければ，そのような関係性のための必要にして十分な条件は，うまく促進されていくものであるが，私がそのような議論をするに至ったのは，メイヤー（Mayer, 2007）がある段落において次のように言い表していることのためである。

> 変則的な経験が起こり得るような世界観を知るためには，合理的思考を中心とする世界観を一時的に捨て去る必要がある。そればかりか，われわれは合理的思考の助けを借りて物事を見ているのだが，そのような心の状態すらも一時的に捨て去らなければならない。そしてその逆も真である。どちらか一方＊を失ってしまうことを拒むことは，他方において見えてくるものを見る可能性を拒むことである……。もし両方の側の人が，他方の側の人が自分たちには明確だと主張していることを，どうしても理解できないような心の状態に留まってしまうならば，相手にとっての真実とは，それを信じるかどうかの問題に他ならないとしか聞こえないのではないか？ 相手にとっての真実が，多少なりとももっともなことだと思うことなどあり得ないのではないか？（p.140）

　メイヤーの理解は，何か非常に奥深いものを含んでいると私は感じている。すなわち，自己-状態の「間に立つ」と私が呼んでいる現象が，存在する

＊（訳注）変則的経験を許容するような思考と合理的思考のどちらか一方。

ものの間を繋いでいる，言葉を超えた結びつきの深さと普遍性の表面をかろうじて擦るくらいのものであり，その本質は，われわれが心と定義しているもの，さらには生の形式として定義しているものをさえ遥かに超えて広がるものであるという理解である。ジョン・マーコフは，『ニューヨーク・タイムズ』の記事（Markoff, 2010 年 11 月 9 日）の中で最近の量子コンピュータ研究について述べているが，実は彼は，エネルギー粒子に関して，「間に立つこと」の量子物理学ヴァージョンと私が考えるものを論じている。「古典コンピュータは，『オン』か『オフ』のいずれかの状態を取ることで 1 か 0 のいずれかを表すトランジスタを用いて作られている。しかし，別の方法で作り出されるキュービット qubit と呼ばれる特別な素子は，1 と 0 の状態を同時に表すことができるため，結果，もともと相手を知ることのなかったこれら二つの状態が，互いを『知り合う』ようになる」。しかし，マーコフは次のように述べる。

> もちろん，裏がある。キュービットを単に測定したり観察したりするだけでもそれを計算する可能性は失われてしまいかねない。したがって研究者たちは，**二つの素子がどれほど隔たっていても，一つの素子の特性を測定すると直ちにもう一つの素子の情報が明らかになるようにこれらの素子が結びつけられているようなもつれ——量子もつれ** quantum entanglement を用いた。（p. D2, 強調は引用者）

われわれが既に知っていること——人間の心理学の一者的なモデルを捨て去る必要性——がさらにこのように支持されることを知り，私は精神分析家として喜びを感じるのだが，一方，**もつれ**という言葉に私が魅かれる理由について告白しなければならない。それは，キュービットが同時性によって**どのようにして**結び付けられているのかという問題に，物理学者たちが頭を悩ませている様子が，エナクトメントの間，患者と治療者が暗黙のうちに互いを**どのようにして**「知る」のかという問題に分析家が頭を悩ませている様子と似ており，また，ミラー・ニューロンが単に脳同士ではなく，心同士を**どのようにして**結び付けているのかという問題に脳研究者たちが頭を悩ませている様子と似ているからである。キュービットの別の謂いである……。

コーダ

『クリニカル・サイコロジスト The Clinical Psychologist』（アメリカ心理学会臨床心理学部門のニュースレター）の最近の号で，臨床心理学部門の新会長で，著名な研究者であり，心理療法の技法を正当化するためにはしっかりとしたデータが必要であることを長年唱えてきたマーヴィン・ゴールドフリード博士が，「実践と研究の間を相互に行き来する橋を作ること」（Goldfried, 2010）という題のコラムを書いている。ゴールドフリードは，気さくで，分け隔てなく，そして個人的にも包み隠すところがなく，何かを吹き込もうという感じはまったくなかった。そんなわけで彼は自分の過去の出来事について書いているのだが，それが素晴らしく示唆に富んだものであると私には思われた。そこでここに引用し，私自身の観点からコメントしてみたいと思う。

> 大学院以降の私のキャリアの中でも特に悩ましかったのは，ポール・ミール——臨床心理学における実証的証拠の必要性を非常に強く唱えていた人物——が，われわれのプログラムを訪れたときの出来事だった。私は彼の書いたものはほとんどすべて読んでいた。とりわけ幸いなことに，大学院生の小グループが彼と夕食を共にする機会があり，私もその中にいた。その夕べ，あるとき一人が次のような質問をした。「ミール先生，先生の臨床実践のあり方は，どの程度研究の影響を受けているのですか？」ためらうことなく，ミールは答えた。「全くありません！」 私は，科学者であり臨床家でもある者となることを切望してきたものだから，大いに打ちひしがれた。実際，私はこのときのことにかれこれ50年（！）もの間影響を受け続けているのである。あなたがどんな理論的オリエンテーションを持っているのかにもよるが，私は固着しているようにも，未完の仕事を持ち続けているようにも，あるいは彼のコメントに対する自分の感情的反応を消し去ることに失敗しているようにも映ることだろう。(p. 1)

対人関係的／関係論的分析家の一人として，私はゴールドフリード博士が

提案した三つの選択肢の中の二番目――「未完の仕事」――を選びたいと思う。私が思うに，ゴールドフリード博士は50年前，ミールの言わんとすることを「分かる」には至らず，そして今に至るまで分からずじまいである。ミールは，臨床家としての自分には研究など関係がないと言っていたのではなかった。彼は，自分が臨床家に**なりきっている**とき，研究は，患者と共にある自分が何者であるのかをはっきりと決めるものではないということを言っていたのだ。私はミールのことを知らなかったが，彼の「全くありません！」という言葉についての私の理解が正確だとしたら，私は臨床家としての彼を一層高く評価したいと思っている。それは，彼が，実証的研究に価値を置くことで伝説的に知られていたこととは別のことである。

　ミールの謎含みのコメントは，私がスーパーヴィジョンのプロセスについてかつて書いたものを思い出させる（Bromberg, 1984）。それはまた，「技法」の概念についての見方でもあった。その中で私は，治療関係において本質的に重要な要素は自発性であって，有能な治療者であることは，テオドール・ライク（Reik, 1949）が分析家を役者と比べて述べたものに近いものであると論じた。

> 役者がステージの上に歩み出すとき，学校で学んだことは忘れていなければならない。役者はそれをまるでなかったことのように横においておかなければならない。もしも実際の演技の瞬間にそれを無視できないのだとしたら――無視できるくらい十分深く馴染んでいないとしたら――彼の訓練はまだ不十分だったのだ。(p.20)

　役者にとって「十分深く」ということは，絶え間ない経験のすべてが役を通して消化されていくほどに役になり切ることを意味している，と私は書いた。セリフを言うことは経験しているものの表現なのであって，学んだものの表現ではない。そして分析家にとって「十分深く」ということは，同様の，しかしまったく同一ではない何ものかを意味する――それは，役を演じることを必要としないような聴き方の能力である。分析家が行う介入とは分析家が経験しているものの表現であり，また分析家が経験しているものとは分析家が「学んだ」ものの表現なのだが，それは，「あなたが食べたものがあなた自身だ You are what you eat[*]」という警句の理解の関係的なヴァージョンと

いう意味での「学ぶ」ということ——メタファーとしての意味においてなのだ。

　分析家としての，そしてスーパーヴァイザーとしての私の根本的な目標，他のすべてを包含するような目標は，「何かについて学ぶこと」が，経験を通して共に創造されて行くものの，自発的な結果として生まれるような関係性を創り出すことを助けることである。私は，訓練中の分析家が，自分のしていることが，自分が関係性の中で経験していることの表現であるということを理解できるように助けようと試みている。したがって，予め知っていて，そして患者と一緒にいるときには忘れてしまうことが役に立つような，臨床精神分析のあれやこれやの原則を教えるのと同じくらい，訓練生が自分の経験の範囲を広げることを重視して，私がスーパーヴィジョンの多くを組み立てているということは，驚くことではないだろう。

　このコーダは本当に付加的なものである。私が臨床家として「技法」の**概念**を使用し続けることには気が進まないという気持ちは変わらない。**臨床家**としては，しかし，このコーダにおいて私が論じた論点は，私が心の底から何のためらいもなく思っていることである。ミールは一見矛盾しているように思われるが，それは臨床的に必要なのであって，私はそのことを以前の著作の中で強調したし，またそのことは私の仕事を長きにわたり形作り，今でも引き続き形作っている。患者と一緒にいる間には忘れてしまうことができるということを前提としてのことだが，心理療法の行い方については学ぶべき重要なことが多々存在する。

＊（訳注）「健康は食から」，もしくは，「食べているもので，その人の人となりが分かる」といった意味の慣用句。

第 7 章

「大人の」言葉
無意識的空想についてのパースペクティヴ[1)]

　幼稚園の子どもたちのグループが一年生に慣れようと必死に頑張っていた。もっとも困難なハードルは，先生が幼児言葉を禁じたことだった。「『大きい人』の言葉を使わなければならないわよ」と彼女はいつも子どもたちに飛ばしていた。彼女は手始めに，「週末何をしたの？」とクリスに聞いた。
　「僕はお婆ちゃんのところに行ったんだ」
　「違います，祖母のところに行ったのよね。『大きい人』の言葉を使いなさい！」彼女は続いてウィリアムに何をしたか聞いた。
　「僕は汽車ポッポに乗ったよ」
　彼女は言った，「違います，電車に乗ったのよね。『大きい人』の言葉を使うのを忘れないように」。そして彼女は小さなアレックスに何をしたか聞いた。
　「僕は本を読んだよ」と彼は答えた。
　「素晴らしいわ！」と先生は言った。「どの本を読んだの？」
　アレックスはそのことを**一生懸命**に考えた。そして彼はとても誇らしく胸を張り，「クマのクソッタレ Winnie the shit だよ」と答えた[*]。
　この章をどのように書こうか私もまた一生懸命考えた。アレックスと同じように，自分の心をうまく収めて「大きい人」の言葉を使おうとしてみたの

---

1) 本章の初出，「『大人の』言葉——無意識的空想についての対人関係的／関係論的パースペクティヴ」('Grown-up' Words: An Interpersonal/Relational Perspective on Unconscious Fantasy) は，『精神分析的探求』 *Psychoanalytic Inquiry*, *28*, 2008, pp. 131-150. に掲載された。
*（訳注）日本でもよく知られている「クマのプーさん」は英語では "Winnie the Pooh" という。ここでの Pooh は，可愛らしい一つの愛称であるが，一方 pooh という言葉は，幼児言葉で shit, すなわち糞便のことでもある。shit はまた，クソッタレという罵りの言葉としても用いられる。アレックスは pooh の大人言葉として，生真面目に shit という言葉を用いたのだが，それは図らずもクソッタレということを意味してしまった。そこに面白さと同時に，大人言葉と幼児言葉との間の垣根がみられるという皮肉がある。

だが，読者の中には私と彼らの発達的レベルに似通ったところがあることに気づいてしまう人がいるのではないかと私は恐れている。「無意識的空想」という概念について書くにあたって，私は「大人の」言葉（すなわち，訓練中に私が学んだ概念的言語）を用いようと一生懸命試みた。しかしアレックスとは違い，私は観察可能なことについての言葉を分析的言説の大人の概念的言語に置き換えてしまうことにはあまり気乗りがしない。これら二つの間の交渉を試みようという私の努力がアレックスの半分でも成功したのならば満足しようと思う。

　無意識的空想という概念が最初に提案されたのは，フロイトからフリースへの1897年の手紙の中においてである。やがてそれは，人は誰でも，繰り返し演じられ，それ自体が独立した生き物であるかのような人生におけるある種の選択につながって行く無意識のシナリオに憑かれているように見えるという事実を説明する概念に発展していった。ある者たちにとっては，これらの繰り返される選択は彼らの人生の行く末を決めてしまうようなドラマの形をとり，それは判断と過去の経験の記憶の両方を覆してしまうほどである。ランガン（Langan, 1997）は次のように皮肉を込めて述べている。「詩人アレン・ギンズバーグが言ったように，それを細かく分析して『私の心はそれ自体の心を持っている』と発見したからといって，それがどうだというのだろうか？」（p.820）。

　フロイト派およびクライン派の精神分析理論における基本的要素として，無意識的空想 unconscious fantasy は古くから重要視されてきた。クライニアンはそれを *phantasy* と綴るが，この概念は，意識の複雑な本質の見方を臨床家に提供することによって，他の方法では理解することの難しい精神的現象を理解することを可能にしてきた。しかしながら，この概念は私にとっては理論的にも臨床的にも決して魅力的なものではなかった。以下に私は，**無意識的空想**という用語が今でも精神分析の理論と実践にとって中心的なものなのか，本当に役に立つものなのかどうかという問いについて論じることにする。

　初めに，かなり最近，一年ほど間をおいて出版された二つの論文，一つは私自身（Bromberg, 2003a）の論文，もう一つはジェイムズ・グロットスティン（Grotstein, 2004）の論文を見てみたいと思う。これらの論文でわれわれはそれぞれ，「現実がちらつく」ときに「理解し難いラクナ[*]」において起

こる，言葉では言い表せない主観的経験についてアルバート・ゴールドバース（Goldbarth, 2003）が語ったのと同様に，無意識的経験という現象について論じた。われわれの主観性における間隙に気づくこととは，「われわれはそれらの間隙において**何が**起こるのか分からない」（p. 133）ということに気づくことだとゴールドバースは述べる。われわれはこれらの間隙をあまり長く見つめていることができないのであって，ゴールドバースによれば「太陽を眺められる間以上には」（p. 133）無理なのである。したがってわれわれはある用語――無意識的空想――という用語を見つけ，それによって実際に知っている以上のことを知っているというように信じることができるようになったのだと私は考える。アルフレッド・コージブスキー（Korzybski, 1954）を引用してレヴェンソン（Levenson, 1983, p. 122）が記しているように，「明確さという錯覚は，抽象レベルが上がると共に増大する」。

　言葉では言い表せない経験という言葉で私が指しているのは，「私ではない私」という存在が「亡霊のように」分析家の主観性の中に侵入してくることであるが，それを言語で把握するのは大変難しく，グロットスティンも私も各々論文への導入として詩を用いたのだが，それはわれわれがそれを概念化することを試みる前に，メタファーを通してその本質を喚起することができるのではないかという希望を持ってのことであった。それは精神分析的に説明してしまおうとすると，あまりにも容易に「翻訳されて見失われてしまう lost in translation」ような経験である。私自身が詩を選ぶにあたって，私はエミリー・ディキンソン（Dickinson, 1863, p. 333）の抒情性を好み，一方グロットスティンは，アレクサンダー・ポープ（Pope, 1714, pp. 354-364）の，一層古典的な形象に訴えた。しかしわれわれは共に，取り憑かれているというメタファーは，ディキンソンを「われわれの背後のわれわれ，隠された――」について語ることへと導いていった情動的存在を伝えるのに最適であるということを認識していた。「あなたの周りを無数の霊魂が漂っている……目には見えないけれども，いつでも飛んでいる」というポープの言葉に，そして，「部屋だけとは限らない――亡霊に取り憑かれるのは――家だけとは限らない」というディキンソンの言葉に。フロイトはこれらの「亡霊」を無意識的空想の病的な付帯現象であると見なし，一方クラインはこれ

　＊（訳注）周りから抜け落ちた小さな部分，の意。裂孔，小腔とも訳される。
　＊＊（訳注）第2章の訳注参照。

らの無意識的「空想 phantasies」を変容の可能性を秘めた，発達的に必要なものと見なした。スピリウス（Spillius, 2001）は次のようにコメントしている。「フロイトとクラインは空想 phantasy という言葉の日常的使用法の対照的な側面を強調した……。フロイトの使用法は日常的使用法の中の虚構的で願望充足的側面を強調したが，一方クラインは創造的な側面に焦点を当てる傾向があった」（p. 362）。

　空想 fantasy という言葉を，f を用いる代わりに ph を用いて綴ることは，フロイト派の理論とクライン派の理論の間の，さらには病理性と創造性の橋渡しを分析家が行う上で助けになった。しかし，この橋を作り上げるにあたってのビオンによる大変重要な貢献（1962, 1963, 1965, 1970）にもかかわらず，関係性という点では問題の核心は未だ扱われていないように思われる。無意識的空想という概念は，それをどのように綴るにせよ，臨床プロセスは意味を構築するという関係的な行為であるということを理解する上で助けとなっているのだろうか，あるいは妨げとなっているのだろうか？

　グロットスティン（Grotstein, 2004）はクライニアン／ビオニアンの観点から，われわれが自分自身に何を語ることを選ぼうとも，分析家が患者と共に本当の意味で言及することができるのはすべて**意識的**空想であり，それは典型的には意識的現実の中に埋め込まれ，意識的現実と並んで置かれているものであるということを指摘し，ジレンマを指し示した。

> 伝統的に，精神分析家がアナリザントに対して無意識的空想を解釈するとき，主に用いられる観点は常に外的な事実としての現実についてのものであった。それはたとえば，（空想 fantasy の中で）「あなたが待合室にいて私が電話で話しているのを聞いたとき，あなたは私が私の愛人と話していると思いました」というものであるが，ここでは，事実としてはそうではなかった，ということが暗に意味されている。言い換えれば，病理の主要な原因は空想 phantasies にあると理解され，空想 phantasy の虚構を暴いて現実を安全に回復することが治癒につながると考えられてきたのである。（pp. 115-116）

　この例において皮肉なのは，もちろん，解釈が作られるのは既に思考のレベルにおいてであるという理由から，問題となっているのが実際には無意識

的空想の解釈ではなく，（グロットスティンが f の fantasy として綴っていることに認められるように）意識的空想の解釈だということである。一方真に象徴化されていない情動的経験は，象徴化を通してのみ意識に達することができるが，そこで必要となるのは，解釈の意味を組織化するための関係性のコンテクストの経験である。この点に関連して，R. D. レイン（Laing, 1967）が空想について述べていることを考えてみよう。

> 空想は世界への関わり方の特有の方法である。それは行為の中に暗黙のうちに含まれている意味あるいは感覚の一部分であって，それはときに本質的な一部分である。関係性という点からは，われわれはそれから解離しているのかもしれない……［そして］われわれは，自分の行動は，それに意味を与える経験的な関係性あるいは関係性の経験を暗示しているということを認めることを拒む……のかもしれない。空想は……常に経験的で有意義なものである。そして人がそれから解離してしまうことがないならば，適切に関係的である。（pp. 31-32）

レインの言っていることが正確ならば，無意識的空想という概念は，世界への特有の関わり方——われわれが今日「手順記憶[*]」という名のもとに呼んでいるもの——の代わりに埋もれている思考を暗に意味する限りにおいて，一つの妨害物である。確かに，私が無意識的空想という概念を受け入れることに気が進まないのは，理論的というよりもむしろ臨床的なためらいによるのだが，実際には理論的なためらいもある。私は以前，レインと同様のことを示唆したことがあった（Bromberg, 1989）。「精神分析では，患者が分析家に自分の無意識的空想を打ち明けるのではない。患者は自身の無意識的空想**そのものであって**，精神分析という**行為**を通して分析家とそれらを共に生きるのだ」（p. 153）。このことは，無意識的空想は患者と分析家双方の多様なシフトして行く自己-状態の相互作用を通して構築され，存在するに至るものだということを意味している。したがって，精神分析の間，同種の力動が繰り返しエナクトされるとは言っても，ある一つの分析的関係の中では，患者の「反復強迫」と映るものは本当の意味での反復を含んでいないと言うこ

＊（訳注）p. xi 訳注参照。

とができるのかもしれない。いわゆる反復の一つ一つが関係性を変化させ，そしてヘラクレイトスが「同じ川に二度入ることはできない」と言ったのと同じ意味で，「同じエナクトメントに二度入ることはできない」ということを同じように言うことができる。分析家が，エナクトメントが違う「川」だと気づく時点とは，分析家が「目覚め」，そして何かが分析家と患者**の間に**起こっており，そして自分はその事態を作り出したうちの一人であると分析家が認識する時点である。このように認識すると，生起していることが，単に患者の過去の素材の回帰であって患者の寄与という観点のみを用いて理解することができるはずだと信じたいという分析家の願望は揺す振られることになる。エナクトメントを形作るように互いに解離的に関わり合っていた，分析家と患者の双方におけるそれぞれの自己-状態の間の対人間的比較と対人間的交渉のプロセスを可能にするような条件が，今ここに揃うことになる。自己-状態の間のこの対人間的交渉を通して，同様の，精神内界的な交渉のプロセスが患者の中で促され，それまでは共存することのできなかった，いわんや理解し合うことのできなかった自己-状態が，今や内的葛藤の経験にますます開かれてきた「私」という一貫した感覚の諸側面として参加することが次第に可能になる。

　ライオンズ＝ルースとボストン変化プロセス研究会（Lyons-Ruth & the Boston Change Process Study Group, 2001, pp. 13-17）は，治療作用についてのこのような見方に特に注目し，精神分析の成長における次の大きなステップとなるのではないかと論じている。彼らの言う「非-線形的な，心理療法的変化のエナクティヴな理論」を参照しておく。それによって「精神力動的な治療のプロセスを，治療における二人のパートナー〔治療者と患者〕の間の，より協同的で，包括的で，そして一貫した対話の形としてうまく考えることができる」という。

　　臨床プロセスが認知よりも情動に導かれるものならば，治療的変化は関係的組織化の新たな形の出現へとつながるプロセスである。新しい経験が出現するのだが，しかしそれは患者の益となるべく治療者が創り出すものではない。そうではなく，そのような経験は，患者と治療者の間の相互交流の中で，認識の新しいあり方，あるいは互いのイニシアティヴをうまく合わせていく新しいあり方を，二人が互いに模索する中から，思いがけず現

れるものなのである。(p. 17)

　具体的にはボストン変化プロセス研究会は，対話の領域が広がり流暢さが増すことが，治療を通して永続的なパーソナリティの成長が引き起こされるために一番大切だと論じている。さらに統合された複雑な内容へとつながっていくのはこのことなのである。そのことは内容が重要ではないということを意味しているのではない。そうではなく，**変化が起こるのは内容を探索していく関係的プロセスのためなのであって，新しい内容を発見すること自体のためなのではない**。その「内容」は，彼らが「関係性を巡る暗黙の知 implicit relational knowing」と呼んでいるもの——それ自体内容の一部であるような，絶え間ないプロセス——を体現するような関係的経験の中に埋め込まれているのである。

　しかし，事情はさらに複雑である。患者の，関係性を巡る暗黙の知は，程度の差こそあれ解離的な精神構造によって影響を受けるが，同時に，ある一つの知の方法に近づくことは，別の暗黙知の図式の組み合わせに切り替わることを来たしてしまうかもしれない。そしてこれらの切り替わりにおいて，意識されているものと無意識なもの，そして「私」であるものと「私ではない私」であるものは，シフトしてはまた元に戻ることを繰り返す。無意識的空想という概念を保持することへのもっとも強力な反論となると私が信ずるのは，この問題である。なぜだろうか？　それは，もしも自己が統合されているものであると同時に多重なものであるならば，現実は非線形的なものとなり，絶対的な意味で空想から区別することは不可能だからである。自己の異なる部分が他の部分を「私」として認識する能力は，いつの場合も相対的なものである。したがって，自己の一つの部分にとっての現実は，他の部分にとっては空想となる。さらに，われわれが**無意識**と呼んでいるものは，その瞬間に自己のどの部分が意識に到達することができるのかということにかかっている。

空想と現実

　『ウェブスター大辞典 *Webster's Unabridged Dictionary*』(1983) は，

fantasy（phantasy とも綴られる）という語の意味のうち心理的出来事としての意味に属するものとして三つの定義を挙げている。これら三つの定義はすべて，錯覚であるか，あるいは奇妙な**意識的な**精神現象を意味している。(1) 想像，(2) 非現実的な心象あるいは錯覚，(3) 心理学においては，白日夢の中におけるような，ある連続性をもった心象。繰り返しになるが，これらの定義はすべて意識的経験に属する質を表している。**無意識的空想**という**概念**は**空想**という用語の意味を拡張しているわけでは実際はない。それはむしろその本質を変えてしまっている。空想が無意識的であり得ると提案することは，空想の概念からそのさまざまな質をはぎ取ってしまうことである。もし空想が無意識的であるならば，どのようにしてそれが非現実的であり，創造的であり，あるいは白日夢のようであると表すことができるのだろうか？　概念的には，これは混乱以外の何ものでもなく，この混乱こそがアーロウ（Arlow, 1969）をして「非常にしっかりした臨床的基礎を持ち，われわれの理論体系の一部として大変重要な概念的なものとなった概念は，もう大分前から，精神分析の問題として取り上げられることもなくなってしまった」と嘆かしめた当の問題なのである。私はアーロウほどにはこのことで困惑してはいない。心の精神分析理論は，一般に，根拠となる「エヴィデンス」とそのエヴィデンスが支持するようにデザインされている理論に基づく観察とを混同してしまう傾向がある。理由は単純で，そのデータ源の大部分は主観的なものだからである。「われわれの理論体系の一部として大変重要な概念」である他の基本的原則は言うまでもなく，無意識的空想の概念もまた，アーロウがそう信ずることを選んだほどには「非常にしっかりした臨床的基礎を持って」いるわけではない。「エヴィデンス」と，そのエヴィデンスが支持するようにデザインされている理論に基づく観察との混同ということで私が意味するところの一例であるが，ムーアとファイン（Moore & Fine, 1990）は，自分たちの精神分析的用語と概念の事典の中で，次のように述べている。「ほとんどの精神的活動は無意識的であるという膨大な量のエヴィデンスが存在する。これは，特に空想について言えることである」(p. 75)。よく見てみると，これは大変な見解であるということが分かる。これら二つの文の中で述べられている定義の最初の部分，すなわち「ほとんどの精神的活動は無意識的である」という部分は，実際客観的エヴィデンスによって支えられている。次の部分，「これは，特に空想について言えることである」と

述べている部分は，こっそりと忍び込ませているようであり，客観的支持を欠いているのみならず，既に見たように，**空想**という用語の意味を変えてしまっている。しかしながら，私が最も関心があるのは，概念的な明確さではなく臨床的な明確さである。もしも，**無意識的空想**という用語によって，分析家が，患者の心の中には，誰もが主観的には空想的な経験だと知っているものの，無意識的なレプリカのようなものが存在しているのだと信じてしまうようになれば，私は，この用語はわれわれにとって有益というよりも有害であって精神分析的語彙から取り除かれるべきであるという私の考えを保持したいと思うことだろう。しかし，メタ理論から臨床理論へという関係的シフトがわれわれの専門分野において起こっているということを鑑みるならば，現時点においては，「様子を見る」という態度の方が，分析的思考において既に起こりつつある展開をより促進するものだろうと私は考える。

エナクトメントと自己の多重性

　ボストン変化プロセス研究会は治療作用の源の新しい理解を最近提案したが，ライオンズ＝ルース（Lyons-Ruth, 2003）はそれに対して関係性理論が多大な貢献をしたことを強調している。彼女は，「解釈への狭い焦点化を超えて，精神分析的治療の変化に貢献するような関係的交流のより大きな領域を包摂する言語と構造」（pp. 905-906）を発展させるべく，仕事を続けていく必要があると訴える。私は，エナクトメントおよび「私ではない私」に取り組むことを対人関係的／関係論的に強調することは，彼女の言うところの言語と構造を提供するための非常に大きな一歩であると考える。なぜならば，そうすることは精神内界への焦点を失うことなく対人間的および間主観的マトリクスの本質を包摂することだからである（Levenkron, 2009 を参照のこと）。そのような一歩をわれわれが踏み出すとき，無意識的空想の概念が精神分析の理論と実践にとって，中心的であるのかどうかという問題は浮き彫りにされることだろう。

　経験的なプロセスとして，エナクトメントはパートナー双方を，互いの中に入り込んでいるようなユニットとして考える。エナクトメントとは，治療者と患者が，解離された様式の関わり方を通して繋がり合う二者的な出来事である。そこではそれぞれが，相手の「私ではない私」に情動的に反応する自分自身の「私ではない私」の状態にある。この共有された解離的な繭は，

それ自体の必須事項を持っている。その繭は二人のパートナーを巻き込み，少なくともしばらくの間は，彼らを解離によって作り出される「私ではない私」のコミュニケーションの場の中に二人を捕えて離さない。簡単に言うと，エナクトメントは対人間的に演じられる精神内界的現象であり，それは「私ではない私」が「私」として象徴的に扱われるに至る，この対人間的関与を通して起こることなのである。私は，このような理解は，内容からプロセスへの，非常に大きなパラダイム・シフトと言ってもよいほどの大きな変化を表していると信じる。ミッチェル（Mitchell, 1991）はこのような理解に触発され，心が関係的に組織化されているという重要な考え方を発展させていくのだが，彼は次のように書いている。

> 自己についてのポスト古典派的な精神分析的考え方への鍵となる移行が起こったのは，理論家たちが……抑圧されたものを，組織化されていない，衝動的な断片としてではなく，関係性の周りに組織化された意味の布置として考え始めたときであった……。これらは，われわれが自分自身に関して抱いている通常の現象論的な統合感の背景に存在するある特定の視点，自己感，在り方の周りに組織化されている，経験と行動の能動的なパタンを体現するような人間のさまざまなヴァージョンである……。その結果生ずるのは，異なる関係性のコンテクスト由来の，異なる自己と対象のイメージあるいは表象を取り巻いてパタン化される，多重のあるいは多様な自己組織化である。われわれは皆，重複する，多重の組織化とパースペクティヴの合成物なのであって，われわれの経験は連続性という感覚の錯覚によって，滑らかにされているのである。（pp. 127-128）

同様に，ルドゥー（LeDoux, 2002）は，神経生物学的言葉を用いて，脳のプロセスの謎は自己の多重性の謎と関連していると提案している。

> ［自己］は一つの単位 unit であるが，単一のもの unitary ではない……。自己のすべての側面が同時に現れることは通常はないという事実，またそれら異なる側面は互いに矛盾することすらあるという事実は，複雑な問題を来すように見える。しかし，このことは単に，自己の異なる構成要素が異なる脳のシステムの働きを反映しているということを意味するわけでは

ない。そういうことは起こり得ることだが，いつもそれらが同期しているとは限らない。判然とした記憶は単一のシステムによって媒介されるが，一方，暗黙のうちに記憶を蓄えるさまざまな異なる脳のシステムが存在するのであって，それらのおかげで自己の多くの側面が共存することができるのである……。画家パウル・クレー（Klee, 1957）が述べたように，自己は「劇的なアンサンブル」なのである。（p. 31）

空想，情動，そして意味-構築

　無意識的空想はしばしば臨床家の心の中で「洞察」と結びつけられる。前者は後者のターゲットである，というようにである。洞察について言えば，私はフィンガレット（Fingarette, 1963）による「洞察とは茂みの中に隠れている動物を発見するようなものではない。洞察は，隠された，過去の現実を暴くものではない。それは現在の経験の意味の再組織化であり，未来と過去の両方へ向かっての，現在における再方向づけなのである」（p. 20）というしばしば引用される見解に賛成である。空想に関して私は，埋もれている無意識的空想のエヴィデンスと思われているものは，実際は，分析プロセスの対人関係的／関係論的な本質によって可能になっている意味の構築が展開し続ける際につきものの錯覚であると考えている。患者と分析家の中の象徴化されていない情動（空想ではなく）が二人が創り上げるプロセスに加わることを可能にするのは，患者が分析家と**共**に行うことであり，それを通して患者の自己-物語が拡張していく。このプロセスは，相対する自己の部分を解離することなく単一の意識状態の下に抱える能力が増すことによって一段と可能になっていき，それが今度は，患者が情動的に安全に自己自省を行う能力を高めるのだと私は考える。

　隠された空想の「覆いを取る」ことのように見えるものは，それまでは自省を締め出し，情動的で象徴化以前のsubsymbolicエナクトメントのみを許容していた経験の領域において，自省性が少しずつ発達していく様子のことである（Bucci, 1997a, 1997b, 2001, 2002, 2003, 2007a, 2007b, 2010）。自省は，安定性を守る自動的プロセスとして解離を次第に置き換えていくにつれて，それまで「ずっと知られていたけれども追い払われていた」何かが「現れて」来るという錯覚を助長し，そのことによって自己の連続性を請け負う（Mitchell, 1991, p. 139を参照のこと）。それは確かに「知られて」いたのだ

が，考えられてはいなかったのだ（Bollas, 1987 を参照のこと）。われわれはそれを，「私」として象徴化されていないものに属する情動的な規則として理解することができるかもしれない。われわれがこの象徴化されていない情動を「空想」と呼ぶならば，それは人が空想を持つのではなく，その逆であることを明確にしておくことが必須である。人はこの「空想」に取り憑かれるのであるが，それは亡霊――自己-物語から，そしてその物語の記憶から解離された「私ではない私」という経験――に取り憑かれるようなものである。

　取り憑かれた人間は目に映るが，亡霊は目に映らない。スタイナー（Steiner, 2003）の編著『無意識的空想 Unconscious Fantasy』の書評において，リズート（Rizzuto, 2004）は，理論的構成概念というよりもあたかも知覚可能な出来事であるかのように無意識的空想について語ることの本当の危険性を強調しているものとして同書中のソームズ（Solms, 2003）による章，「無意識的空想 Phantasies は本当に存在するのか？」を引用しているが，それは的確だった。リズートの言葉は次のようなものである。「ソームズは，内的および外的現実を理解するにあたっての知覚の役割を検討している……。精神的現象として，無意識的空想はもっぱら**推測**の結果である」（p. 1289）。それ自体で作動し続ける無意識的テクストを信じることは，意識の中に保っておくには危険過ぎる「埋もれている空想」――抑圧されていたが，今ようやく「表面」に姿を現すことを許された一種の白日夢――を暴くという神話を助長することにつながっている。この神話は，分析家の臨床的スタンスに絶えず影響を及ぼし，分析的成長の関係的な本質が患者のために十分に用いられることを妨げることになってしまう。

　伝統的に，無意識的空想という観点から思考することは，精神分析の治療作用が解釈のプロセスと結びついており，患者が「分析可能」であるという前提条件を満たさなければならないという信念への，少なくとも暗黙の忠誠を分析家が示すことを要求する。もう 20 年ほども前のことであるが（Bromberg, 1993），私はこの視点に異議を唱え，「無意識的空想の影と実体」は「現実の新しい領域，物語の記憶と直の知覚との間の衝突が，複数の現実と分離した自己-他者表象とが同時に存在することを抱え込むような混沌とした間主観的場の中において捉えられ，再構築される」（p. 180）ことであると論じた。

無意識的空想の影と実体という言葉で私が意味しようとしたものは何だったのか？　私は当時，今でもそうだが，解離から内的葛藤の能力への移行の背景にある精神的プロセスをどのように理解したらよいのかという問題と格闘していた。妨害され，あるいは制限されていた領域において内的葛藤の能力が発達し始める度合いに応じて，解離はまず，解釈を利用する心の能力と交渉の接点を見つけなければならない。エナクトメントという現象（「私ではない私」の象徴化以前のコミュニケーション）はそのような接点であり，そこにおける患者と分析家の間の交渉は，間主観性（関係的な「私」の象徴的コミュニケーション）の発達を促すことによって，葛藤の能力を育むものであると思う。第6章で十分に論じられたように，これは重なり合いつつも別個のコミュニケーションのチャンネルであり，連続的なものではないというエプスティン（Epstein, 1994）の意見に私は賛成である。それは関係的無意識――エナクトメントと象徴的コミュニケーションの両方を用いながらも両方を超える心の状態，解離が自己性 selfhood と他者性を頑に変則的なものとしてしまったパーソナリティの領域における間主観性の発達をコンテクスト化するような心の状態，「特有のあり方で関係的でありながら，特有のあり方で個別的でもある空間，一方のみに属しているのではなく，にもかかわらず，両方にそしてそれぞれに属している空間，両立し得ない自己が，それぞれ，自身の『真実』に目覚め，その統合性を危険に曝すことなく他者の現実を『夢見る』ことのできる黄昏の空間 twilight state」（Bromberg, 1996a, p. 278）――を共に創造することである。

　ボノヴィッツ（Bonovitz, 2004）は，この状態を「遊びを通しての空想の変容であり，それが今度は精神構造をシフトさせる」（p. 553）と述べている。彼は，そのような変容は次の事実にかかっていると信じているという点で私と同じである。すなわち，「空想は，多重の現実と多重の自分自身のヴァージョン，人がその中に宿り，そして経験から意味を作り，葛藤をワーク・スルーするために用いることができるようなヴァージョンを産み出すことに寄与するという点において柔軟である」（p. 561）という事実である。私は，このように共に創造された遊び場の正に本質であるものは，それが経験的に安定した状態であり続けるわけではないこと，しかし関係的に象徴化していくという行為，交渉を通して合意に至った consensually negotiated 言語によって表現するという行為の中で，変わっていく点にあるという考え方を

示した。この黄昏の空間において，空想の柔軟な生産性は，患者と分析家双方にとって多重の現実と多重の自己-状態が展開する余地を作り出し，これまで分析家たちが無意識的空想と呼んできたものを創造すると同時に，その創造のプロセスにおいて象徴化していく。感覚と自己-物語のこの絶え間なくシフトする接点を通して，分析家は臨床プロセスの影と実体を，そしてそれが解離とエナクトメントから切り離すことができないということを経験するに至る。こう述べると，それではなぜ無意識的空想という言葉を保つ必要があるのか？という疑問が生じる。それが一個人の心の中で抑圧されている象徴化された思考（白日夢）としてではなく，共構築された，解離された経験として受け入れられるという条件の下でということならば，私はこの概念は依然として発見的力を持つものであると実際は考える。たとえば，この概念は次のように複数の症例を臨床的に比較するのにしばしば役に立つ。

> 三人の患者の一人一人が，パーソナリティ，歴史，用いる言葉が劇的に違うにもかかわらず，同じ無意識的空想——ほとんど言語によって象徴化されていない——の強力な存在に取り憑かれているように見えるのだった。それは，彼らが心象を用いるやり方に浸透し，そしてそれを組織化しており，その後明らかになったことだが，それぞれの分析家との間で演じられるエナクトメントを特徴づけていた。この解離された空想においては，それぞれが自分の「真の」自己と感じているものの，中心的だが知られずにいる側面が，ある他者——それを知ることを拒む他者——の心の内部に囚われてしまっており，そのため患者は，ウィニコット（Winnicott, 1949）が精神-身体 psyche-soma と呼んだ統合の感覚としての精神的そして身体的経験の相互関係に依拠する自己-全体性の経験を得る権利を我が物とできないでいたのだった。(Bromberg, 1998c, pp. 311-312)

読者にはお分かりだと思うが，私は，フロイト派の概念であれクライン派の概念であれ，無意識的空想というような鋭く厳しい概念よりも，もっと印象主義的な，移行のプロセスという考え方を好んでいる。しかし，私はこの無意識的空想という用語もときには用いる。私は，急激に増大しつつある神経科学および認知科学の研究によって，われわれは古典的な思考とポスト古典派の思考の橋渡しをしてくれる理解に，少しずつ近づくことができるかも

しれないと思っているのだが，もしそうなるとしたら，無意識的空想という概念は，見直さなければ生き残ることのできない概念の一つになるだろうと予測している。ブッチ（Bucci, 2002）は，同様に，「精神分析的治療のゴールは解離された図式の統合である」（p. 766）と述べており，また，フロイトの抑圧を基本とした精神分析の治療作用論は，真剣に再考する必要があり，そのためにはまず「退行と抵抗などの概念を見直す必要がある」（p. 788）ことを主張している。

　この領域におけるもっとも説得力があり興味深い一連の思考は，発達的精神病理と葛藤的精神病理を区別した，ピーター・フォナギーらの仕事に見ることができる。われわれは皆，解釈できない経験と解釈できる経験を区別する。彼らはこの区別（Fonagy et al., 1993）を取り上げ，「自己の二つの側面，生を直接経験している『前-自省的あるいは身体的自己』，そして精神的生活の内的観察者である『自省的あるいは心理的自己』」（p. 472）について論じている。

　患者の「自省的自己」——フォナギーらが「メンタライゼーション mentalization」と呼んだもの——の機能を高めるためには，精神状態を単に正確に映し返すこと以上のものを必要とする。分析家は，映し返すことを超えて，分析家の主観性と共に患者の主観性を反映するような，それまでとは異なる，しかし経験として適切な再-表象を提供しなければならない。言い換えれば，分析家は患者の表象が彼の中でどのような表象となっているかを示さなければならないのであって，そしてそうするためには分析家は使用可能な対象であると同時に，自分自身でなければならない。彼らの言葉を引用する。

　　子どもが自分自身と自分の対象を，それぞれどのように精神的に経験するかは，互いに関連し合っている。子どもが他者をどのように知覚するかは，彼が自分自身の精神状態をどのように経験するかに影響されるが，それは，今度は，彼の対象が自分の精神世界についてどのように思い描いているかについて，彼がどのように知覚するかによって発達的に影響される……。子どもの世話をする人は，自分の行動を通して，ある一つの精神状態を子どもに帰するものだが，それは無意識的であり，そして広い範囲に及ぶ。これは次第に子どもによって内在化され，そしてそれが精神的自己

の中核的感覚の基礎となる。（Target & Fonagy, 1996, pp. 460-461）

　分析家の役割は，すると，出来事に際しそれをどのように感情的に経験しているのかを象徴化する患者の能力を高めることのみならず，自分自身の精神的状態について患者がどのように経験しているのか――「心的表象の表象」（Target & Fonagy, 1996, p. 469）――を象徴化する能力を高めることでもある。ある一人の患者との間で解釈を通してコミュニケーションを取るためには，いわゆる「観察自我」を頼りにすることになるが，これはそれを支えるものである。子どもの治療であろうと大人の治療であろうと，「発達における不均衡が大きければ大きいほど，葛藤の解釈のみに頼る技法の効果は小さくなり，葛藤を耐える能力……を支持し強化することを目的とした分析的介入の方法を工夫する必要が大きくなるだろう」（p. 16）とフォナギーとモラン（Fonagy & Moran, 1991）は論じる。同様に，さらに的を射たことだが，彼らは次のように述べている。「解釈は依然助けになるのかもしれないが，その機能は明らかに，抑圧を解除し歪んだ知覚と信念とに取り組むことにもはや限定されるものではない……。**解釈の目標は，自分自身および自分の対象の中の精神状態への患者の関心を再活性化することである**」（Fonagy & Target, 1995, pp. 498-499, 強調は引用者）。

　患者がある出来事を述べており，それについて患者が感情的により深く経験できるように分析家が助けようとするとき，典型的な介入の仕方は，「どう感じましたか？」あるいは「その腹立たしさとは，どんな感じだったのですか？」（第4章参照）という質問の類である。このような質問は，異なる自己-状態への切り替わりを，あるいは症状をしばしば引き起こす。そしてこれらは共に，もし役に立ちそうならば，注意の対象となり得る。私の臨床的視点とフォナギーとタルジェの視点をもっとも密接に繋げるのはこのような瞬間であり，それはわれわれが「心的現実は信念を通して感じられるのみならず，知覚を通してもまた感じられるものだ」（Target & Fonagy, 1996, p. 471）という認識を共有しているからである。典型的な質問を受けて，患者は通常，自分が線形の時間における過去の出来事として，自分が何を感じたのかを「想い出そう」と務める。私が提案しているのは，話すべき物語としてではなく，再び足を踏み入れるべき空間として，その瞬間を知覚するように患者が求められるという臨床プロセスである。この意味で，**無意識的空**

想という用語は，この再び足を踏み入れるべき空間という現実からそらしてしまうという限りにおいて，紛らわしいものである。

知覚，空想，そして自己-状態

　解離から葛藤への構造的シフトと私が呼ぶものは，臨床的には，自己の一つの側面がそれまで解離されていた他の側面を観察し自省する（しばしばそれは嫌悪感を伴うものだが）ことのできるような，自省的姿勢を取る能力が患者の中で高まっていくこととして表れる。これは，単に内的葛藤をより良く耐えることができるようになるという実践的な治療の結果以上のことを目標としているという点において，古典的葛藤理論が観察自我の発達と呼ぶものとは異なっている。健康な対話においては，どの瞬間においても，今-ここでの状況で「私」として認知的に象徴化されていない自己-状態がいつも存在するが，それは，そのような自己-状態がもし認知的に象徴化されると，型通りの正常の適応の妨げとなるからである。通常，これは問題とはならない。「私」と「私ではない私」という自己-状態の布置の間の適応的な流動性が犠牲になり，自己-状態が関係的な話し合いに参加することができなくなるのは，外傷的な調整異常が生じる可能性を早期に警告するシステムとして，自己-状態が類催眠的にお互いに**遮断**し合う場合である。これはすべての患者に程度の差こそあれ当てはまることである。象徴化されていない「私ではない私」という自己-状態は，エナクトメントを通して知られるようになる。フォナギーが発達的病理と呼び，私が解釈できない病理と呼ぶものは，このようにしてその存在を伝える。

　したがって私は，自分の嫌う，他の自分自身というものの存在を患者が観察して自省し，それを自分とは関係がないものとして片づけたいと思いながらそうはできないというときが，どのような分析的治療であっても起こるものだと信じる。このようなプロセスが進むには，分析家が，自分自身の「私ではない私」という経験を同じように観察して自省することを自ら進んで行うことが必要であり，それも，可能な限り声を大にして行う必要がある。分析家自身の情動的正直さは，患者にとって計り知れないほどの助けとなり，患者は分析家との関係を通して，自分の解離された自己-状態の間の内的な結びつけを行うプロセスの機会を発見する。この結びつけのプロセスの間，どの自己がより「真」（Winnicott, 1960, 1971）であるのか，どの現実がより

「客観的」（Winnicott, 1951）であるのかを選ぶように患者が迫られることがなければ，空想，知覚，思考，そして言語がそれぞれの役割を果たす。

　もしわれわれが，人は異なる多重の自己-状態から語っているのであって，ただ一つの自己の中心から語っているわけではないと考えるならば，分析家は必然的に自分自身と患者の複数の声に耳を澄ますことだろう。このような聴き方をするためには，**話し手**に全面的に調律していなければならない。シェイファー（Schafer, 1983）は「行為言語」という聴き方と解釈のモードを提案し，「分析家は物語ることそのものの行為に焦点を当てる……［そして］物語ることは情報や主題内容を与える中立あるいは透明の媒介……としてではなく，記述すべき対象として扱われている」（p. 228）と述べたが，そのような調律は，シェイファーが描いたものと同種の問題について扱っている。非線形的パースペクティヴからは，このことは，話し手がある瞬間に自分に対して与えるインパクトを熱心に受容するということを意味するのみならず，そのインパクトのシフトを一層熱心に受容するということをも意味する。理想的には，これらのシフトが起こるや否や，それに気づくことができるように分析家は努める。分析家が持続的に注意を払うべきなのは，このような自己の状態のシフトだと私は見る。これは一つの聴き方なのだが，それは，異なる瞬間に異なった感じ方をしているのを聴くというのとは違った聴き方である。後者の聴き方においては，特に劇的なものでもない限り，意識の状態の切り替わりは，多かれ少なかれ正常のバックグラウンド音楽であると考えられている。前者の聴き方においては，そのような切り替わりは，聴き，行うすべてのことを組織化するための主要なデータであると考えられている。それは，分析家として無意識的空想および個人的物語の再構築の問題にどのようにアプローチするのかをまとめ上げる。

　解離へとつながることなく，それまで一つの心の状態の中に収めることができなかったさまざまな自己-経験の間に関係的な橋が架けられることになるのは，自己-状態のシフトに注意を払うこのようなプロセスを通してである。ここでの議論の参照枠を用いるならば，分析家は自分自身の考え方の流儀を捨て去り，現在の自分の臨床的態度とはしっくりいかないような何か新しいやり方で仕事をする必要はないのである。歴史的に言えば，どんな分析家でも，そのスタンスは，自分の好むメタ心理学の違いによって一部は形作られるような三つの姿勢のうちのどれか一つに傾く傾向があった。葛藤の解

釈，詳細質問，あるいは共感的調律である。しかし，メタ理論の違いにもかかわらず，転移-逆転移の場が作用の要であるという事実はどのスタンスにおいても受け入れられているということは驚くべきことである。言い換えれば，永続的で広範囲にわたる人格的成長を目標とする分析であればどのようなものであっても，それぞれのスタンスの持つ臨床的論理にもとづく転移-逆転移の理解によって支えられているのである。それは何故か？

　臨床的には，転移-逆転移の場は，生き生きとした直の体験であることで特徴づけられる。しかしこの事実が，この場をどのように用いるのかという点についての，分析家の間の考え方の違いを超えるほど重要であるのは何故なのだろうか？　私自身の答えは，ある一人の分析家の治療作用についてのメタ心理学がどのようなものであっても，われわれは皆，知覚を高めることを通して患者が意識できる範囲を最大限拡張する助けとなることを暗黙のうちに，あるいは明確に臨床的に試みているからだ，というものである。知覚こそが作用の場であり，そしてこれまでもいつもそうであった。ヨーゼフ・ブロイアーは，『ヒステリー研究』（Breuer & Freud, 1893-1895, pp. 185-251）の中の理論についての章で，外傷に反応して，「知覚――感覚の印象の精神的解釈――もまた障害される」（p. 201）と述べた。同じように，イーニド・バリント（Balint, 1987）は次のように述べている。「外傷的過ぎるために，あるいは異質であり過ぎるために知覚する能力が欠けてしまっているとき，それでも人が本当の意味で意識が保たれているということはできるのだろうか？」（p. 480）。

　心理療法の方法として精神分析が成功しているとき，それは見ることと見られることとの間の弁証法的プロセスのためであって，単に「内部を」見られることのためではない。すなわち分析は同時に，われわれが患者にしていることを同様の知覚の鋭敏さでもって患者がわれわれにすることの自由を，われわれを聴くという行為の一部としてわれわれを見ることの自由を患者に与えるのである。私は以前，分析家がどのような探究方法を好むのかには関係なく，分析家が患者を見る一方で患者が分析家を自由に見ることを許される程度に応じて，転移の利用は分析的インパクトを創り出すのだと論じた（Bromberg, 1994）。自己のエナクトされた領域が象徴化されるに至るのは，主に転移-逆転移のコンテクストにおいてであって，それは，象徴化されるものは**二者的**経験だからである。象徴化の意味は言葉そのものに見出される

のではなく，言葉が表すに至った二者的な**知覚**のコンテクストに見出されるものである。分析家は，そのコンテクストにおける生きた一部として真正の存在を示すことによって，自分の役割を果たさなければならない。語れ――患者が自分を見ることができるように，患者の心の解離された状態が今-ここでの分析的関係にアクセスし，その中で生きられるように。

　外傷と解離によってダメージを受けるさまざまな精神機能の中でも，知覚は一歩ぬきんでている。外傷と解離はイメージを用いて遊ぶ認知的能力を駄目にし，意味を作るために知覚を用いることを難しくしてしまうからである。知覚は関係的プロセスであり，一個人の心と「その外に」あるものとの間の，個人的な相互交流である。知覚は個人的な相互交流のコンテクストに依拠しており，そのコンテクストが解離的に麻痺してしまうと，人は「物」それ自体の感覚的イメージを残されるのみになってしまう。しかしそれは，自分が参加している相互交流的な出来事として，認知的に戯れることのできない性質のものであるために，感覚的経験は知覚となることはできず，したがって個人的意味を欠いたまま，その「出来事」は物語の記憶からは排除されたままになる。「私はそれが起こったことを『何となく知っている sort-of know*』し，その部分部分はスナップショットのように浮かび上がってくるのですが，それを本当に覚えているとは言えないんです」。

　精神分析的治療においては，自己-真実の力は，知覚によって脅かされない限り変わることはない（第5章参照）のであって，したがってエナクトメントは強力な治療的可能性を持っている。しかし，知覚が「意味という行為」（Bruner, 1990）を作り出すためには，分析家と患者の双方の諸現実を含むような関係性のコンテクストが構築される必要がある。それが起こらない限り，直接の知覚的コンテクストとしては，患者の固定された情動的記憶のシステムのエナクトメントしかないということになる。そこには助けとなるべく論理的にその人自身の現実を取り出し，それをより良い現実――その「他者」の現実――で置き換えようとしている何らかの「他者」がいるだけなのだ。

＊（訳注）第8章の訳注参照。

関係的に構成された自己-組織化システムとしての人間の心[2]

　精神分析の著作者としての私の目標は，もっとも広くは，人間の心を関係的に構成された自己-組織化システムとして考えるということの臨床的および概念的な含意について探究することである。私は，パーソナリティの機能は，正常であれ病理的であれ，自己-状態の布置の絶え間ない非線形的なパタン形成の繰り返しとして理解するのが一番であり，このプロセスは，脳のレベルでは，解離と葛藤の間の弁証法が続いていくことによって調整されている，と論じた。正常な解離は，日常の精神機能に本来的に備わっている類催眠的な脳のメカニズムであり，その瞬間にどの自己-状態の布置がもっとも適応的であるかを選択し，心が最大限創造的に機能することを可能にする。ジョンソン（Johnson, 2004）はこの考え方を，脳と免疫のシステムの両方の内的メカニズムが自然淘汰の小型ヴァージョンを行っているというエデルマン（Edelman, 1989, 1992, 2004）の考え方と比較している。

　　脳の中のそれらのモジュールを，貴重な資源を求めて競い合っているさまざまな種 species のようなものだと考えてみるとよい――ある場合は，それらは生命体全体のコントロールを求めて競っているのかもしれない。あるいは，それらは注意を惹くことを求めて競っているのかもしれない。次の世代に自分たちの遺伝子を伝えようと努力する代わりに，それらは自分たちのメッセージを，自己の意識的感覚を形作る群を含む他のニューロン群に伝えようと努力しているのだ。都会の雑踏を歩いている自分を想像してみよう。歩いていると，自分の注意を惹こうと必死に競っている内的な声で自分の脳が一杯になるだろう。どの瞬間においても，その中で一部のみが選択され，大部分は気づかれないままだ。(p. 199)

　解離が外傷に対する防衛として動員されるとき，脳は，類催眠機能を用い

---

[2] 興味のある読者は，クレイグ・ピアーズ（Piers, 1998, 2000, 2005, 2007, 2010）の多大な貢献を参照されたい。彼は，複雑系理論およびその外傷との関係，精神機能，そして性格について著しているが，それはこの上なく重宝なもので，読む者に刺激を与えてくれる。

て自己-状態のコミュニケーションを制限し，各々の独立した状態の精神的安定性を確保する。自己の連続性はかくしてそれぞれの状態の中で保たれるが，しかし多重の状態をまたぐ自己の一貫性は犠牲となり，葛藤的経験の可能性を閉ざしてしまうような解離的な精神構造によって置き換えられてしまう。臨床的には，解離という現象は，どの治療においても多くの場面で観察することができるものの，エナクトメントの間にもっとも際立つ。そのとき分析家は，自分自身および患者の自己-状態の，それまで気づかれることのなかった情動的シフトに注意深く調律しなければならない。患者と分析家の「私ではない私」という経験の間に，対人間的および間主観的に演じられるエナクトメントを二人で認知的に消化していくことを通して，患者の封じ込まれた自己-状態は「思い出された現在」（Edelman, 1989）として生を取り戻し，思い出された過去を情動的および認知的に再構築することを可能にする。葛藤を安全に経験することができるようになると，続いて患者は皆，以前よりも葛藤を解決できるようになってくる。そうするといわゆる「良い」分析患者との仕事は一層強力なものとなるが，それは，「手に負えない抵抗」や「治療の行き詰まり」というような，解釈には反応しない臨床的現象を，**知覚的に** *perceptually* 扱うことを可能にするような，より経験に近いパースペクティヴが利用可能になるからである。さらには，「分析可能性」という考え方は無用のものとなり，分析家は，境界性，シゾイド，自己愛性，そして解離性などの，「困難」であるとか「分析不能である」としばしば考えられている幅広いスペクトラムのパーソナリティ障害に対して自分の専門性を用いることができるようになる。

　まとめると，精神分析は，患者の語る記憶とは**知覚的に** *perceivably* 異なる経験を提供しなければならない。サリヴァン（Sullivan, 1954, pp.94-112）[3]は，精神分析が真の意味で談話療法 talking cure であろうとするならば，自己とそぐわない知覚的データによって内的物語が構造的に再組織化される

---

[3] エドガー・レヴェンソンは，ますます広く受容されているこのような理解の精神分析的論者の間違いなく中心的存在であるが，2003年の論文「話されたものを見ること」の導入部分で，彼一流の簡潔さ，明快さ，ウィットでもって次のように述べた。「ハリー・スタック・サリヴァンはかつて，狂気に陥る前，一番最後に起こることはすべてが明らかになることだ！，と述べた。そういえば，私は一年ほど前，詳細質問，特に脱構築的な詳細質問は，実際は視覚的なものであって，誰もが普通思い描くように言語的なものではないということ，そして**実に精神分析的実践はすべて，言葉によって注釈がなされているものの実際には視覚的・空間的モダリティにおいて起こるということを突然思いついたのだった**」（p.233，強調は引用者）。

チャンスが与えられなければならないという認識に立って，パーソナリティの変化と彼が「詳細質問」と呼ぶ分析家の介入との間の強力な関係を強調した。「詳細質問」という言葉は，知覚の詳細の臨床的再構築を，分析家に出来事の物語の記憶として報告されるものから排除されている情動と対人間(たいじんかんてき)的なデータを思い出すことを指している。このプロセスの中心的特徴は，患者−分析家関係それ自体が物語を語ることの中に引き込まれて行き，分析が進むにつれて，今−ここでの関係性の中でそのさまざまな側面を繰り返すことである。それは実際，一つの関係的に構成された自己−組織化システムである！ 患者の古い物語の枠組みは，慣れ親しんだものと感じられる一方，知覚的に異なる対人間の経験を提供することによって広げられる。エナクトメントはこの種の変化が起こることを可能にしてくれる主たる知覚的な媒介物である。以前は排除されていた出来事および自己／他者の布置の経験を含む物語は，拡張され，二人の間でその妥当性の確認が行われるというように構築されていく。それは，これらの出来事と経験が，私が既に述べたように，単に過去を理解する新しい方法であるのではなく，知覚的現実の新しい象徴化を含んでいるからである。

　無意識的空想という概念は，それが指し示している現象が，抑圧され象徴化された思考の一形式としてではなく，解離され情動を伴った経験として理解される限りにおいてのみ，発見的価値を持ち続けるという考えを論じた。私は，埋もれている無意識的空想の証拠とされているものは，未処理の情動の象徴化が続いていく中で，分析プロセスの持つ対人関係的／関係論的な本質によって創られる錯覚であると考える。認知的および言語的象徴化が，患者の自己の安定性の自動安全装置としての解離を徐々に置き換えるに伴い，自省する力が増し，それまで知られてはいたものの避けられていた何ものかが，立ち現れてくるという錯覚を育む。したがって，われわれが「空想」と呼ばれる何ものかの無意識的存在を仮定するならば，それは人が空想を有しているのではなく，その逆であるのだということを受け入れることが肝要である。人が空想に取り憑かれているのである——自己−物語の象徴化に達することのできない「私ではない私」という情動的経験によって。今日無意識的空想の概念が精神分析の理論と実践において中心的であると私が思うかどうかについてであるが，既に多様な学派の間で起こりつつあるメタ理論から

臨床理論への関係的シフトを支えるためには,「しばらく様子を見る」という態度が一番であると,私は思っていると再度述べて,終わりにしたいと思う。

第Ⅳ部
間主観性の領域

第 8 章

「あなたの近しさ」
個人的な終章[1]

　30 年以上前，私がまだウィリアム・アランソン・ホワイト研究所の訓練生だった頃，私は初めて分析に関する文章を著した（Bromberg, 1974）。それは実は論文ではなく，私が訓練生の組織であるハリー・スタック・サリヴァン・ソサイエティの会長として企画し，代表を務めた 1972 年のシンポジウムの短い前置きの挨拶だった。私が会長になって最初の仕事として，ニューヨーク市内の幾つかの主な精神分析研究所所属の訓練生が，訓練中ということがどういった感じなのかについての短い論文を発表し，続いて互いに議論し合うという「研究所間の訓練生シンポジウム」を持つ，というアイディアは非常に魅力的だろうと考え，取り掛かった。
　魅力的という言葉ではあまり特徴を捉えられていないことが結局判明したが，その経験は，解離の利点と欠点についての私の後の理解に間違いなく役に立った。私は，精神分析の政治という隠り沼に分け入り，なんとかそれが**私**とは何の関係もないと感じることに成功していた。なぜならば，私の計画，および私がそのシンポジウムのために選んだタイトルは，うたた寝をしているワニたちを決して刺激しないだろう，と私は知っているものと単純に思い込んでいたからである。私は，信じられないことに，無邪気にも「精神分析の訓練における合理と非合理」とその会合を名づけた。私の性癖から，

1）「あなたの近しさ」（The Nearness of You）というタイトルは，1937 年のカーマイケルとワシントンによる歌から借りてきたものである。この章は，J. ペトルチェッリ編『知っていること，知らないこと，何となく知っていること——精神分析と不確実性の体験』（Petrucelli, J. (Ed.), *Knowing, Not-Knowing and Sort-of-Knowing: Psychoanalysis and the Experience of Uncertainty*）（London: Karnac, 2010）所収の「あなたの近しさ——自己性，他者性，不確実性を航行する」（The Nearness of You: Navigating Selfhood, Otherness, and Uncertainty）（pp. 22-45）に修正を加えたものである。本論文はもともと，ニューヨーク市で開かれたアメリカ心理学会精神分析部門第 28 回春季大会での基調演説として 2008 年 4 月 11 日に発表されたものである。

私は，この会合があらゆる所の訓練生にとって，いかに価値のあるものかを各研究所の指導者たちが一度知るならば，彼らは皆この会合を心底応援してくれると「知って」いたのだった。驚くべきことに，不平をこぼすワニたちが何人かいたにもかかわらず，その会合は開催され，米国精神分析学会に加入している二つの研究所を含む，さまざまな研究所の訓練生が参加したのだった。そのシンポジウムは，私が分析について書いていく端緒となると共に，物事の仕組みを解しない人としての私の評判の端緒ともなった。
　そのシンポジウムの内容は後に出版され，ワニたちは再びうたた寝に戻り，アレン・ウィーリスの有名な挑戦的な文章（1958, p. 154）を引用して締めくくった，私の2ページにわたる紹介を含んだものが活字として残った。

　　組織的な保護なしには，精神分析の初期の発見は希釈され消散してしまい，その潜在的な有用性は分からずじまいになってしまったかもしれない。しかし，そのように安全な道を取ることの代償は高かった。なぜならば，問題となっているものが一つのアイディアであるとき，乳児を守るはずの組織はその乳児の発達を阻害してしまうものだからである。
　　（Bromberg, 1974, p. 242）

　全体としてこの経験から，私は幾つかのことを学んだが，物事の仕組みを理解するということは，その中には入っていなかったようだった。私はただ幸運だっただけなのかもしれないが，幸いなるかなそのことに私は気づかず，私はほとんど自分の思うままのやり方を続け，書くことをますます楽しんでいた。一方，私は自分の研究所の何人かの重要人物たちを驚かせたり，ときには苛つかせたりしているようだったのだが，それがなぜなのか私には分からず，いつも困惑していた。しかし私は，ホワイト研究所によって発行されている雑誌である『現代精神分析 Contemporary Psychoanalysis』誌に論文の掲載を拒まれたりすることは決してなかった。私はむしろ，当時編集長だったアート・ファイナーに歓迎されていたくらいだった。彼には終生感謝したい。
　私は依然として物事の仕組みにあまり注意を払っていなかった。長年私の著作を読み続けた者は，私が精神分析の論文にしては少し「先を行き過ぎている」と思われるような文学をいかにしばしば引用しているかに，気づいて

いるかもしれない。例を少し挙げると，カルロス・カスタネダの本 (Castaneda, 1968, 1971)，ロバート・パーカー（Parker, 1983）の「スペンサー」の小説，シオドア・スタージョン（Sturgeon, 1953）の古典的SF『人間以上』，アーサー・コナン・ドイルの『シャーロック・ホームズ』の注釈版（Baring-Gould, 1967），メアリー・シェリー（Shelly, 1818）の『フランケンシュタイン』，ジョージ・マクドナルド（MacDonald, 1858）の『ファンタステス』，テイン・ローゼンバウム（Rosenbaum, 2002）の『ゴースト化されたゴーレム』，そしてフィリップ・プルマン（Pullman, 2007）の『ライラの冒険』などである[2]。

　私は，不安になることもなくいつもこうした文献を引用してきたのだが，その理由は，これらの作家たちと，私と同じような考え方を持っている精神分析における著者たちとの間には，まったくの親和性があると感じるからである。「境界と戯れる」（Bromberg, 1999）という論文の中で，私は，自己の連続性を失うことなく異なる自己-状態の間を行き来することのできる基本的な心の能力によって，人は他者の自己-状態を，自分の自己-状態の一部として用いることを可能にするという考えを示した。私は，このように自己-状態を借用するプロセスは，一人の読者と一人の作者の内部でも，そして両者の間においても明らかになるのであり，そしてそれが，ある作者を単なる一人の著作者ではなく**あなたの**作者にするものなのだ，ということを示した。その作者は，彼の言葉の他者性があなたにとって他人事のように**感じる**ことのないとき――彼の自己-状態間の情動的相互作用のあり方が，あなた自身の中の自己-状態間の情動的相互作用が彼のそれに加わるのを許すとき――にあなたのものとなる。彼はそのとき**あなたの**作者となり，あなたは**彼の**読者となるのだ。次の言葉は，カルロス・サフォン（Zafon, 2001）の言葉である。「すべての本が，ここであなたの目に入る一冊一冊すべてが，魂を持っている。それを著した者の魂が，そしてそれを読み，それと共に生き，夢を見たものの魂が」（pp. 4-5）。

　神経生物学のレベルでは，アラン・ショア（Schore, 2003a）が，右脳から

---

[2] われわれの仕事において，同じような「先を行き過ぎ」感を持って書かれた素晴らしい精神分析の論文として，読者にはステファニー・ブロディ（Brody, 2009）を参照していただきたい。その論文においてブロディは（pp. 88-89），私は知らなかったのだが，プルマンの「ファンタジー」の世界と私の精神分析プロセスの世界が二つの領域をつなげる共通の感受性を表していると感じたと述べ，そのことについて論じている。

右脳への情動コミュニケーションのチャンネル──「力動的に変動する，刻一刻と変わる状態の共有」から成り立つ「組織化された対話」と彼が見なすところのチャンネルについて書いている（p. 96）。この，状態の共有のプロセスは，一人の作者が，あなたの作者になることを可能にするのみならず，われわれが「良い精神分析的マッチング」と呼ぶものにおいて，分析家が**あなたの**分析家になるのを可能にすると私は信じている。（状態の共有を作り上げることの**失敗**が，患者と分析家の間の，いわゆる悪いマッチングの説明として一番だと提案するのは，私は少し自信がない。しかしその役割は決して少なくないだろうと私は思う。）

何となく知っている

　自己と他者の間における，右脳から右脳への情動を基礎においた語りかけは，もしあまりにも長きにわたって認知的コンテクストを欠くようなことがあると，「何となく知っている sort-of-knowing＊」という感じ，その経験についての基本的な不確さにつながる。

　知っているという言葉と**知らない**という言葉は，それらが指している経験が判然としたものであるため，比較的簡単に思い描くことができる。**何となく知っている**，ということはそれとは異なる。本質的に，それはいつも少なくとも幾分かは解離的な何かを示している。すなわち，われわれはそれを判然とした形ではなく，暗黙のうちに知っているのである。何となく知っているということの日々の現れ方であるが，それは防衛的な働きとしてではなく，独立した適応的なプロセスとして現れる──そのプロセスの働きは多々あるが，とりわけ，自己／他者の境界が，知っている，への移行を促すほど十分に透過性を持つのを可能にするのである。とは言え，われわれが最小限のストレスでもって毎日を送ることを可能にするための正常な心／脳のプロセスとしての，何となく知っている，と，心がとても耐えられそうにないことから自身を守る方法としての，何となく知っている，との間には違いがある。

＊（訳注）sort of という言葉は，肯定も否定もはっきりとはできないけれども，何となく，どことなく，ちょっと，などのニュアンスを伝えたいときに用いられる表現。

ある患者はウェディングドレスを取りに行くためにフィアンセを車で送っている間に遭遇したある出来事について，私に話してくれたが，その中に私が言いたいことがうまく捉えられている（Chefetz & Bromberg, 2004 を参照）。信号が黄色から赤に変わろうとする正にそのとき，彼は交差点に入ってしまった。彼はもちろん，信号はまだ赤ではなかった，と警官に言い，加えて，自分はこれから隣に座っている女の子と結婚するところだから勘弁してほしい，と頼み込んだ。彼のフィアンセは突然引き継いで，信号は実際には赤だったこと，警官に嘘をつくとは彼はなんて悪い男であるのか，と警官の前で私の患者を長々と懲らしめ始めた。その警官は驚いた様子で静かに聞いていたが，最後に口を開いて，もしも彼が**彼女**と結婚するのであれば，彼は既に十分トラブルを抱えていることになるから，交通違反切符は切らない，と私の患者に言った。彼らが車でその場を去ったとき，私の患者は彼女に凄い剣幕で，「一体何てことをしてくれたんだ？　僕に対して何て意地悪なんだ？」と言った。

　「切符はもらわなかったでしょ？」と彼女は返した。

　彼は，すっかり驚いた様子で，辛うじて口を開いた。「君は……君は……わざとだったって言うのかい？」

　「まあ……分からないけど——**何となく** Sort of」と彼女はつぶやいた。

　「何となく」。まな板の上のコイだったとは！　彼女が「何となく」と言ったとき，彼女は宙を見つめていたのではないかと私は推測する。やがて最後に患者のフィアンセが，彼女の言うところの「彼女自身」に戻ったとき，彼女は非常に申し訳ない気持ちで，自分の行いを恥じているが，わざとではなかった，と言った。彼女はまた，子どもの頃から自分はいつも警官を恐れていて，警官の近くにいると「彼女自身」でない感じになってしまうのだったと明かした。

　警官がまだ彼女の近くにいたとき，彼女の「私-らしさ」は，恐怖が過剰に刺激されることによって引き起こされた情動の調整異常を解離的にコントロールしようとしていた。この文脈においては，彼女の**脳**が「わざとやった」と言う方が正確だろう——生き延びるための自動的な反応として。この「わざと」は，しかし，彼女の**心**の中には認知的表象をまったく持っていなかった。しかし後に彼女が，彼女の怒れるボーイフレンドに「切符はもらわなかったでしょ？」と返したとき，過剰な恐怖は既に十分に収まっており，

彼女は愛着によっても組織化されている自己-状態を抱えることができたために，警官の前での自分の毒舌ぶりを「私ではない私」として扱うことができた。それぞれの時点において，彼女の行いは「正しい」ことであったが，その意味が違っていたのである。

　私にとってこのヴィネットが特に興味深いのは，「わざとやった」かどうかを，彼女が考えようとしていたとき，彼女の答えが「知っている」あるいは「知らない」のどちらにも完全には一致しなかったことである。困惑した上で，その困惑を**何となく**という言葉によって象徴化できたということは，彼女が精神内葛藤を経験し，それがどのような感じであるかについて自省するのに，十分なだけ長い間精神状態としてその葛藤を抱え，そしてある程度，その葛藤を認知的に象徴化する能力が彼女の中に生まれつつあることを示している。**両方**が「私」であるという可能性を考えることを彼女に迫る質問によってもたらされた精神的困惑を避けるために，彼女は少なくとも「分からないけど――何となく」と答えることができたのだ。

　私の意見では，それはもの凄く良いことだ。彼女は，自動的に自己-状態を解離的に切り替えることはなかった。彼女は，単一の意識の瞬間において，困惑しつつも両方の状態を抱えることができた。両方の状態の間に立つ能力はまだ十分ではなかったが，彼女は両方の存在を同時に経験するのに十分なほど長い間，両方の状態を抱えることができたのだ。結果として，時間，場所，そして動機は複雑になり，解離的に単純化されるのではなく，困惑させるほど葛藤を孕むものとなった。彼女はまだ葛藤を解決することができなかったため，彼女はボーイフレンドの問いに答えようとして，「何となく」という言葉を用いたが，そのフレーズは，彼女がまだ経験したことのないほどに複雑な精神状態を組織化している不確かさと，その精神状態による不明瞭さの直接的経験のあり方とを生き生きと捉えている。[3]

3）アメリカ心理学会精神分析部門大会における発表ではこの論点は十分に練り上げられていなかったことを教えてくれたニナ・トーマスに感謝したい。彼女の指摘は解離と葛藤の関係をより良く明確にするのに役に立った。

間主観性の領域

　何となく分かる，ということを正常な脳のプロセスとして見ると，不確かさという経験が，心のさらなる領域についての広がりゆくパースペクティヴから学びつつある現在の精神分析的思考にとって，関連深いものであることを理解することはそれほど難しいことではない。メアリー・テネス（Tennes, 2007）は，「間主観性を超えて」と題した論文の中で，不確かさという経験を，「不確かさの必要性に抵抗する自己の在り方 selfhood のモデル」と彼女が呼ぶものと関連づけた。私と同じく，彼女は，「自己と他者，主体と対象，それらは分離しており，同時に分離していない」（p. 514）と論じている。テネスがもっとも中心的に論じているのは，「臨床的技法によって間主観性の領域にさらに踏み込むとき，それに対する言葉も文脈も持たないようなさまざまな現実と出会う」ということであり，「もしわれわれの中に，既に存在する枠組みにそのような経験を合わせてしまう必要性をそれほど感じずにもっと緻密に見るならば，そのような経験は，われわれの持つ自己と他者という概念を，徹底的に，そしてもしかすると不安定にしてしまうまでに脱構築してしまうということをわれわれは発見するだろう」（p. 508）ということである。

　心についてのラジカルなまでに新しい発見，およびそれによって明らかにされる領域についてもあてはまることであるが，テネスが語っている新しい諸現実は，精神分析の創生期において予期されていた。フロイト自身，彼が「思考転移」というフレーズをもって名づけた，サブリミナルでテレパシー的ですらあるコミュニケーションを包括するような，同様の方向性に着目していた。しかしフロイトは，その含意については深く追求しなかった。フロイトがその方向に進むことに気後れしていたのは，一般の人々のこのような考えへの反応，あるいは反応のなさについて，彼なりに予測をした上でのことであった。フロイトは個人的な情熱を失っていたわけではなかったのだ。「精神分析とテレパシー」という 1921 年の論文の中で，フロイトは次のように述べている。

今日に至るまでわれわれが信じていなかったような，人間や動物の精神の既知の力以外の精神的力の現実の存在を認めるように見える物事……の研究を脇に追いやっておくことはこれ以上不可能であるように思われる。この種の問いには抗しがたい魅力がある。(Devereux, 1953, p. 56 の引用より)

　フロイトはしかし，予想を立てるにあたって楽観的過ぎた。この種の問いの魅力は，その後 75 年にわたってほとんどの分析家たちによって，対人関係的および関係論的精神分析のコミュニティの分析家たちによってすらも，かなり強い抵抗を受けたままに留まった。その後エリザベス・ロイド・メイヤー（Mayer, 1996）が，『国際精神分析誌 International Journal of Psychoanalysis』に画期的な論文を発表した。その論文は，「正当な」臨床的事実とわれわれが見なすものという狭い範囲を超えて彷徨うことについてのわれわれの不安が，間主観性と呼ばれるものについて，精神分析的に考える際，制約をもたらしてしまうことについて論じたものだった。フロイトは「思考転移」について情熱を持っていたのかもしれないのに，実際は，そのような現象の例がオフィスで起こっていたにもかかわらず，分析家たちが報告を決まって断っていたということをメイヤーは見出した。メイヤーの論文の優に三分の二ほどが，変則的な経験 anomalous experience，およびそのような経験といわゆる超常現象の関係についての厳密な研究のために割かれている。そのような現象は，ある一群の患者たちとの作業の中で，日々分析家たちが遭遇しているものだが，それらは，直観，共感的調律，無意識のコミュニケーション，そしてそれらでうまく説明がつかなければ「偶然」という経験のカテゴリーのもとにまとめられている。メイヤーは，「分析家が通常**外的**現実と呼ぶもの……を動かす――実際創り出す――人の心のとてつもない力」を非常によく示しているのはそのような現象である，と論じた。

　　もしも，われわれにとって最も重要な諸概念の大きな見直しを促す研究を無視するならば，スーフィー教の賢人ナスルディンと変わらないことになってしまうかもしれない。ナスルディンは，夜，光の灯った外灯柱の下で自分の鍵を探したのだが，それは彼がそこで鍵を無くしたからではなく，鍵を無くした場所よりもそこにはもっと光があったからであった。わ

れわれは，気楽になじんでいる想定の光に照らされているかどうかにかかわらず，自分たちが実際に探しているものを見つける可能性が高い所であるならばどこであっても，そこを見るべきである。(pp. 723-724)

　テネス（Tennes, 2007）は，生物学者のルパート・シェルドレイク（Sheldrake, 1999, 2003）の研究を引用している。テネスによれば，「シェルドレイクは『拡張された心』の理論」を発展させ，それを物理，数学，そして生物学における既存の場の理論と結びつけている。彼は，われわれの心はわれわれの頭の中に閉じ込められているのではなく，形態の場* morphic field を通して頭の外へと広がっていくものである，と提案している」(p. 508 脚注)。同様に，ニール・アルトマン（Altman, 2007）は，テネスの論文へのコメントにおいて，ホリスティックな場の理論がこれまで想像することのできなかった心の領域を理解するための文脈として有効である可能性を示唆し，また，プリンストンの変則研究調査についてのメイヤーの画期的なレポートが，われわれが既に暗黙のうちに認識していること――「情報源と通常の形での接触を持たなくとも，人は遠く離れたところからの情報を得ることができる」ということを完全に受け入れるための道のりを作ってくれたと述べている[4]（p. 529）。

　いわゆる正常のチャンネルを超えた自己／他者のコミュニケーションについて書くことは，これまで，それをフィクションとして書く人たち，そして

＊（訳注）形態の場とはシェルドレイクが提唱した概念で，時空を超えてある種の行動や活動が繰り返され得るのは，この形態の場の共鳴のためである，と説明される。

4）一流の雑誌である『人格社会心理学雑誌 Journal of Personality and Social Psychology』は，驚くべきことに，その保守的な伝統から離れて，これまで想像することのできなかった**拡張された心**の領域について科学コミュニティが真剣に再検討することを促す論文（Bem, 2011）を最近発表した。この論文は，コーネル大学の著名な心理学者であるダリル・J・ベム教授によって書かれたものだが，その出版前の議論の中で，バークレー（Burkley, 2010）は，脳が未来を見通す力を持っていることについて綿密に調査したベムの所見のさまざまな含意について述べている。とりわけ重要なのは，ベムの挙げた証拠が「現代物理学による時間と空間の捉え方と一貫している。たとえば，アインシュタインは何物かを観察するという単なる行為がそこにある何物かに影響を与えること，『**離れた所からの不思議な作用**』(p. 3, 強調は引用者）と彼が呼んだ現象を信じていた」ということである。「カルフォルニア大学バークレー校の物理学者チアノ博士が，量子力学について『それは，完全に直観に反するもので，われわれの日常経験の外部にあるものだが，われわれ（物理学者）はそれに慣れてしまったような感覚を持っている』とかつて語っていたように，……**効果が『超自然的』に見えるということは，原因も『超自然的』であるということを必ずしも意味しない**。……ベムの挙げた所見は，われわれが知っており，正しいと受け入れることになったものに対して，深遠な影響を持つかもしれない」(p. 4, 強調は引用者）。

そのようなコミュニケーションが決してフィクションであるとは思っていないノンフィクションの著者（それには幾人かの分析家も含まれるが）という稀な人たちにほとんど限られてきた。したがって，シオドア・スタージョンのSF，マイモニデス・メディカル・センターのモンタギュー・ウルマンらによる夢テレパシーの研究（Ullman et al., 1973），そしてシャンドール・フェレンツィ（Ferenczi, 1930）が，特にショックの影響下においてはパーソナリティの一部が「生き続け，密かに，絶え間なくそれ自身を感じさせるように努める」ものであり，ときにはわれわれはそのパーソナリティの一部を「説得して，ほとんど幼児的と言ってもよい会話に参加させる」（p. 122）ことが可能であると主張したこと，これらの間にある強力なつながりを，長い間私は経験してきたのだ。

『臨床日記』においてフェレンツィ（Ferenczi, 1932）は，孤独な思索の中ではあったが，私的に，彼の先見の明のある「想像」を膨らむにまかせ，この尋常ならざる主張の未来の軌道を思い描き，以下のように書いた——私自身がそれに対して共鳴していることはこの章を通して分かることだと思うが，それは「トリュフを探し求めて」と名づけられた節で最も力強く伝わるかもしれない。

> 想像がふくらみ，子どもっぽい人は結晶化を経て硬直化した大人より宇宙との接触がはるかに密で，そのためにはるかに敏感なのだという仮定に導かれる。またこの初期状態においては全人格が環境に浸透しているのであって，感覚器官という，透過可能状態に残された特定部位においてのみ浸透しているのではないことが将来証明されたとしても，驚くにはあたらないだろう。感覚知覚の外にある事象を感受すること（千里眼），他者の意志表出の引き受け（遠隔暗示）などのいわゆる超常能力は，常態としてあるのかもしれないが，それは，動物（犬）の人格が，この種の……見るからに超常的な能力をもっているのと同様である（はるかに離れた地点からの嗅覚，飼い主の好意，悪意を感じ取る説明不可能な力）。(p. 81〔英訳注のページ〕)〔邦訳：シャーンドル・フェレンツィ『臨床日記』森茂起訳，みすず書房，2000年，p. 114から一部改変〕

癒しの領域

　私の気質がフェレンツィのそれと一致することが，私の専門家としてのキャリアの大部分で，思考の原動力となってきたが，最近になってようやく，自分でも予期しないような形で，それが個人的な基盤となっていたことに気がついた。私が精神分析と文学を混ぜこぜにするときの，行き過ぎ感の幾分かは，いつも何か他のもの——私が「何となく知っていた」ものの，実際に「知っている」ことはなかったものと関係していた，ということを発見した。この「何となく知っている」という感じが「知っていること」になっていくまでの道のりは，個人的に驚くべきことであったが，例示的でもあるので，その話をここでしたいと思う。

　2007年秋の『現代精神分析 Contemporary Psychoanalysis』誌に，私の本，『夢見手の目を覚ます』の，ペンシルヴァニア大学の英語の教授であるマックス・カヴィッチによる書評が掲載された。その書評は私の本を称賛してくれていたが，私にとって一番大きな贈り物は他のところにあった。その書評は「解離的に読む——フィリップ・ブロンバーグとエミリー・ディキンソン」と題されており，その正式な主題である解離的プロセスと文学について，そして私について，明らかにするものだった。英文学の教授にしては大変異例なことだが，解離の現象はカヴィッチが特に関心を寄せている領域である。カヴィッチは特に文化的現象としての解離に焦点を当ててはいるものの，彼は臨床的文献もよく読みこなしている。私は知らなかったのだが，エミリー・ディキンソンの詩もまたカヴィッチの専門分野であり関心領域であった。もしも，実際に彼が学者として，彼がこれらの二つの関心領域を，外傷という現象によって深く関係するものと考えていたわけでもなく，また，私の本の評者として，彼がこの相互関係性を，私の書いたものにおいてのみならず書き手自身——すなわち私という個人においても重要な意味を持つものとして経験していたわけでもなかったとしたら，このこと自体は，特別なことではないのかもしれない。彼は，私の本の第8章において私がディキンソン（Dickinson, 1863）の詩（詩670番）の一つから幾つかの行を引用し，題辞として用いていることに気づいたのだ。「部屋だけとは限らない

——亡霊に取り憑かれるのは——」という始まりの詩である（p. 333）。彼女の詩からの幾行かの関連性を読者にできるだけ明快に示そうとして，私は文学上の学問的な正式の規則を十分に考慮することなく，彼女の詩を散文（のようなもの）に変えてしまうというようなことをしてしまったのだが，それは私が言いたいことをよりはっきりさせるためだったのである。あるいはそう信じていた。カヴィッチは次のように述べている。

> 彼は，われわれが，彼女の言語的なねじれとあまり格闘することなく詩の要点を摑むことを望んでいる。彼女の詩は，その一見埋めることのできない間隙と認知的不調和において，ブロンバーグがディキンソンの助けを借りて描きたいと思っているまさしく解離的なプロセスに不思議と類似しているのだが，しかしこのことはまたその不思議な類似を彼女の詩から取り去ってしまうという無意識の効果を持っているのかもしれない。言い換えれば，彼は詩の中で解離的間隙が作られている箇所についての自省的思考を聞こえないようにしてしまっているのである。たとえば，ディキンソンの有名なダッシュを，一つを除いてすべて省略してしまっていることを指摘することができよう——**線形のナラティヴへの彼女の非常に一貫した，かつ，はっきりとした侮辱である**。（p. 686，強調は引用者）

他の言い方をするならば，カヴィッチは，私がディキンソンの**非正統的なダッシュ**の使用を削除していることが，私のディキンソンへのもっとも明白な侮辱であると論じているのである。英語の教授として，カヴィッチがここで私を批判することは簡単だったろう——しかし彼は批判しなかった。彼が実際言わずにはおれなかったことは，中立であると同時に洞察力のあるものであった。彼の書評はまた驚くべきものであり，それで，彼の書評への，私の大変個人的な返答が同じ号に掲載されることになった（Bromberg, 2007, pp. 700-705）。カヴィッチは私がディキンソンの特徴的な詩作のスタイルを省略したことを，「単なるいいかげんさ」であるとか「やる気のない間違い」であるとは思わなかったというが，それは彼によれば，ディキンソンのことを言っているのだが，「英語作家の中で，解離的状態の間主観的な経験に，これほどまでに容赦なくそして力強く読み手を引き込む作家は，他にいないかもしれない」からである（p. 684）。カヴィッチは続ける。

第 8 章 「あなたの近しさ」　219

そのような伝記的推論を嫌う者は，詩そのものに立ち返れば済むことである。そうすれば，すべての類の暴力の跡が刻印された想像に出会うことだろう。目は抉り取られ，肺は突き抜かれ，脳は穴掘られ，胴体は過酷な熱と寒さに晒され，唇は固く結ばれ，傷からは血が滴り，手足はバラバラにされ，レイプ，拷問，絞首刑，溺死，あらゆる形の死が描かれる。(p. 684)
　ブロンバーグがここでコメントなしに行っているように，このような詩をバラバラにし，還元し，縫合することは，詩人と共に解離的なエナクトメントに参加することのように思える——それは，転移的な出会い，象徴化されていくプロセスにおける情動の氾濫への詩人の傷ついた関係性のエナクトメントにブロンバーグが解離的に身を浸しながらの出会いなのである。(p. 686，強調は引用者)

　カヴィッチの鋭敏さは私自身の過去の外傷に遡るのだが，それは彼が知っているはずもないことで，しかし私がいつも「何となく」知っていたものである。私がここで言っているのは，何年も前私が英文学の博士課程の学生であった時代に起こった，ある出来事の余韻のことである。その経験は，あるとき予告なく，ある教授が，私が畑違いであると言い立ててクラスの皆の前で私を故意に辱めたときに，私の精神に刻み込まれたのだった。なぜ私は畑違いということになったのだろうか？ それは，シェイクスピアの演劇『ヘンリー四世』（第一部）についてのエッセイを書くという課題が与えられたのだが，私はその課題でもってハル王子の**パーソナリティ**を論じる機会としたからだった。
　しかしその教授の言葉が外傷の核心だったわけではなかった。それは彼のやり方にあったのだ。クラスの皆の完成したエッセイを脇に抱え，彼は一つのエッセイを，親指と人さし指で摘まんで取り出した。何も言わず，彼はゆっくりと着座している生徒たちの間を歩き，私の机のところで立ち止まり，机の上に一つのエッセイを落とした。そのとき初めて彼は言葉を発した。「ここではそのようなことはしないことになっているのだよ」。
　この経験は，その外傷的インパクトにもかかわらず，そしてそのゆえにこそ，私が自分にとって自然な住まいだと感じている精神分析の分野に導かれることになる道筋を私が発見するにあたってはっきりとした役割を担ったのだ。そして実際，長年にわたり私は自分の精神分析的著作の一部として文学

を用い続けてきたが，それを私は，この外傷が消化されてきていることの証拠として考えていた。

　そこへ，マックス・カヴィッチの登場，ステージ左。彼のおかげで，私は，一つの解離的余韻がまだ実際は存在していることを認識することができた。私はあの外傷の後も文学を精神分析的に用いることで文学に心地よく身を浸していることを止めてはいなかった。しかし私に見えていなかったことは，文学を「正しい」やり方で用いるようにとの恣意的な押し付けには決して屈しないぞ，という決意が解離的に存在していたということだった。カヴィッチは，私のディキンソンとのふれ合いから直観的にこのことを感じていたのだった。彼の眼には，ディキンソンと私は戦友と映ったのだ。われわれはそれぞれ正統派信奉に屈することを拒んだ。ディキンソンからの幾つかの行を私が用いるにあたって，私は彼女の詩を散文様のものに単に還元してしまうことはなかった。解離的に，私は彼女が詩を書く中で行ったことを，私のやり方で彼女の詩に対して行っていたのだ。かつてはシステムに対する彼女自身の挑戦であったものの重要な一部分を，認めることなく消し去ってしまうことで，私は，（私にとって，今やそれは**彼女自身を含む**）システムに対して挑戦したのだ。**彼女**にとって正統派信奉を破ることであった彼女の特徴的なダッシュの使用――それは，皮肉にも，「システム」がやがては受容することになった破戒なのであった。

　カヴィッチは，私が参加したディキンソンとの解離的エナクトメントは，力を巡った闘争として展開されたのだろうと推測しているようだが，ディキンソンの場合も私の場合も，その外傷的起源をカヴィッチは知る由もないものだった。ディキンソンの場合，それは世界から守られていたのだったし，私の場合，それをはっきりとカヴィッチに知らせるような彼と私の個人的な関係はなかったし，彼が無意識のうちに経験していたかもしれない私に「ついて」の事柄があって，それを通して彼がそれを知ることができるわけでもなかった。ディキンソンの場合について，カヴィッチは次のように書いている。「ディキンソンの極端なシャイさ，そしてアマーストの家族の家で実質上引きこもった生活をしていたことを説明し得るような，彼女が耐え忍んだであろう外傷体験については，多くの憶測がなされている」(p. 684)。私自身の外傷，すなわちもう一人の英語の教授に予告なしに皆の前で辱められたこともまた，私が発表したカヴィッチの書評への答えの中で共有するまで，

彼の知るところではなかった。

　マックス・カヴィッチが，私の非学問的な振る舞いについて私を辱めなかったこと，そしてさらに，私のそのような振る舞いを通して，われわれ双方にとっての関心事である解離という精神的プロセスを理解する方法を思いつくのに役に立ったと彼が感謝してくれたことは，私を専門的な意味だけではなく，個人的な意味でも助けてくれた。だからこそ，彼の書評に対する私の返事は，専門家としての感謝の表現であるのみならず，とても個人的なものなのだ。その返事の中で，私は英文学の大学院生としての私の経験を彼に語り，個人的に大きな癒しとなる一つの関係的な経験を彼と持てたことで，私がいかに多くを得ることができたかを彼に知らせた。それは，もう一人の教授との外傷の影を呼び起こしつつも，一個人として気遣いされていると私が感じることができているという，関係的な文脈の中にそれを抱えられることで，癒しの契機となったのだ。私が「安全な驚き」（Bromberg, 2006a）と呼ぶものが，創り出されたのだ——そしてその安全な驚きは，われわれが何の直接のやり取りもせずに，創り出したものだった。不思議なことだが，直接やり取りをしなくとも，私は過去の外傷の解離された余韻を，消化することができたのだった。その余韻は，私がそれ**について**知っていたために「何となく」気づいていた余韻であり，今や私がそれを個人的に分かるようになったために私が**知っている**ものとなったものである。それが私の知っているものとなった理由は，私がもともとの外傷的シナリオを再び生き，しかしその際単に過去を反復したわけではなかったからである。マックスと再び生き，そしてそれを消化するということが混ざり合って，新しい結果が生まれ，それは，私の専門的な自己と個人的自己の双方の感覚を定義している現実の一部となったのである。[5]

5） 3年後の2010年，同じように不思議なことに，あるとき私はカローラ・カプランという英語の教授とまたも親しくなった。彼女は，外傷，解離，精神分析，そして文学を一体化するような生きた空間を私が旅し続けるに従って，私が非線形的に目覚めていく様を一層明らかにしてくれた。興味のある読者は，われわれの個人的な／専門的な対話（Kaplan, 2010a, 2010b），（Bromberg, 2010）を参照されたい。それ自体示唆に富むものであるが，のみならず，カヴィッチとの以前の出会いにおいて，私が間主観性の領域および癒しの領域として描いたものへの「感じ」を，豊かにしてくれることだろう。

トリュフを探し求めて

　この「個人的な終章」の残された部分で，私は再び文学を引用してみることにする。こうすると決めたとき，私の一部は，「もしかするとカヴィッチは私を優しく放免してくれたのかもしれない。もしかするとこれ以上運をあてにしない方がよいかもしれない」と言っていた。しかし他の部分は，私がそうすべきであると主張していた。この後の方の部分が優勢になったため，私はこれから「知っていることと何となく知っていること」という主題を，『トリュフを探し求めて *The Fly Truffler*』（Sobin, 1999）という類稀なる小説の作者における自己-状態を共有することを通して論じてみたいと思う。この作品によって，読者の臨床的パースペクティヴが，私のそれが広がったのと同じくらい，広がることを期待している。

　この本は，読者を愛，喪失，そして狂気の混沌とした混じり合ったものの中へとゆっくりと引きずり込む。読者は，心の平衡が徐々に失われるのを感じるだけでなく，同時に，関係のあり方の可能性の寄り添う声を，常に聴くことができる。

　国外在住のアメリカ人詩人グスタフ・ソービンによって書かれたこの物語は，ソービンが2005年に亡くなるまで住んでいたフランスのプロヴァンス地方の片田舎の物語である。それは，恋する男，フィリップ・カバサックの心が，ゆっくり，しかし苦痛に満ちて，他者の喪失と自己の外傷的喪失とを分けている境界を失ってしまう話である。同時にカバサックは，創造的な夢を見ることと，自閉的に考えることとの間の境界を失ってしまい，彼の心は，愛する妻ジュリエッタ——彼の人生に登場したときと同様の謎めいた仕方でいなくなってしまった若い女性——の死という現実を持ちこたえることが次第にできなくなってしまう。ジェニファー・リース（Reese, 2000）の『ニューヨーク・タイムズ』誌掲載の書評の中の言葉を借りれば，ジュリエッタは，どこからともなく忽然とカバサックのクラスに姿を見せ，大量のノートを取るのだった。カバサックは，死に瀕している言葉——プロヴァンス語——の教授だが，一方彼女は，プロヴァンスという失われつつある世界の中を，目的もなく彷徨ってきた孤児である。今彼女は，カバサックと出会

い，自分の先祖のルーツと神秘的に結びつく言葉を見つける。ジュリエッタはカバサックの農場の家に移り住み，身ごもり，結婚し，そして流産する。その後間もなく，彼女は死んでしまう。喪失に耐えきれず，カバサックの夢は，次第に，覚醒時の現実と見分けがつかなくなっていく。

カバサックは，生まれてこの方ずっとトリュフを探してきた。トリュフが埋まっている芳しい大地に卵を産みつけようと，その地面の上に小さなハエの群れが飛んでいるのを探すことで，トリュフを見つけ出すのだ。この共生の奇跡によって，トリュフは見つけ出すことが可能になり，そして実際カバサックによって見つけ出される。彼はそれを揚げて，食べ，ハーブティーを啜り，そして後に寝るとき，彼は自分の妻が自分のところに戻ってくるという強烈な夢を見るのだった。

カバサックはジュリエッタが死ぬ前から感情的に孤立した男だった。彼女の死後，夢は実生活よりも，次第に一層現実味を帯びたものになってくる。夢の中でジュリエッタは深遠な秘密を彼に告げようとするのだが，いつも彼は秘密が打ち明けられる前に目覚めてしまうのだった。彼はプロヴァンス語言語学の教授の仕事への興味を失ってしまう。その仕事は死んだものになっていき，彼にとっては，話し言葉そのものがコミュニケーションの手段としてはだんだんと死んだものになっていくかのようである。彼は人間関係からますます孤立し，徐々に自閉的な狂気の状態へと沈んでいき，彼の家のものを次々と処分していく——その家は彼を外的世界に結びつけている唯一のものなのだが——そして最後にとうとう，トリュフへと，そして続いて亡き妻のもとへと導いてくれるハエの群れを探し出すことだけが彼に残る。

『トリュフを探し求めて』は，多くの異なる参照枠をもって読解することができるが，その中の一つは，戸口が地下の愛する亡き者との再会へとつながる——それは地獄への戸口なのだが——というオルフェウスの神話のアレゴリカルな描写としてである。しかし私が取り上げたいのは，この小説が，外傷，解離，そして自己の喪失の可能性との間の結び付きをわれわれに自覚させるような，心を掻き乱してしまうほどにも自覚させるような情動的経験を喚起する力を持っているということである。

カバサックのジュリエッタとの絆は，彼が，彼女を，生ける者として存在し続けている人として経験することができるかどうかにますます具象的に関連づけられていく。そしてこのジュリエッタがカバサックの亡き母親と，表

現し難い仕方で繋がっているということは，カバサックも気づいていることである。ソービンの本は，主人公のカバサックのように，自分のあり方を回復できずに狂気へと陥っていく人たちをどのように考えたらよいのかという問題，さらには，われわれが**知っている**，そして**何となく知っている**と名づけているものが，壊滅の恐怖の文脈からはどのように考えられるのか，という問題を提起している。知ることは考えることに依存しており，また考えることは，外傷によってダメージを受けていない心的表象能力がどの程度あるかに依存している。したがって，「防衛と欠損の両方のためにわれわれには知ることが難しい」（p. 288）ということが外傷の基本的な性質であるというラウプとアウエルハーン（Laub & Auerhahn, 1993）の有名な見解は，改めてよく考えてみる価値があるだろう。この欠損とは解離的間隙のことであり，この間隙があるからこそ，何となく知っている，というあり方が，その普段の生での機能を離れて，心が発展していくためには安定性を守ることが必要であるという理由で動員されるのだ（したがって防衛としても同時に機能するのである）。

　ソービンがフィクションを通して示した作品 work は，同時にノンフィクションの論文 work でもある（Bromberg, 2010, p. 454 も参照のこと）。間主観性が発達早期にうまく育まれなかったり，重度に阻害されたりした人たちは，危機的状況において，自己性と他者性との間の境界についての「不確かさ」に対して特に脆弱であり，この境界をうまく扱うことができなくなる。彼らは，自分とは別個の「他者」として，必要としている人物を喪失することに耐えられなくなる。自分が絶滅してしまう恐怖をもっとも強く抱きやすいのは，これらの人たちである。彼らにとって，喪失を経験することは，自己の連続性の経験への大変な脅威となるために，われわれが狂気として知っている状態に陥ってしまう。

　自己の連続性は，絶滅不安を来さないような，より穏やかな方法で脅かされることももちろんある。しかし，自己と他者を分離できないという可能性が，本当に現実のものとなってしまいそうなとき，コントロール不能な情動の調整異常に対しての防御としての解離の機能が，力づくで生き延びようとする土壇場の努力となる。心は，自己の一部分あるいはより多くの部分が，制限されているとはいえ，機能的なやり方で世界と関わり続けることの保証をもはや失ってしまう。そのとき，解離は内的世界を外部の存在から守るこ

とによって，心／脳が自己の絶滅を避けようとするための手段となる。解離は，透過性のない，自分の中にこもった「夢」の中にますます完全に入り込んで生きることによって，**個人的な**現実としての外的世界を取り除いてしまう。外的世界については依然知っているとしても，もうそこには属していないのだ。

　もともとの母親対象が自己から十分に分化しておらず，内的な「他者」として，後の人生において思い出すことができるような慰めを与えることができない場合，母親に具象的な意味で身体的に似通っていて，関係性に完全に執着しているように見えるある人物が——しばしば実際の母親が死んだ後で——人生に現れることがある。その人物への情熱的な愛着が続いて発展し，止められなくなる。カバサックの場合，ジュリエッタの死を受けて，この愛着は（ジュールズ・ヘンリーの 1965 年の古典的著書からタイトルを借りるならば）「狂気に至る道」と化し，自省することなく最後の行為に至ることになった——彼の外的世界に残されたものと，それへの愛着を捨て去るという行為である。彼は，文字通り彼自身の足元から，彼と彼の家族が何世代にもわたって住み続けてきた土地と家を売り払ったのだ——その場所は，それまで単に彼の所有物であったのみならず，**彼自身**だったにもかかわらずである。作者によって明らかにされることだが，外的世界の持つ個人的な意味を次第に失っていくことと，昔彼の子ども時代，彼が自身へひきもこったこととは，不気味なまでに共鳴している。

　彼が一線を越えたのはなぜだったのだろうか？　カバサックにとって決定的だったことは何だったのだろうか？[6]　私なら，それは，彼には話しかける者も，そして耳を貸す者もいなかったからだ，と答えるだろう。ソービンはカバサックを，生まれてこの方ずっと孤独であり，したがってジュリエッタ

6）精神病の診断における外傷と解離の中心的重要性を力強く示しているアンドリュー・モスコウィッツらによる最近の研究（たとえば，Moskowitz et al., 2008）を詳しく見てみることを，私は読者にお勧めしたい。たとえば，モスコウィッツとコーステン（Moskowitz & Corstens, 2007）は次のように述べている。「統合失調症と診断された人たちに聞こえる声は，解離性障害の人たちに聞こえる声，あるいは精神疾患をまったく持たない人たちに聞こえる声からは，経験される特徴に基づいて区別することはできないように思われる。……声が聞こえるということは，解離的経験として考えられるべきであり，それはある種の条件下において病理的帰結を持つかもしれないのである，とわれわれは考える。言い換えれば，声は精神病性障害のコンテクストで生じるものかもしれないが，精神病性の症状であるとは見なすべきではないとわれわれは考える」(pp. 35-36)。

が，その登場と同様の唐突さをもって彼の外的世界から消え去ってしまったときの自己-喪失の恐怖に対して，特に脆弱である人物として描いている。カバサックは「間に立つ」ようにと苦闘するが，自分が感じているものを共有するために他者の心を用いることができないために，彼自身の内部における，高まりゆく孤独感を防ぐことができなかった。喪失を癒すにあたり，彼は現実の他者を用いることができなかったのみならず，**想像上の他者を用い**ることもできなかったのだが，それは，悲しみの中においても，想像するためには，融合することなく失われた他者を思い出すのに十分な安定性を持つ，別個の自己が同時に存在することが必要だからである。

カバサックの外部環境は，彼の内的対象の世界からますます区別できなくなっていき，**彼のもの**である現実として維持していくことができなくなっていた。外的世界は，正気を支える下地となり得るものを提供するにはあまりにも心もとないものとなり，文字通り，売りに出されなければならなかった──それは既に今や「悪意の他者」の様相を呈し始めており，自己と他者の間の境界を崩壊させてしまいそうになっていたため，取り除く必要があったのだ。ソービンは，外傷を誰とも共有することができないとき，それがどのような結果を招来し得るのかについて，想像力をかきたてると同時に，ぞっとさせるような描写を行っている。そしてこの小説を，どういうわけか薬物乱用（キノコとハーブティー）＊の結果を描いているものとしてみる人たちに対しては，「残念ですが皆さん──私はそうは思いませんよ！」と言うことができるのみである。

さて，読み続けよう。まだ終わっていないのだ。この小説には，同じくらい重要な，あるいはもしかするとさらに重要なもう一つのメッセージが込められている。このプロヴァンスの，遠く隔たり，閉ざされた環境においては，人間と動物は親密な関係を保っており，それは彼らが発達し生き延びるにあたって，中世におけるのとほとんど同じくらいに決定的に重要な関係である。ソービンのタイトルにまさに込められているような，異なる種の間の関係である。「トリュフ探し人」とは，一見孤独な追求に献身的な人物である。その活動が成功するかどうかは，しかし，人間以外の種との間の相互依存性にかかっていて，それはプロヴァンスのこの地域においては，ある種の

＊（訳注）主人公が探しているトリュフはキノコの一種である。キノコもハーブも，中には催幻覚作用を持つものがあるため，ブロンバーグはそれにかこつけて冗談めかして述べている。

ハエなのであるが，一番有名なのは豚である。豚が使われてきたのには二つ理由があって，一つは嗅覚が非常に鋭いために地面の下に埋もれているトリュフの場所を嗅ぎ出すことができるということであり，もう一つは，トリュフへの渇望が非常に強いために，熱狂的に探してくれるからである。問題は，トリュフ探し人が獲物を手にする前に，豚がそれを平らげてしまわないように，彼は常に警戒していなければならず，そうすることで初めて，（われわれのような）もっと礼儀正しい動物がトリュフをゆっくり食べることができるのである。その点において，ハエを用いることがある種の改善策であることを理解するのは難しくない。ハエを探すのは明らかにより簡単であって，過覚醒状態の豚を使ってトリュフを探すよりも心配は少ない。

われわれの心を動物と人間との間の相互関係に開くというソービンの願望は，ハエを用いたトリュフ探しに限られたものではない。力強くそして心を打つヴィニェットを通して，彼はこの結び付きの範囲と深度を広げ，コミュニケーションの**暗黙**のチャンネルについて扱うが，それは，思考と情動の間の弁証法，左脳と右脳の間の弁証法，そして臨床的コンテクストにおいては患者の自己-状態と分析家の自己-状態の間の弁証法について，われわれがようやく得つつある理解に直接的に影響を及ぼす。私が思うに，実はソービンは，人間の間での心／脳システムの相互依存性を支持しているだけに留まらず，これから引用するヴィニェットの中で，人間らしさと動物らしさの間をつなぐ間主観性の発達的な見方について考えているのかもしれない。[7]

私が最後に引用する一節の中で，ソービンは人間の生および「何となく人間らしい sort-of-human」生という二つの**内的な**世界の間のギャップを狭める。この一節は養蚕について描いている――養蚕業は，プロヴァンスのこの地域では，何百年にもわたって女性たちによって営まれており，彼女たちを経済的に支えてきたのだった。

> 蚕は，まるで何か魔術的な信号を受けたかのように，茂みの中へと垂直に立ち上がり繭を作り始めた。唾液のような細い分泌物が胸の所の両側にある一対の腺からうまく離れるように頭を絶え間なく回転させ，蚕たちは，

---

7) このことはまたおそらく，最近のミラー・ニューロンの発見の重要性を間接的に明らかにするだろう。覚えているかもしれないが，ミラー・ニューロンを考えつくきっかけは，ある研究者のマカクザルとの偶然の出会いであった（Gallese & Goldman, 1998 を参照のこと）。

休むことなく仕事を続け，三日もかからずに，それぞれ1キロメートル以上も，貴重な乳白色の繊維を作り出す。蚕たちを止めるものは何もない。あるとしたら不快な雑音くらいだ。たとえば，雷がひと鳴りすると糸は途切れてしまい，それ以上作らなくなってしまうために，そのシーズンの収穫が台無しになってしまうこともある。

　雷雨が近づいているのが分かったときは，女たちはそれに備えて集まり，鈴——ヤギの鈴や羊の鈴など——を鳴らし出したり，スコップ，フライパン，大なべを，初めのうちは優しくであるが，叩き出したりして，雷雨そのものによるずっと遥かに侵襲的な音に対して，自分たちの大切な小さい蚕たちを備えさせようとしたものだ。女たちはこれら耳障りなメドレーの音量を分毎に上げていった。それに応えて，蚕たちはかえってますます速く繭を作るようになり，その結果，糸は雷雨がやってきた後もずっと途切れることはなかった。（pp.83-84）

　最初にこれを読んだとき，私は口をぽっかり開けた。蚕が？　本当に??　ショックを受けると，無脊椎動物ですら情動的に不安定になるようだった——この場合は，蚕たちが耐えられないほど大きな，突然の騒音である。蚕たちはそれ以上機能することができない。発達段階でいうと，乳児期を過ぎているものの依然脆弱な時期であり，機能できないというのは，絹を作り出すことができなくなるという意味である。そこで女たちは治療者と同じことをするわけである。蚕たちの発達的成熟の連続性を保つために，情動調整異常の閾値を上げる条件を考え，それを彼女らは創り出すのである。蚕にとってこの発達的段階における成熟とは，糸を創り出すことであり，それは生き残るために必要な能力（繭を作ること）の下地となる。この生き残るための能力は，人間と動物の関係を通して育まれていくものであり，それは情動的レベルでは，ショア（Schore, 2003b）が辺縁系の間の会話と呼ぶものと類似しているといってもよい。治療者と同様，女たちもまた経済的益を得るのかどうかは関係ない。才能に恵まれた治療者というものは，単に自分にとって益となるから仕事をするのではなく，個人的益は常に仕事の一部であるものなのだ。

　女たちと蚕たちの間の関係の始まりの時期は，人間の乳児期早期の，母親と過ごす時期と似ていると考えるのは行き過ぎだろうか？　女たちが卵をど

のように丁寧に扱っているかを描いたソービンの次の記述を考えてみよう——女たちはまさにこのときのために縫った小袋の中に卵を注ぎ込むのである。「女たちは，自分のスカートの暖かい折り目の下に，あるいはコルセットを付けた胸の間の温もりにそれらの小袋をまとい，彼女らは他ならぬ自分たちの体温によって育ち始めたばかりの蚕を育むのである」(p. 81)。

> これを 10 日続けるのだから，実際女たちは，これらの蚕になろうとする虫たちを懐胎する役割を果たすのだ。……女たちは続いて，この孵ったばかりの幼虫たちを前もって綿密に準備しておいた温床——幼稚園のようなものだ——に入れる。温暖で，風通し良く，良く照明されたこれらの養蚕所は，蚕たちの住処となる。それから虫たちはそこで 4 週間にわたって脱皮を 4 回続けるのである。長さ 1 mm にも満たない繊細で小さないも虫から，元の 60 倍もの長さの青白い貪欲な生き物に成長するまで，蚕はずっと世話をしなければならないのだった。そして実際世話をしてもらったのだ。(pp. 81-82)

蚕になろうとする虫たちが今や蚕そのものとなり，相互作用的なプロセスの一部となったのは幼児期を過ぎてからのことだった。6 月になり，「女たちが雷雨から虫たちを守る必要に反応するときが始まった」(p. 83)。私は，蚕とその世話をする人との間の関係に雷雨が自然に存在するように，患者と精神分析家の間の関係にも，自然にもたらされる混乱が存在するという考え方を提案しているのである。しかし，外部環境によってもたらされる雷雨とは異なり，精神分析においてもたらされる混乱は，他に混乱もなく安全な治療の枠組みに侵入してくる外の出来事というわけではない。われわれの治療的仕事は，多かれ少なかれ発達的外傷がその残滓を残しているような経験の領域を再び生きることをいつも含むものであるから，分析的関係とは衝突と交渉のプロセスである。それは安定を損なってしまう危険をはらんでいると同時に，癒しの可能性を持っている。患者と分析家が一緒に行うことは，いつも主観性の間の衝突を含み，その一部が患者にとってあまりにも「うるさい」と感じられることは避けられない。分析家の仕事の一部は，この兆候に注意し，心から個人的に関わり合って取り組むことである。「雑音」の脅しは分析的関係それ自体に内在している——私が「安全だが安全過ぎない」と

呼んでいる至適な治療のコンテクストの一部なのだ。「愛着の決裂を，関係を通して修復することはまったくできない」という解離された「真実」から，混乱を与えるが交渉可能なものを患者が見分けるのを助けることに治療者がコミットすることは，分析の仕事の本質的な部分である。治療者がいかに非侵襲的になろうと努力しようとも，対人間（たいじんかん）の雑音がうるさくなり過ぎないようにすることは治療者にはできない。患者の内的経験が，治療者が仕事をしている**間**に，治療者の心に留めているということを絶え間なく患者に知らせることが，安全性を提供することなのだ――たとえそれを完璧には行ってはいなくとも[8]。

　人間においては，生そのものを，終わりなき警戒の行為に変えてしまうことなしに外傷の可能性に向き合う心の準備をする能力は，人の主観的状態に自分のことのように関心を持ってくれるような他者――そしてそれに対して今度はこちらがその人の精神状態に関心を持つことができるような他者――そのような重要な他者との関係に依存している。他者の心の中に自分が存在すると感じる能力は，カバサックの中ではあまりに弱々しいものであったために，愛する人の死は自己の喪失を意味することになった。ジュリエッタの安定した心的表象と自己の間の強固な架け橋は失われてしまったために，彼女の具象的な存在なしには自己の連続性を保つことができなくなってしまったのだ。そして彼にはもはや話のできる人もいなかった。

　カバサックのような人が直面している行き詰まりからの抜け道を与えてくれるのは，患者と分析家の間の関係性である。同様に，決して観察することができず，推定することのみが可能な無意識という古典的な考え方によってもたらされる問題を避ける方法を与えてくれるのも，患者と分析家の間の関係性である。聡明であるが問題を抱えていたイタリアの詩人アルダ・メリーニ（Merini, 2007）[9]の警句ほど，私が言及している問題をうまく捉えているものは恐らくないだろう。

　　精神分析は

8）マーガレット・ウィルキンソン（Wilkinson, 2006）は，同様のパースペクティヴをユング派の見地から論じているが，それは臨床的にも概念的にも説得力がある。彼女の本の中の，「解離をやり直す」（pp. 94-113）という章は特に見逃せない。
9）メリーニの警句を私に教えてくれたクリストファー・スプリングに感謝したい。

いつも卵を探している
失われてしまった
バスケットの中に。(p. 15)

　百年以上にわたり，精神分析家は**推定されたバスケット**――推定された無意識――について，連想と解釈を通して患者に話しかけるべく訓練されてきた。分析家が**無意識的空想**と名づけることにした「卵」を発見することは，無意識的なものは失われてしまって直接観察できないけれどもその内容の全貌は把握できるということを示そうとする努力であった。しかし精神分析の発展の現在の段階においては，「卵」は埋もれている内容なのではなく，解離された関係的プロセスの象徴化であり，そしてそれは発掘されるのではなくエナクトメントを通して相互に共創造されていくものなのだということを受け入れることによって，「卵」の存在がはっきりと示されることになるのだということがますます認識されてきている。

　精神分析における解離された経験のエナクトメントは，患者にとっても分析家にとっても心地よいものではない。それは，自分がどこに向かっているのかに自信が持てることを経験することではなく，不確かさを経験することによって特徴づけられる。知らないということ，さらにはもっと込み入ったことだが，何となく知っているということに内在する曖昧さをどのようにしたら耐えられるようになるのだろうか？　私は，それは，脳の配線と何となく sort-of 関係があり，われわれの世話をしてくれる人がわれわれのすべての部分の存在の権利を肯定してくれる度合いと何となく sort-of 関係があり，そして時宜を得て誰かに――自分がもっとも話すことを必要としているときに自分を蚕として考えてくれる誰かがその一人である――話すことのできる運と何となく sort-of 関係しているのではないかと思う。

　私がなぜこの章のタイトルを選んだのかについて，私はまだはっきりとは述べていないが，おそらくもう明らかだと思う。最後にそのことに触れて終わりにしたいと思う。伝説的な 1937 年の歌，「あなたの近しさ」と，最近関係性を巡る暗黙の知 implicit relational knowing と呼ばれているものの間の関連は説明するまでもないだろう。そして，私はアラン・ショアによる辺縁系の間の会話という概念をとても好んでいるのだが，ホウギィ・カーマイケルとネッド・ワシントンの言葉の方がもっと好きなのだ。彼らが「あなたの

近しさ The Nearness of You」を書いたとき，彼らは既に，「あなたの甘い言葉のせいではない／こんな気持ちにさせてくれるのは，違う／ただ，あなたの近しさだけだ」ということを知っていたのだ。

文 献

Ackerman, D. (2004). *An alchemy of mind: The marvel and mystery of the brain.* New York: Scribner.
Ainsworth, M., Blehar, M., Waters, E., & Wall, S. (1978). *Patterns of attachment.* Hillsdale, NJ: Lawrence Erlbaum Associates, Inc.
Allen, J. G., Console, D.A., & Lewis, L. (1999). Dissociative detachment and memory impairment: Reversible amnesia or encoding failure? *Comprehensive Psychiatry, 40,* 160–171.
Allen, J. G., & Coyne, L. (1995). Dissociation and vulnerability to psychotic experience: The Dissociative Experiences Scale and the MMPI-2. *Journal of Nervous and Mental Disease, 183,* 615–622.
Allen, J. G., & Fonagy, P. (Eds.) (2006). *The handbook of mentalization-based treatment.* Chichester, UK: Wiley.
Allman, J. M., Watson, K. K., Tetreault, N. A., & Hakeem, A. (2005). Intuition and autism: A possible role for Von Economo neurons. *Trends in Cognitive Sciences, 9,* 367–373.
Altman, N. (2007). Integrating the transpersonal with the intersubjective: Commentary on Mary Tennes's "Beyond intersubjectivity." *Contemporary Psychoanalysis, 43,* 526–535.
Ammaniti, M., & Trentini, C. (2009). How new knowledge about parenting reveals the neurobiological implications of intersubjectivity: A conceptual synthesis of recent research. *Psychoanalytic Dialogues, 19,* 537–555.
Arlow, J. A. (1969). Unconscious fantasy and disturbances of conscious experience. *Psychoanalytic Quarterly, 38,* 1–27.
Balint, E. (1987). Memory and consciousness. *International Journal of Psychoanalysis, 68,* 475–483.
Balter, L., Lothane, Z., & Spencer, J. H. Jr. (1980). On the analyzing instrument. *Psychoanalytic Quarterly, 49,* 474–504.
Barbas, H. (2007). Flow of information for emotions through temporal and orbitofrontal pathways. *Journal of Anatomy, 211,* 237–249.

Barbas, H., Saha, S., Rempel-Clower, N., & Ghashghaei, T. (2003). Serial pathways from primate prefrontal cortex to autonomic areas may influence emotional expression. *BMC Neuroscience*, *4*, 25.

Baring-Gould, W. S. (Ed.) (1967). *The annotated Sherlock Holmes: The four novels and the fifty-six short stories complete by Sir Arthur Conan Doyle*. New York: Clarkson N. Potter.

Bass, A. (2003). "E" enactments in psychoanalysis: Another medium, another message. *Psychoanalytic Dialogues*, *13*, 657–675.

―― (2009). An independent theory of clinical technique viewed through a relational lens: Commentary on paper by Michael Parsons. *Psychoanalytic Dialogues*, *19*, 237–245.

Bem, D. J. (2011). Feeling the future: Experimental evidence for anomalous retroactive influences on cognition and affect. *Journal of Personality and Social Psychology*, *100*, 407–425.

Benjamin, J. (1988). *The bonds of love*. New York: Pantheon.

―― (1995). *Like subjects, love objects: Essays on recognition and sexual difference*. New Haven, CT: Yale University Press.

―― (1998). *The shadow of the other*. New York: Routledge.

―― (2005). From many into one: Attention, energy, and the containing of multitudes. *Psychoanalytic Dialogues*, *15*, 185–201.

―― (2007). Review of *Awakening the dreamer: Clinical journeys*, by Philip M. Bromberg. *Contemporary Psychoanalysis*, *43*, 666–680.

Benowitz, L. I., Bear, D. M., Rosenthal, R., Mesulam, M.-M., Zaidel, E., & Sperry, R. W. (1983). Hemispheric specialization in nonverbal communication. *Cortex*, *19*, 5–11.

Bion, W. R. (1962). Learning from experience. In *Seven servants*. New York: Jason Aronson, 1977.

―― (1963). *Elements of psychoanalysis*. London: Heinemann.

―― (1965). *Transformations*. London: Heinemann.

―― (1970). *Attention and interpretation*. London: Maresfield.

Blonder, L. X., Bowers, D., & Heilman, K. M. (1991). The role of the right hemisphere in emotional communication. *Brain*, *114*, 1115–1127.

Bogolepova, I. N., & Malofeeva, L. I. (2001). Characteristics of the development of speech areas 44 and 45 in the left and right hemisphere of the human brain in early post-natal ontogenesis. *Neuroscience and Behavioral Physiology*, *31*, 349–354.

Bollas, C. (1987). *The shadow of the object: Psychoanalysis of the unthought known*. London: Free Association Books.

Bonovitz, C. (2004). The cocreation of fantasy and the transformation of psychic structure. *Psychoanalytic Dialogues*, *14*, 553–580.

Bowden, E. M., & Jung-Beeman, M. J. (1998). Getting the right idea: Semantic activation in the right hemisphere may help solve insight problems. *Psychological Science*, *6*, 435–440.

―― (2003). Aha! Insight experience correlates with solution activation in the right hemisphere. *Psychonomic Bulletin & Review*, *10*, 730–737.

Bowlby, J. (1969). *Attachment and loss: Vol. 1: Attachment.* New York: Basic Books.
―― (1973). *Attachment and loss: Vol. 2: Separation.* New York: Basic Books.
―― (1980). *Attachment and loss: Vol. 3: Loss.* New York: Basic Books.
Brancucci, A., Lucci, G., Mazzatenta, A., & Tommasi, L. (2009). Asymmetries of the human social brain in the visual, auditory and chemical modalities. *Philosophical Transactions of the Royal Society of London Biological Sciences, 364,* 895–914.
Brenner, C. (1976). *Psychoanalytic technique and psychic conflict.* New York: International Universities Press.
Breuer, J., & Freud, S. (1893–1895). Studies on hysteria. In J. Strachey (Ed. & Trans.), *The standard edition of the complete psychological works of Sigmund Freud* (Vol. 2). London: Hogarth Press, 1955.
Brody, S. (2009). On the edge: Exploring the end of the analytic hour. *Psychoanalytic Dialogues, 19,* 87–97.
Bromberg, P. M. (1974). Introduction to "On psychoanalytic training: A symposium." *Contemporary Psychoanalysis, 10,* 239–242.
―― (1980). Sullivan's concept of consensual validation and the therapeutic action of psychoanalysis. *Contemporary Psychoanalysis, 16,* 237–248.
―― (1984). The third ear. In L. Caligor, P. M. Bromberg, & J. D. Meltzer (Eds.), *Clinical perspectives on the supervision of psychoanalysis and psychotherapy* (pp. 29–44). New York: Plenum.
―― (1989). Interpersonal psychoanalysis and self psychology: A clinical comparison. In *Standing in the spaces: Essays on clinical process, trauma and dissociation* (pp. 147–162). Hillsdale, NJ: The Analytic Press, 1998.
―― (1993). Shadow and substance: A relational perspective on clinical process. In *Standing in the spaces: Essays on clinical process, trauma and dissociation* (pp. 165–187). Hillsdale, NJ: The Analytic Press, 1998.
―― (1994). "Speak! That I may see you": Some reflections on dissociation, reality, and psychoanalytic listening. In *Standing in the spaces: Essays on clinical process, trauma and dissociation* (pp. 241–266). Hillsdale, NJ: The Analytic Press, 1998.
―― (1995a). Psychoanalysis, dissociation, and personality organization. In *Standing in the spaces: Essays on clinical process, trauma and dissociation* (pp. 189–204). Hillsdale, NJ: The Analytic Press, 1998.
―― (1995b). Resistance, object-usage, and human relatedness. In *Standing in the spaces: Essays on clinical process, trauma and dissociation* (pp. 205–222). Hillsdale, NJ: The Analytic Press, 1998.
―― (1996a). Standing in the spaces: The multiplicity of self and the psychoanalytic relationship. In *Standing in the spaces: Essays on clinical process, trauma and dissociation* (pp. 267–290). Hillsdale, NJ: The Analytic Press, 1998.
―― (1996b). Discussion of Leo Stone's "The psychoanalytic situation." *Journal of Clinical Psychoanalysis, 5,* 267–282.

―― (1998a). *Standing in the spaces: Essays on clinical process, trauma and dissociation.* Hillsdale, NJ: The Analytic Press.

―― (1998b). Staying the same while changing: Reflections on clinical judgment. In *Standing in the spaces: Essays on clinical process, trauma and dissociation* (pp. 291–307). Hillsdale, NJ: The Analytic Press, 1998.

―― (1998c). "Help! I'm going out of your mind." In *Standing in the spaces: Essays on clinical process, trauma and dissociation* (pp. 309–328). Hillsdale, NJ: The Analytic Press, 1998.

―― (1999). Playing with boundaries. In *Awakening the dreamer: Clinical journeys* (pp. 51–64). Mahwah, NJ: The Analytic Press, 2006.

―― (2000a). Potholes on the royal road: Or is it an abyss? In *Awakening the dreamer: Clinical journeys* (pp. 85–107). Mahwah, NJ: The Analytic Press, 2006.

―― (2000b). Reply to reviews by Cavell, Sorenson, and Smith. *Psychoanalytic Dialogues, 10,* 551–568.

―― (2003a). One need not be a house to be haunted: A case study. In *Awakening the dreamer: Clinical journeys* (pp. 153–173). Mahwah, NJ: The Analytic Press, 2006.

―― (2003b). Something wicked this way comes: Where psychoanalysis, cognitive science, and neuroscience overlap. In *Awakening the dreamer: Clinical journeys* (pp. 174–202). Mahwah, NJ: The Analytic Press, 2006.

―― (2006a). *Awakening the dreamer: Clinical journeys.* Mahwah, NJ: The Analytic Press.

―― (2006b). Ev'ry time we say goodbye, I die a little…: Commentary on Holly Levenkron's "Love (and hate) with the proper stranger." *Psychoanalytic Inquiry, 26,* 182–201.

―― (2007). Response to reviews of "Awakening the dreamer: Clinical journeys." *Contemporary Psychoanalysis, 43,* 696–708.

―― (2010). Commentary on Carola M. Kaplan's "Navigating trauma in Joseph Conrad's 'Victory': A voyage from Sigmund Freud to Philip M. Bromberg." *Psychoanalytic Dialogues, 20,* 449–455.

Bruner, J. (1990). *Acts of meaning.* Cambridge, MA: Harvard University Press.

Bucci, W. (1997a). *Psychoanalysis and cognitive science: A multiple code theory.* New York: Guilford.

―― (1997b). Patterns of discourse in "good" and troubled hours: A multiple code interpretation. *Journal of the American Psychoanalytic Association, 45,* 155–187.

―― (2001). Pathways of emotional communication. *Psychoanalytic Inquiry, 21,* 40–70.

―― (2002). The referential process, consciousness, and sense of self. *Psychoanalytic Inquiry, 22,* 766–793.

―― (2003). Varieties of dissociative experience: A multiple code account and a discussion of Bromberg's case of "William." *Psychoanalytic Psychology, 20,* 542–557.

―― (2007a). Dissociation from the perspective of multiple code theory–Part I: Psychological roots and implications for psychoanalytic treatment. *Contemporary Psychoanalysis, 43*, 165–184.

―― (2007b). Dissociation from the perspective of multiple code theory–Part II: The spectrum of dissociative processes in the psychoanalytic relationship. *Contemporary Psychoanalysis, 43*, 305–326.

―― (2010). The uncertainty principle in the psychoanalytic process. In J. Petrucelli (Ed.), *Knowing, not-knowing, and sort-of knowing: Psychoanalysis and the experience of uncertainty* (pp. 203–214). London: Karnac.

Buchanan, T. W., Tranel, D., & Adolphs, R. (2006). Memories for emotional autobiographical events following unilateral damage to medial temporal lobe. *Brain, 129*, 115–127.

Buck, R. (1994). The neuropsychology of communication: Spontaneous and symbolic aspects. *Journal of Pragmatics, 22*, 265–278.

Burke, E. (1757). *A philosophical enquiry into the origin of our ideas of the sublime and the beautiful.* London: Penguin, 1998.

Burkley, M. (2010). Have scientists finally discovered evidence for psychic phenomena? *Psychology Today* blog. Retrieved October 11, 2010 from www.psychologytoday.com/blog/the-social-thinker/201010/have-scientists-finally-discovered-evidence-psychic-phenomena.

Burns, R. (1786). To a louse: On seeing one on a lady's bonnet at church. In R. Bentman (Ed.), *The poetical works of Burns: Cambridge edition* (pp. 43–44). Boston: Houghton Mifflin, 1974.

Burris, B. L. (1995). Classics revisited: Freud's papers on technique. *Journal of the American Psychoanalytic Association, 43*, 175–185.

Caligor, E., Diamond, D., Yeomans, F. E., & Kernberg, O. F. (2009). The interpretive process in the psychoanalytic psychotherapy of borderline personality pathology. *Journal of the American Psychoanalytic Association, 57*, 271–301.

Canestri, J. (2005). Some reflections on the use and meaning of conflict in contemporary psychoanalysis. *Psychoanalytic Quarterly, 74*, 295–326.

Castaneda, C. (1968). *The teachings of Don Juan: A Yaqui way of knowledge.* New York: Ballentine Books.

―― (1971). *A separate reality: Further conversations with Don Juan.* New York: Simon & Schuster.

Cavell, M. (1998). Triangulation, one's own mind and objectivity. *International Journal of Psychoanalysis, 79*, 449–467.

―― (2000). Review essay: Self-reflections. *Psychoanalytic Dialogues, 10*, 513–529.

Cavitch, M. (2007). Dissociative reading: Philip Bromberg and Emily Dickinson. *Contemporary Psychoanalysis, 43*, 681–688.

Cerqueira, J. J., Almeida, O. F. X., & Sousa, N. (2008). The stressed prefrontal cortex. Left? Right! *Brain, Behavior, and Immunity, 22*, 630–638.

Chefetz, R. A. (1997). Special case transferences and countertransferences in the treatment of dissociative disorders. *Dissociation, 10*, 255–265.

―― (2000). Disorder in the therapist's view of the self: Working with the person with dissociative identity disorder. *Psychoanalytic Inquiry, 20*, 305–329.

Chefetz, R. A., & Bromberg, P. M. (2004). Talking with "me and not-me": A dialogue. *Contemporary Psychoanalysis, 40*, 409–464.

Chiron, C., Jambaque, I., Nabbout, R., Lounes, R., Syrota, A., & Dulac, O. (1997). The right brain hemisphere is dominant in human infants. *Brain, 120*, 1057–1065.

Ciardi, J. (1959, 21 March). Robert Frost: Master conversationalist at work. *Saturday Review*, pp. 17–20.

Cunningham, M. (1998). *The hours*. New York: Farrar, Straus & Giroux.

Decety, J., & Chaminade, T. (2003). When the self represents the other: A new cognitive neuroscience view on psychological identification. *Consciousness and Cognition, 12*, 577–596.

Devereux, G. (1953). *Psychoanalysis and the occult*. New York: International Universities Press.

Dickinson, E. (1862). Poem 599. In T. H. Johnson (Ed.), *The complete poems of Emily Dickinson* (p. 294). New York: Little, Brown, 1960.

―― (1863). Poem 670. In T. H. Johnson (Ed.), *The complete poems of Emily Dickinson* (p. 333). New York: Little, Brown, 1960.

Dobbing, J., & Sands, J. (1973). Quantitative growth and development of human brain. *Archives of Diseases of Childhood, 48*, 757–767.

Dutra, L., Bureau, J.-F., Holmes, B., Lyubchik, A., & Lyons-Ruth, K. (2009). Quality of early care and childhood trauma: A prospective study of developmental pathways to dissociation. *Journal of Nervous and Mental Disease, 197*, 383–390.

Edelman, G. M. (1989). *The remembered present: A biological theory of consciousness*. New York: Basic Books.

―― (1992). *Bright air, brilliant fire*. New York: Basic Books.

―― (2004). *Wider than the sky: The phenomenal gift of consciousness*. New Haven, CT: Yale University Press.

Enriquez, P., & Bernabeu, E. (2008). Hemispheric laterality and dissociative tendencies: Differences in emotional processing in a dichotic listening task. *Consciousness and Cognition, 17*, 267–275.

Epstein, S. (1994). Integration of the cognitive and psychodynamic unconscious. *American Psychologist, 49*, 709–724.

Ferenczi, S. (1930). The principles of relaxation and neo-catharsis. In M. Balint (Ed.), *Final contributions to the problems and methods of psychoanalysis* (pp. 108–125). New York: Brunner/Mazel, 1980.

―― (1932/1988). *The clinical diary of Sándor Ferenczi* (J. Dupont, Ed., M. Balint & N. Z. Jackson, Trans.). Cambridge, MA: Harvard University Press.

Fingarette, H. (1963). *The self in transformation: Psychoanalysis, philosophy, and the life of the spirit*. New York: Basic Books.

Fonagy, P., & Moran, G. S. (1991). Understanding psychic change in child psychoanalysis. *International Journal of Psychoanalysis*, 72, 15–22.
Fonagy P., Moran, G. S., & Target, M. (1993). Aggression and the psychological self. *International Journal of Psychoanalysis*, 74, 471–485.
Fonagy, P., & Target, M. (1995). Understanding the violent patient: The use of the body and the role of the father. *International Journal of Psychoanalysis*, 76, 487–501.
―――― (1996). Playing with reality: I. Theory of mind and the normal development of psychic reality. *International Journal of Psychoanalysis*, 77, 217–233.
Fonagy, P., Gergely, G., Jurist, E. L., & Target, M. (2005). *Affect regulation, mentalization, and the development of the self.* New York: Other Press.
Freud, S. (1897). Letter 69 (September 21, 1897). Extracts from the Fliess papers (1950 [1892–1899]). In J. Strachey (Ed. & Trans.), *The standard edition of the complete psychological works of Sigmund Freud* (Vol. 1, pp. 259–260). London: Hogarth Press, 1966.
―――― (1911). The handling of dream-interpretation in psycho-analysis. In J. Strachey (Ed. & Trans.), *The standard edition of the complete psychological works of Sigmund Freud* (Vol. 12, pp. 89–96). London: Hogarth Press, 1958.
―――― (1912a). The dynamics of transference. In J. Strachey (Ed. & Trans.), *The standard edition of the complete psychological works of Sigmund Freud* (Vol. 12, pp. 97–108). London: Hogarth Press, 1958.
―――― (1912b). Recommendations to physicians practising psycho-analysis. In J. Strachey (Ed. & Trans.), *The standard edition of the complete psychological works of Sigmund Freud* (Vol. 12, pp. 109–120). London: Hogarth Press, 1958.
―――― (1913). On beginning the treatment (Further recommendations on the technique of psycho-analysis, I). In J. Strachey (Ed. & Trans.), *The standard edition of the complete psychological works of Sigmund Freud* (Vol. 12, pp. 121–144). London: Hogarth Press, 1958.
―――― (1914). Remembering, repeating and working-through (Further recommendations on the technique of psycho-analysis II). In J. Strachey (Ed. & Trans.), *The standard edition of the complete psychological works of Sigmund Freud* (Vol. 12, pp. 145–156). London: Hogarth Press, 1958.
―――― (1915a). The unconscious. In J. Strachey (Ed. & Trans.), *The standard edition of the complete psychological works of Sigmund Freud* (Vol. 14, pp. 159–205). London: Hogarth Press, 1957.
―――― (1915b). Observations on transference-love (Further recommendations on the technique of psycho-analysis III). In J. Strachey (Ed. & Trans.), *The standard edition of the complete psychological works of Sigmund Freud* (Vol. 12, pp. 159–171). London: Hogarth Press, 1958.
―――― (1921). Psychoanalysis and telepathy (Original English translation by G. Devereux). In G. Devereux (Ed.), *Psychoanalysis and the occult* (pp. 56–68). New York: International Universities Press, 1953.

_____ (1933). New introductory lectures on psychoanalysis. In J. Strachey (Ed. & Trans.), *The standard edition of the complete psychological works of Sigmund Freud* (Vol. 22, pp. 1–182). London: Hogarth Press.

Friedman, L. (1988). *The anatomy of psychotherapy*. Hillsdale, NJ: The Analytic Press.

Frost, R. (1939). The figure a poem makes. In E. C. Lathem & L. R. Thompson (Eds.), *The Robert Frost reader: Poetry and prose*. New York: Henry Holt, 2002.

_____ (1942). The secret sits. In E. C. Lathem (Ed.), *The poetry of Robert Frost* (p. 362). New York: Henry Holt, 1979.

Gaddini, E. (1992). *A psychoanalytic theory of infantile experience*. London: Routledge.

Gainotti, G. (2006). Unconscious emotional memories and the right hemisphere. In M. Mancia (Ed.), *Psychoanalysis and neuroscience* (pp. 2045). Milan: Springer.

Gallese, V., & Goldman, A. (1998). Mirror neurons and the simulation theory of mind-reading. *Trends in Cognitive Science, 2*, 493–501.

Gaudillière, J.-M. (2010). Psychoanalysis and the trauma(s) of history. Online colloquium of the International Association for Relational Psychoanalysis and Psychotherapy. 5–19 December.

Goldbarth, A. (2003). *Pieces of Payne*. Saint Paul, MN: Graywolf Press.

Goldfried, M. (2010). Building a two-way bridge between practice and research. *The Clinical Psychologist: Newsletter, Div. 12, American Psychological Association, 63*(1), 1–3.

Goodman, S. (Ed.) (1977). *Psychoanalytic education and research: The current situation and future possibilities*. New York: International Universities Press.

Greenacre, P. (1969). *Trauma, growth and personality*. New York: International Universities Press.

Greenberg, J. R., & Mitchell, S. A. (1983). *Object relations in psychoanalytic theory*. Cambridge, MA: Harvard University Press.

Grotstein, J. S. (2004). "The light militia of the lower sky": The deeper nature of dreaming and phantasying. *Psychoanalytic Dialogues, 14*, 99–118.

Gupta, R. K., Hasan, K. M., Trivedi, R., Pradhan, M., Das, V., Parikh, N. A., & Narayana, P. A. (2005). Diffusion tensor imaging of the developing human cerebrum. *Journal of Neuroscience Research, 81*, 172–178.

Hansel, A., & von Kanel, R. (2008). The ventro-medial prefrontal cortex: A major link between the autonomic nervous system, regulation of emotion, and stress reactivity? *BioPsychoSocial Medicine, 2*, 21.

Happaney, K., Zelazo, P. D., & Stuss, D. T. (2004). Development of orbitofrontal function: Current themes and future directions. *Brain and Cognition, 55*, 1–10.

Harris, A. (2004). The relational unconscious: Commentary on papers by Michael Eigen and James Grotstein. *Psychoanalytic Dialogues, 14*, 131–137.

_____ (2009). "You must remember this." *Psychoanalytic Dialogues, 19*, 2–21.

Hatfield, E., Cacioppo, J. T., & Rapson, R. L. (1992). Primitive emotional contagion. In M.S. Clark (Ed.), *Emotion and social behavior* (pp. 151–171). Newbury Park, CA: Sage.
Helmeke, C., Ovtscharoff, W., Poeggel, G., & Braun, K. (2001). Juvenile emotional experience alyters synaptic inputs on pyramidal neurons in the anterior cingulate cortex. *Cerebral Cortex, 11*, 717–727.
Helton, W. S., Dorahy, M. J., & Russell, P. N. (2010). Dissociative tendencies and right-hemisphere processing load: Effects on vigilance performance. *Consciousness and Cognition.*
Henry, J. (1965). *Pathways to madness.* New York: Random House.
Hermans, H. J. M., Kempen, H. J. G., & van Loon, R. J. P. (1992). The dialogical self: Beyond individualism and rationalism. *American Psychologist, 47*, 23–33.
Hesse, E., & Main, M. (1999). Second-generation effects of unresolved trauma in nonmaltreating parents: Dissociated, frightened, and threatening parental behavior. *Psychoanalytic Inquiry, 19*, 481–540.
Hilgard, E. R. (1965). *Hypnotic susceptibility.* New York: Harcourt, Brace & World.
―― (1977). *Divided consciousness: Multiple controls in human thought and action.* New York: Wiley.
Howell, E. F. (2005). *The dissociative mind.* Hillsdale, NJ: The Analytic Press.
Hutterer, J., & Liss, M. (2006). Cognitive development, memory, trauma, treatment: An integration of psychoanalytic and behavioural concepts in light of current neuroscience research. *Journal of the American Academy of Psychoanalysis and Dynamic Psychiatry, 34*, 287–302.
Ischlondsky, N. D. (1955). The inhibitory process in the cerebrophysiological laboratory and in the clinic. *Journal of Nervous and Mental Disease, 121*, 5–18.
Iturria-Medina, Y., et al. (2011). Brain hemispheric structural efficiency and interconnectivity rightward asymmetry in humans and nonhuman primates. *Cerebral Cortex, 21*, 56–67.
James, W. (1892). *Psychology: Briefer course.* London: Macmillan.
Janet, P. (1907). *The major symptoms of hysteria* (1st ed.). New York: Macmillan.
Johnson, S. (2004). *Mind wide open: Your brain and the neuroscience of everyday life.* New York: Scribner.
Kalsched, D. (2005). Hope versus hopelessness in the psychoanalytic situation and Dante's *Divine Comedy. Spring, 72*, 167–187.
Kaplan, C. M. (2010a). Navigating trauma in Joseph Conrad's *Victory:* A voyage from Sigmund Freud to Philip M. Bromberg. *Psychoanalytic Dialogues, 20*, 441–448.
―― (2010b). Navigating trauma: Reply to "Commentary." *Psychoanalytic Dialogues, 20*, 456–458.
Keenan, J. P., Rubio, J., Racioppi, C., Johnson, A., & Barnacz, A. (2005). The right hemisphere and the dark side of consciousness. *Cortex, 41*, 695–704.

Kestenberg, J. (1985). The flow of empathy and trust between mother and child. In E. J. Anthony & G. H. Pollack (Eds.), *Parental influences in health and disease* (pp. 137–163). Boston, MA: Little Brown.

Khan, M. (1971). "To hear with the eyes": Clinical notes on body as subject and object. In *The privacy of the self* (pp. 234–250). New York: International Universities Press, 1974.

—— (1979). Secret as potential space. In S. A. Grolnick, L. Barkin, & W. Muensterberger (Eds.), *Between reality and fantasy: Transitional objects and phenomena* (pp. 259–270). New York: Jason Aronson.

Kihlstrom, J. (1987). The cognitive unconscious. *Science, 237*, 1445–1452.

Klauber, J. (1980). Formulating interpretations in clinical psychoanalysis. *International Journal of Psychoanalysis, 61*, 195–201.

Klee, P. (1957). *The diaries of Paul Klee, 1898–1918*. Berkeley, CA: University of California Press.

Korzybski, A. (1954). *Time-binding: The general theory*. Lakeville, CT: Institute of General Semantics.

Kounios, J., Frymiare, J. L., Bowden, E. M., Fleck, J. I., Subramaniam, K., Parrish, T. B., & Jung-Beeman, M. J. (2006). The prepared mind: Neural activity prior to problem presentation predicts solution by sudden insight. *Psychological Science, 17*, 882–890.

Kounios, J., Fleck, J., Green, D. L., Payne, L., Stevenson, J. L., Bowden, E. M., & Jung-Beeman, M. J. (2008). The origins of insight in resting-state brain activity. *Neuropsychologia, 46*, 281–291.

Laing, R. D. (1962). Confirmation and disconfirmation. In *The self and others* (pp. 88–97). Chicago: Quadrangle Books.

—— (1967). *The politics of experience*. New York: Pantheon Books.

—— (1969). *The politics of the family*. New York: Vintage Books, 1972.

Lane, R. D., Ahern, G. L., Schwartz, G. E., & Kaszniak, A. W. (1997). Is alexithymia the emotional equivalent of blindsight? *Biological Psychiatry, 42*, 834–844.

Langan, R. (1997). On free-floating attention. *Psychoanalytic Dialogues, 7*, 819–839.

Lanius, R. A., Williamson, P. C., Bluhm, R. L., Densmore, M., Boksman, K., Neufeld, R. W. J., Gati, J. S., & Menon, R. S. (2005). Functional connectivity of dissociative responses in posttraumatic stress disorder: A functional magnetic resonance imaging investigation. *Biological Psychiatry, 57*, 873–884.

Lasky, R. (2002). Countertransference and the analytic instrument. *Psychoanalytic Psychology, 19*, 65–94.

Laub, D., & Auerhahn, N. C. (1993). Knowing and not knowing massive psychic trauma: Forms of traumatic memory. *International Journal of Psychoanalysis, 74*, 287–302.

Lazarus, R. S., & McCleary, R. A. (1951). Autonomic discrimination without awareness: A study of subception. *Psychological Review, 58*, 113–122.

LeDoux, J. E. (1989). Cognitive-emotional interactions in the brain. *Cognition & Emotion, 3*, 267–289.
―― (1996). *The emotional brain*. New York: Touchstone.
―― (2002). *The synaptic self*. New York: Viking.
Lehrer, J. (2008, 28 July). Annals of science: The eureka hunt. *The New Yorker*, pp. 39–45.
Levenkron, H. (2006). Love (and hate) with the proper stranger: Affective honesty and enactment. *Psychoanalytic Inquiry, 26*, 157–181.
―― (2009). Engaging the implicit: Meeting points between the Boston Change Process Study Group and relational psychoanalysis. *Contemporary Psychoanalysis, 45*, 179–217.
Levenson, E. A. (1972). *The fallacy of understanding*. New York: Basic Books.
―― (1983). *The ambiguity of change*. New York: Basic Books.
―― (2003). On seeing what is said: Visual aids to the psychoanalytic process. *Contemporary Psychoanalysis, 39*, 233–249.
Lewis, C. S. (1956). *Till we have faces: A myth retold*. New York: Harcourt Brace Jovanovich.
Loewenstein, R. J. (1996). Dissociative amnesia and dissociative fugue. In L. K. Michelson & W. J. Ray (Eds.), *Handbook of dissociation: Theoretical, empirical, and clinical perspectives*. New York: Plenum.
Lothane, Z. (2009). Dramatology in life, disorder, and psychoanalytic therapy: A further contribution to interpersonal psychoanalysis. *International Forum of Psychoanalysis, 18*, 135–148.
Lynd, H. M. (1958). *On shame and the search for identity*. New York: Harcourt Brace.
Lyons-Ruth, K. (1998). Implicit relational knowing: Its role in development and psychoanalytic treatment. *Infant Mental Health Journal, 19*, 282–289.
―― (2003). Dissociation and the parent–infant dialogue: A longitudinal perspective from attachment research. *Journal of the American Psychoanalytic Association, 51*, 883–911.
―― (2006). The interface between attachment and intersubjectivity: Perspective from the longitudinal study of disorganized attachment. *Psychoanalytic Inquiry, 26*, 595–616.
Lyons-Ruth, K., & Boston Change Process Study Group (2001). The emergence of new experiences: Relational improvisation, recognition process, and non-linear change in psychoanalytic therapy. *Psychologist-Psychoanalyst, 21*, 13–17.
MacDonald, G. (1858). *Phantastes*. Grand Rapids, MI: Wm. B. Eeerdmans, 1981.
Main, M., & Morgan, H. (1996). Disorganization and disorientation in infant strange situation behavior: Phenotypic resemblance to dissociative states. In L. Michelson & W. Ray (Eds.), *Handbook of dissociation: Theoretical, empirical, and clinical perspectives* (pp. 107–138). New York: Plenum.
Malouf, D. (2009). *Ransom*. New York: Pantheon.

Markoff, J. (2010, 9 November). Quantum computing reaches for true power. *New York Times Science Section*, p. D2.

Maroda, K. J. (2005). Show some emotion: Completing the cycle of affective communication. In L. Aron & A. Harris (Eds.), *Relational psychoanalysis, vol. II. Innovation and expansion* (pp. 121–142). Hillsdale, NJ: The Analytic Press.

Mayer, E. L. (1996). Subjectivity and intersubjectivity of clinical facts. *International Journal of Psychoanalysis*, 77, 709–737.

——— (2001). On "Telepathic Dreams?" An unpublished paper by Robert J. Stoller. *Journal of the American Psychoanalytic Association*, 49, 629–657.

——— (2007). *Extraordinary knowing: Science, skepticism, and the inexplicable powers of the human mind.* New York: Bantam Books.

McGilchrist, I. (2009). *The master and his emissary: The divided brain and the making of the western world.* New Haven, CT: Yale University Press.

Meares, R. (2001). What happens next? A developmental model of therapeutic spontaneity. *Psychoanalytic Dialogues*, 11, 755–769.

Merini, A. (2007). From "Aphorisms" (D. Basford, Trans.). *Poetry, 191*, 18.

Minagawa-Kawai, Y., Matsuoka, S., Dan, I., Naoi, N., Nakamura, K., & Kojima, S. (2009). Prefrontal activation associated with social attachment: Facial-emotion recognition in mothers and infants. *Cerebral Cortex*, 19, 284–292.

Mitchell, S. A. (1991). Contemporary perspectives on self: Toward an integration. *Psychoanalytic Dialogues*, 1, 121–147.

——— (1993). *Hope and dread in psychoanalysis.* New York: Basic Books.

Moore, B. E., & Fine, B. D. (Eds.) (1990). *Psychoanalytic terms and concepts* (3rd ed.). New Haven, CT: American Psychoanalytic Association & Yale University Press.

Morris, J. S., Ohman, A., & Dolan, R. J. (1999). A subcortical pathway to the right amygdala mediating "unseen" fear. *Proceedings of the National Academy of Sciences of the United States of America*, 96, 1680–1685.

Morris, J. S., & Dolan, R. J. (2004). Dissociable amygdala and orbitofrontal responses during reversal fear conditioning. *NeuroImage*, 22, 372–380.

Moskowitz, A., & Corstens, D. (2007). Auditory hallucinations: Psychotic symptom or dissociative experience? *Journal of Psychological Trauma*, 6, 35–63.

Moskowitz, A., Schafer, I., & Dorahy, M. J. (Eds.) (2008). *Psychosis, trauma and dissociation: Emerging perspectives on severe psychopathology.* Chichester, UK: Wiley.

Nagel, T. (1979). What is it like to be a bat? In *Mortal questions* (pp. 165–180). Cambridge, UK: Cambridge University Press.

Nijenhuis, E. R. S. (2000). Somatoform dissociation: Major symptoms of dissociative disorders. *Journal of Trauma & Dissociation*, 1, 7–32.

Ogden, P. (2007, 3 November). A psychology of action: The role of movement and mindfulness in the treatment of trauma, attachment and affect dysregulation. Paper presented at the conference on "Affect Regulation: Development, Trauma, and Treatment of the Brain–Mind–Body," Mt. Sinai Medical Center, New York.

Ogden, P., Minton, K., & Pain, C. (2006). *Trauma and the body: A sensorimotor approach to psychotherapy.* New York: Norton.

Osborne, J. W., & Baldwin, J. R. (1982). Psychotherapy: From one state of illusion to another. *Psychotherapy, 19,* 266–275.

Papeo, L., Longo, M. R., Feurra, M., & Haggard, P. (2010). The role of the right temporoparietal junction in intersensory conflict: Detection or resolution? *Experimental Brain Research, 206,* 129–139.

Parker, R. B. (1983). *The widening gyre: A Spenser novel.* New York: Dell.

Parsons, M. (2009). An independent theory of clinical technique. *Psychoanalytic Dialogues, 19,* 221–236.

Peterson, P. (2003). *Out stealing horses.* New York: Picador.

Phillips, A. (1993). *On kissing, tickling, and being bored.* Cambridge, MA: Harvard University Press.

Piers, C. (1998). Contemporary trauma theory and its relation to character. *Psychoanalytic Psychology, 15,* 14–33.

―――― (2000). Character as self-organizing complexity. *Psychoanalysis and Contemporary Thought, 23,* 3–34.

―――― (2005). The mind's multiplicity and continuity. *Psychoanalytic Dialogues, 15,* 229–254.

―――― (2007). Emergence: When a difference in degree becomes a difference in kind. In C. Piers, J. P. Muller, & J. Brent (Eds.), *Self-organizing complexity in psychological systems* (pp. 83–110). New York: Jason Aronson.

―――― (2010). David Shapiro's characterology and complex systems theory. In *Personality and psychopathology: Critical dialogues with David Shapiro* (pp. 223–246). New York: Springer.

Pine, F. (1988). The four psychologies of psychoanalysis and their place in clinical work. *Journal of the American Psychoanalytic Association, 36,* 571–596.

Pizer, S. A. (1992). The negotiation of paradox in the analytic process. *Psychoanalytic Dialogues, 2,* 215–240.

―――― (1998). *Building bridges: The negotiation of paradox in psychoanalysis.* Hillsdale, NJ: The Analytic Press.

Pope, A. (1714). The rape of the lock. In L. I. Bredvold, A. D. McKillop, & L. Whitney (Eds.), *Eighteenth century poetry and prose* (pp. 354–364). New York: Ronald Press, 1939.

Porges, S. W. (1997). Emotion: An evolutionary by-product of the neural regulation of the autonomic nervous system. *Annals of the New York Academy of Sciences, 807,* 62–77.

Porges, S. W., Doussard-Roosevelt, J. A., & Maiti, A. K. (1994). Vagal tone and the physiological regulation of emotion. *Monographs of the Society for Research in Child Development, 59,* 167–186.

Pullman, P. (2007). *His dark materials.* New York: Knopf.

Putnam, F. W. (1992). Discussion: Are alter personalities fragments or figments? *Psychoanalytic Inquiry*, *12*, 95–111.
Rather, L. (2001). Collaborating with the unconscious other: The analyst's capacity for creative thinking. *International Journal of Psychoanalysis*, *82*, 515–532.
Raz, A. (2004). Anatomy of attentional networks. *Anatomical Records*, *281B*, 21–36.
Recordati, G. (2003). A thermodynamic model of the sympathetic and parasympathetic nervous systems. *Autonomic Neuroscience: Basic and Clinical*, *103*, 1–12.
Reese, J. (2000, 11 June). Black magic. *New York Times*.
Reik, T. (1949). *Listening with the third ear*. New York: Farrar, Straus.
Ringstrom, P. (2001). Cultivating the improvisational in psychoanalytic treatment. *Psychoanalytic Dialogues*, *11*, 727–754.
____ (2007a). Scenes that write themselves: Improvisational moments in relational psychoanalysis. *Psychoanalytic Dialogues*, *17*, 69–99.
____ (2007b). Principles of improvisation relevant to relational psychoanalysis. Paper presented at meeting of International Association for Relational Psychoanalysis and Psychotherapy (IARPP), Rome.
Rizzuto, A.-M. (2004). Book review of R. Steiner, "Unconscious fantasy." London: Karnac. *Journal of the American Psychoanalytic Association*, *52*, 1285–1290.
Rogers, R., & Hart, L. (1940). "It never entered my mind." From the show *Higher and higher*.
Rosenbaum, T. (2002). *The golems of Gotham*. New York: HarperCollins.
Rosenfeld, H. (1987). *Impasse and interpretation*. London: Routledge.
Ross, E. D., & Monnot, M. (2008). Neurology of affective prosody and its functional-anatomic organization in right hemisphere. *Brain and Language*, *104*, 51–74.
Rule, R. R., Shimamura, A. P., & Knight, R. T. (2002). Orbitofrontal cortex and dynamic filtering of emotional stimuli. *Cognition, Affective, & Behavioral Neuroscience*, *2*, 264–270.
Salberg, J. (2010). *Good enough endings: Breaks, interruptions, and terminations from contemporary relational perspectives*. New York: Routledge.
Schafer, R. (1976). *A new language for psychoanalysis*. New Haven, CT: Yale University Press.
____ (1980). Action language and the psychology of the self. *Annual of Psychoanalysis*, *8*, 83–92.
____ (1983). *The analytic attitude*. New York: Basic Books.
Schore, A. N. (1994). *Affect regulation and the origin of the self*. Hillsdale, NJ: Lawrence Erlbaum Associates, Inc.
____ (2000). Attachment and the regulation of the right brain. *Attachment and Human Development*, *2*, 23–47.
____ (2001). The effects of relational trauma on right brain development, affect regulation, and infant mental health. *Infant Mental Health Journal*, *22*, 201–269.

―― (2002). Dysregulation of the right brain: A fundamental mechanism of traumatic attachment and the psychopathogenesis of posttraumatic stress disorder. *Australian & New Zealand Journal of Psychiatry, 36,* 9–30.

―― (2003a). *Affect dysregulation and disorders of the self.* New York: Norton.

―― (2003b). *Affect regulation and the repair of the self.* New York: Norton.

―― (2007). Review of *Awakening the dreamer: Clinical journeys,* by Philip M. Bromberg. *Psychoanalytic Dialogues, 17,* 753–767.

―― (2009a). Attachment trauma and the developing right brain: Origins of pathological dissociation. In P. F. Dell & J. A. O'Neil (Eds.), *Dissociation and the dissociative disorders: DSM-V and beyond* (pp. 107–141). New York: Routledge.

―― (2009b). Relational trauma and the developing right brain: An interface of psychoanalytic self psychology and neuroscience. *Annals of the New York Academy of Sciences, 1159,* 189–203.

―― (2009c). Right brain affect regulation: An essential mechanism of development, trauma, dissociation, and psychotherapy. In D. Fosha, D. Siegel, & M. Solomon (Eds.), *The healing power of emotion: Affective neuroscience, development, & clinical practice* (pp. 112–144). New York: Norton.

―― (2009d, August 8). The paradigm shift: The right brain and the relational unconscious. Invited plenary address, 2009 Convention of the American Psychological Association, Toronto, Canada. Retrieved September 16, 2009 from http://www.allanschore.com/pdf/APA%20Schore%20Plenary%20Final%2009.pdf

―― (2010). Relational trauma and the developing right brain: The neurobiology of broken attachment bonds. In T. Baradon (Ed.), *Relational trauma in infancy* (pp. 19–47). London: Routledge.

―― (2011). The right brain implicit self lies at the core of psychoanalysis. *Psychoanalytic Dialogues, 21,* 75–100.

―― (in preparation). *The science of the art of psychotherapy.* New York: Norton.

Schore, J. R., & Schore, A. N. (2008). Modern attachment theory: The central role of affect regulation in development and treatment. *Clinical Social Work Journal, 36,* 9–20.

Schutz, L. E. (2005). Broad-perspective perceptual disorder of the right hemisphere. *Neuropsychology Review, 15,* 11–27.

Shakespeare, W. (1599–1601). Hamlet, prince of Denmark. In W. A. Neilson & C. J. Hill (Eds.), *The complete plays and poems of William Shakespeare* (pp. 1043–1092). Cambridge, MA: Riverside, 1942.

Sheldrake, R. (1999). *Dogs who know when their owners are coming home.* New York: Three Rivers Press.

―― (2003). *The sense of being stared at.* New York: Crown.

Shelley, M. (1818). *Frankenstein.* New York: Bantam Books, 1991.

Siegel, D. J. (1999). *The developing mind: Toward a neurobiology of interpersonal experience.* New York: Guilford.

Sim, T.-C., & Martinez, C. (2005). Emotion words are remembered better in the left ear. *Laterality, 10,* 149–159.

Sobin, G. (1999). *The fly truffler: A novel.* New York: Norton, 2000.
Solms, M. (2003). Do unconscious phantasies really exist? In R. Steiner (Ed.), *Unconscious phantasy* (pp. 89–106). London: Karnac, 2003.
Spiegel, D., & Cardeña, E. (1991). Disintegrated experience: The dissociative disorders revisited. *Journal of Abnormal Psychology, 100,* 366–378.
Spillius, E. B. (2001). Freud and Klein on the concept of phantasy. *International Journal of Psychoanalysis, 82,* 361–373.
Spitzer, C., Wilert, C., Grabe, H.-J., Rizos, T., & Freyberger, H. J. (2004). Dissociation, hemispheric asymmetry, and dysfunction of hemispheric interaction: A transcranial magnetic approach. *Journal of Neuropsychiatry and Clinical Neurosciences, 16,* 163–169.
Spitzer, C., Barnow, S., Freyberger, H. J., & Grabe, H. J. (2007). Dissociation predicts symptom-related treatment outcome in short-term inpatient psychotherapy. *Australian and New Zealand Journal of Psychiatry, 41,* 682–687.
Stechler, G. (2003). Affect: The heart of the matter. *Psychoanalytic Dialogues, 13,* 711–726.
Stein, G. (1937). *Everybody's autobiography.* Cambridge, MA: Exact Change, 1993.
Steiner, R. (Ed.) (2003). *Unconscious phantasy.* London: Karnac.
Stern, D. B. (1996). Dissociation and constructivism. *Psychoanalytic Dialogues, 6,* 251–266.
―――― (1997). *Unformulated experience: From dissociation to imagination in psychoanalysis.* Hillsdale, NJ: The Analytic Press.
―――― (2004). The eye sees itself: Dissociation, enactment, and the achievement of conflict. *Contemporary Psychoanalysis, 40,* 197–237.
―――― (2009). *Partners in thought: Working with unformulated experience, dissociation, and enactment.* New York: Routledge.
Stern, D. N., Bruschweiler-Stern, N., Harrison, A. M., Lyons-Ruth, K., Morgan, A. C., Nahum, J. P., Sander, L., & Tronick, E. Z. (1998). The process of therapeutic change involving implicit knowledge: Some implications of developmental observations for adult psychotherapy. *Infant Mental Health Journal, 19,* 300–308.
Sterne, L. (1762). *The life and opinions of Tristram Shandy, gentleman.* New York: Modern Library, 2004.
Stone, L. (1961). *The psychoanalytic situation: An examination of its development and essential nature.* New York: International Universities Press.
Strout, E. (2008). *Olive Kitteridge.* New York: Random House.
Sturgeon, T. (1953). *More than human.* New York: Carroll & Graf.
Sullivan, H. S. (1953). *The interpersonal theory of psychiatry.* New York: Norton.
―――― (1954). *The psychiatric interview.* New York: Norton.
Sullivan, R. M., & Dufresne, M. M. (2006). Mesocortical dopamine and HPA axis regulation: Role of laterality and early environment. *Brain Research, 1076,* 49–59.
Sun, T., Patoine, C., Abu-Khalil, A., Visvader, J., Sum, E., Cherry, T. J., Orkin, S. H., Geschwind, D. H., & Walsh, C. A. (2005). Early asymmetry of gene

transcription in embryonic human left and right cerebral cortex. *Science*, *308*, 1794–1798.
Symonds, L. L., Gordon, N. S., Bixby, J. C., & Mande, M. M. (2006). Right-lateralized pain processing in the human cortex: An fMRI study. *Journal of Neurophysiology*, *95*, 3823–3830.
Target, M., & Fonagy, P. (1996). Playing with reality: II. The development of psychic reality from a theoretical perspective. *International Journal of Psychoanalysis*, *77*, 459–479.
Tennes, M. (2007). Beyond intersubjectivity: The transpersonal dimension of the psychoanalytic encounter. *Contemporary Psychoanalysis*, *43*, 505–525.
Thomas, M. T. (2008, 21 September). Performance of his life: He composed himself. *New York Times* (Arts and Leisure Section), pp. 1, 25.
Tronick, E. Z. (2003). "Of course all relationships are unique": How co-created processes generate unique mother–infant and patient–therapist relationships and change other relationships. *Psychoanalytic Inquiry*, *23*, 473–491.
Tronick, E. Z., & Weinberg, M. K. (1997). Depressed mothers and infants: Failure to form dyadic states of consciousness. In L. Murray & P. Cooper (Eds.), *Postpartum depression and child development* (pp. 54–81). New York: Guilford, 1997.
Tsakiris, M., Costantini, M., & Haggard, P. (2008). The role of the right tempero-parietal junction in maintaining a coherent sense of one's body. *Neuropsychologia*, *46*, 3014–3018.
Ullman, M., Krippner, S., & Vaughn, A. (1973). *Dream telepathy*. New York: Macmillan.
Untermeyer, L. (1964). *Robert Frost: A backward look*. Ann Arbor, MI: University of Michigan Library.
van der Kolk, B. A. (1995). The body, memory, and the psychobiology of trauma. In J. A. Alpert (Ed.), *Sexual abuse recalled* (pp. 29–60). Northvale, NJ: Jason Aronson.
van der Kolk, B. A., Pelcovitz, D., Roth, S., Mandel, F. S., McFarlane, A., & Herman, J. L. (1996). Dissociation, somatization, and affect dysregulation: The complexity of adaptation to trauma. *American Journal of Psychiatry*, *153*, 83–93.
Webster's new universal unabridged dictionary, second edition (1983). New York: Simon & Schuster.
Wheelis, A. (1958). *The quest for identity*. New York: Norton.
Wilkinson, M. (2006). *Coming into mind: The mind–brain relationship: A Jungian perspective*. New York: Routledge.
Winnicott, D. W. (1949). Mind and its relation to the psyche-soma. In *Collected papers: Through paediatrics to psychoanalysis* (pp. 243–254). London: Tavistock, 1958.
―――― (1951). Transitional objects and transitional phenomena. In *Collected papers: Through paediatrics to psychoanalysis* (pp. 229–242). London: Tavistock, 1958.

Winnicott, D. W. (1958). The capacity to be alone. In *The maturational processes and the facilitating environment* (pp. 29–36). New York: International Universities Press, 1965.

—— (1960). Ego distortion in terms of true and false self. In *The maturational processes and the facilitating environment* (pp. 140–152). New York: International Universities Press, 1965.

—— (1963). Communicating and not communicating leading to a study of certain opposites. In *The maturational processes and the facilitating environment* (pp. 179–192). New York: International Universities Press, 1965.

—— (1965). *The maturational processes and the facilitating environment.* New York: International Universities Press.

—— (1971). *Playing and reality.* New York: Basic Books.

Wittling, W. (1997). The right hemisphere and the human stress response. *Acta Physiologica Scandinavica, 640*(Suppl.), 55–59.

Wittling, W., & Schweiger, E. (1993). Neuroendocrine brain asymmetry and physical complaints. *Neuropsychologia, 31*, 591–608.

Young, W. (1988). Psychodynamics and dissociation. *Dissociation, 1*, 33–38.

Zafon, C. R. (2001). *The shadow of the wind* (L. Graves, Trans.). New York: Penguin, 2004.

Zakharov, L. V. (2008, 8 March). Featured response to "Who said poetry is what gets lost in translation?" *Packingtown Review.*

〔邦訳文献〕

Allen, J. G. & Fonagy, P. (Eds.) (2006). ジョン G. アレン／ピーター・フォナギー編，狩野力八郎監修，池田暁史訳『メンタライゼーション・ハンドブック――MBT の基礎と臨床』岩崎学術出版社，2011 年
Baring-Gould, W. S. (Ed.) (1967). アーサー・コナン・ドイル著，W. S. ベアリング＝グールド編集，小池 滋監訳『詳注版 シャーロックホームズ全集』(ちくま文庫) 筑摩書房
Benjamin, J. (1988). ジェシカ・ベンジャミン著，寺沢みづほ訳『愛の拘束』青土社，1996 年
Bion, W. R. (1962, 1963). ウィルフレッド・ルプレヒト・ビオン著，福本 修訳『精神分析の方法〈1〉セブン・サーヴァンツ』(りぶらりあ選書) 法政大学出版局，1999 年
Bion, W. R. (1965, 1970). ウィルフレッド・ルプレヒト・ビオン著，福本 修／平井正三訳『精神分析の方法〈2〉セブン・サーヴァンツ』(りぶらりあ選書) 法政大学出版局，2002 年
Bollas, C. (1987). クリストファー・ボラス著，館 直彦訳『対象の影――対象関係論の最前線』岩崎学術出版社，2009 年
Bowlby, J. (1969). ジョン・ボウルビィ著，黒田実郎／大羽 蓁／岡田洋子／黒田聖一訳『Ⅰ 愛着行動 (母子関係の理論)』岩崎学術出版社，1991 年
Bowlby, J. (1973). ジョン・ボウルビィ著，黒田実郎／岡田洋子／吉田恒子訳『Ⅱ 分離不安 (母子関係の理論)』岩崎学術出版社，1995 年
Bowlby, J. (1980). ジョン・ボウルビィ著，黒田実郎／横浜恵三子／吉田恒子訳『Ⅲ 対象喪失 (母子関係の理論)』岩崎学術出版社，1991 年
Breuer, J., & Freud, S. (1893-1895). ブロイアー／フロイト著，芝伸太郎訳「ヒステリー研究」『フロイト全集〈2〉1895 年――ヒステリー研究』所収，岩波書店，2008 年
Bruner, J. (1990). J. ブルーナー著，岡本夏木／吉村啓子／仲渡一美訳『意味の復権――フォークサイコロジーに向けて』ミネルヴァ書房．1999 年
Burke, E. (1757). エドマンド・バーク著，中野好之訳『崇高と美の観念の起原』(みすずライブラリ) みすず書房，1999 年
Burns, R. (1786). ロバート・バーンズ著，ロバート・バーンズ研究会訳「シラミに寄せて」『ロバート・バーンズ詩集』国文社，2009 年
Castaneda, C. (1968). カルロス・カスタネダ著，真崎義博訳『ドン・ファンの教え』太田出版，2012 年
Castaneda, C. (1971). カルロス・カスタネダ著，真崎義博訳『分離したリアリティ』太田出版，2012 年
Cunningham, M. (1998). マイケル・カニンガム著，高橋和久訳『THE HOURS――

めぐりあう時間たち 三人のダロウェイ夫人』集英社，2003 年
Dickinson, E. (1862, 1863). エミリ・ディキンスン著，中島 完訳『エミリ・ディキンスン詩集 続自然と愛と孤独と』国文社，1973 年
Edelman, G. M. (1992). ジェラルド M. エーデルマン著，金子隆芳訳『脳から心へ――心の進化の生物学』新曜社，1995
Edelman, G. M. (2004). ジェラルド M. エーデルマン著，冬樹純子／豊嶋良一／小山毅／高畑圭輔訳『脳は空より広いか――「私」という現象を考える』草思社，2006 年
Ferenczi, S. (1930). シャーンドル・フェレンツィ著，森 茂起／大塚紳一郎／長野真奈訳『精神分析への最後の貢献――フェレンツィ後期著作集』岩崎学術出版社，2008 年
Ferenczi, S. (1932/1988). シャーンドル・フェレンツィ著，森 茂起訳『臨床日記』みすず書房，2000 年
Freud, S. (1897 ほか). S. フロイト著，新宮一成／鷲田清一／道籏泰三／高田珠樹／須藤訓任編集『フロイト全集』全 22 巻・別巻 1，岩波書店，2006-2012 年
Greenberg, J. R., & Mitchell, S. A. (1983). ジェイ R. グリーンバーグ／スティーブン A. ミッチェル著，横井公一／大阪精神分析研究会訳『精神分析理論の展開――欲動から関係へ』ミネルヴァ書房，2001 年
Hilgard, E. R. (1965). アーネスト R. ヒルガード著，斉藤稔正訳『催眠感受性』（催眠名著シリーズ〈1〉）誠信書房，1973 年
James, W. (1892). W. ジェームズ著，今田 寛訳『心理学〈上〉』岩波文庫，岩波書店，1992 年／W. ジェームズ著，今田 寛訳『心理学〈下〉』岩波文庫，岩波書店，1993 年
Klee, P. (1957). パウル・クレー著，ヴォルフガング・ケルステン編，高橋文子訳『クレーの日記』みすず書房，2009 年
Laing, R. D. (1962). R. D. レイン著，志貴春彦／笠原 嘉訳『自己と他者』みすず書房，1975 年
Laing, R. D. (1967). R. D. レイン著，笠原 嘉／塚本嘉壽訳『経験の政治学』みすず書房，1973 年（新装版 2003 年）
Laing, R. D. (1969). R. D. レイン著，阪本良男／笠原 嘉訳『家族の政治学』みすず書房，1998 年
LeDoux, J. E. (1996). ジョセフ・ルドゥー著，松本 元／小幡邦彦訳『エモーショナル・ブレイン――情動の脳科学』東京大学出版会，2003 年
LeDoux, J. E. (2002). ジョセフ・ルドゥー著，谷垣暁美訳『シナプスが人格をつくる――脳細胞から自己の総体へ』みすず書房，2004 年
Lewis, C. S. (1956). C. S. ルイス著，中村妙子訳『顔を持つまで――王女プシケーと姉オリュアルの愛の神話』（平凡社ライブラリー）平凡社，2006 年
MacDonald, G. (1858). ジョージ・マクドナルド著，蜂谷昭雄訳『ファンタステス――成年男女のための妖精物語』（ちくま文庫）筑摩書房，1999 年
Mitchell, S. A. (1993). S. A. ミッチェル著，横井公一／辻河昌登訳『関係精神分析の視座――分析過程における希望と怖れ』ミネルヴァ書房，2008 年
Moore, B. E., & Fine, B. D. (Eds.) (1990). バーネス E. ムーア／バーナード D. ファイ

ン著，福島 章監訳『精神分析事典——アメリカ精神分析学会』新曜社，1995 年
Nagel, T.（1979）．トマス・ネーゲル著，永井 均訳『コウモリであるとはどのようなことか』勁草書房，1989 年
Ogden, P., Minton, K., & Pain, C.（2006）．パット・オグデン／ケクニ・ミントン／クレア・ペイン著，太田茂行訳『トラウマと身体——センサリーモーター・サイコセラピー（SP）の理論と実際』星和書店，2012 年
Peterson, P.（2003）．P. ペッテルソン著，西田英恵訳『馬を盗みに』白水社，2010 年
Pullman, P.（2007）．フィリップ・プルマン著，大久保寛訳『ライラの冒険』ⅠⅡⅢ 新潮社．1999〜2004 年
Rosenfeld, H.（1987）．H. ローゼンフェルト著，神田橋條治／館 直彦訳『治療の行き詰まりと解釈——精神分析療法における治療的／反治療的要因』誠信書房，2001 年
Shakespeare, W.（1599-1601）．W. シェイクスピア著，松岡和子訳『シェイクスピア全集（１）ハムレット』（ちくま文庫）筑摩書房，1996 年
Sheldrake, R.（1999）．ルパート・シェルドレイク著，田中靖夫訳『あなたの帰りがわかる犬——人間とペットを結ぶ不思議な力』工作舎，2003 年
Shelley, M.（1818）．メアリ・シェリー著，森下弓子訳『フランケンシュタイン』（創元推理文庫）東京創元社，1984 年
Stein, G.（1937）．ガートルード・スタイン著，落石八月月訳『みんなの自伝』マガジンハウス，1993 年
Stern, D. B.（1997）．D. B. スターン著，一丸藤太郎／小松貴弘訳『精神分析における未構成の経験——解離から想像力へ』誠信書房，2003 年
Sterne, L.（1762）．ロレンス・スターン著，朱牟田夏雄訳『トリストラム・シャンディ』上・中・下（岩波文庫）岩波書店，1969 年
Strout, E.（2008）．エリザベス・ストラウト著，小川高義訳『オリーヴ・キタリッジの生活』（ハヤカワ epi 文庫）早川書房，2012 年
Sturgeon, T.（1953）．シオドア・スタージョン著，矢野 徹訳『人間以上』（ハヤカワ文庫）早川書房，1978 年
Sullivan, H. S.（1953）．H. S. サリヴァン著，中井久夫／宮崎隆吉／高木敬三訳『精神医学は対人関係論である』みすず書房，1990 年
Sullivan, H. S.（1954）．H. S. サリヴァン著，中井久夫訳『精神医学的面接』みすず書房，1986 年
Ullman, M., Krippner, S., & Vaughn, A.（1973）．M. ウルマンほか著，神保圭志訳『ドリーム・テレパシー——テレパシー夢・ESP 夢・予知夢の科学』工作舎，1987 年
Winnicott, D. W.（1949, 1951）．D. W. ウィニコット著，北山 修監訳『小児医学から児童分析へ——ウィニコット臨床論文集 1』岩崎学術出版社，1989 年
Winnicott, D. W.（1965）．D. W. ウィニコット著，牛島定信訳『情緒発達の精神分析理論——自我の芽ばえと母なるもの』（現代精神分析双書 第 2 期第 2 巻）岩崎学術出版社，1977 年
Winnicott, D. W.（1971）．D. W. ウィニコット著，橋本雅雄訳『遊ぶことと現実』（現代精神分析双書 第 2 期第 4 巻）岩崎学術出版社，1979 年

Zafon, C. R.（2001）．カルロス・ルイス・サフォン著，木村裕美訳『風の影』上・下（集英社文庫）集英社，2006 年

【訳者あとがき1】

Philip M. Bromberg と現代の精神分析

吾妻　壮

　本書は，フィリップ・M・ブロンバーグ著 *The Shadow of the Tsunami and the Growth of the Relational Mind.* Routledge, 2011 の邦訳である。ブロンバーグ（1931-　）は，1953年にニューヨーク大学を卒業した後，New School for Social Research を経て，1967年にニューヨーク大学で博士号を取得している。米国ニューヨークのウィリアム・アランソン・ホワイト研究所を卒業し，現在同研究所の訓練分析家として活躍している精神分析家である。ホワイト研究所はこれまで，対人関係的／関係論的観点を重視する立場の分析家を数多く産み出してきた。これらの分析家は今日，現代対人関係論学派および関係精神分析学派と呼ばれているグループにおいて中心的役割を果たしている。ブロンバーグは，その理論的考察の鋭さもさることながら，特にその臨床的感性の繊細さ・豊かさによって，長らくこのグループの分析家の間で非常に高い評価を受けてきた。加えて最近では，依然として自我心理学派が主流を占める米国精神分析学会においても高い評価を受けるなど，その活躍は学派を超えて一層広く認められるようになってきている。

　1970年代末に本格的な執筆活動を始めたブロンバーグは，これまで，数多くの論文を発表してきた。1998年には，初めての著作となる『間に立つ──臨床プロセス，外傷，そして解離についてのエッセイ *Standing in the Spaces: Essays on Clinical Process, Trauma and Dissociation*』を著し，続けて2006年には『夢見手の目を覚ます──臨床的旅路 *Awakening the Dreamer: Clinical Journeys*』を発表している。本書は三冊目の著書ということになる。

　本書を読むにあたっての予備知識として，米国の精神分析における関係精神分析の位置づけについて少しおさらいをしておきたい。関係精神分析は，1980年代初めのジェイ・R・グリーンバーグとスティーヴン・A・ミッチェルによる『精神分析理論の展開──欲動から関係へ』の出版を契機に本格的に始動した，米国における精神分析の一大潮流である。近年では日本でも積極的な紹介が継続的になされつつある。関係精神分析は，それまで米国精神

分析の中心だった自我心理学に代わる，あるいはそれを補う大きな枠組みの一つとして登場した。その前夜にあたる1970年代は，Heinz Hartman, David Rapaport, Ernst Kris, Rudolf Loewensteinらによって完成された自我心理学が，激しい批判に曝されていた時代である。Rapaportの弟子たちのMerton GillやRoy Schaferは，自我心理学内部から批判を向けた。Kohutは，自我心理学より出でつつ，批判的に独自の分析的思考を展開し，自己心理学を打ち立てた。一方，最初から自我心理学の外部で活動し，外からの批判を行ったのがグリーンバーグとミッチェルであった。

　自我心理学に対する批判的視点ということに関しては，米国では，関係精神分析に先立って対人関係論があった。対人関係論は，長らく自我心理学に対するアンチテーゼ的役割を果たしてきていた。しかし，グリーンバーグとミッチェルに始まる関係精神分析の視点は，その自我心理学への批判性という点では対人関係論と軌を一にするものの，批判の方法・内容において古典的対人関係論と異なっていた。

　関係精神分析による自我心理学批判の方法は，その比較精神分析学的観点によって特徴づけられる。自我心理学の諸前提の自明性を問い直し，そのメタ心理学と技法論を相対化しつつ論じる過程を通して，結果的に，読む者の中に自我心理学への疑義を高める。比較精神分析学的観点は，ある治療者がある特定のメタ心理学的観点を保持するという事態そのものの分析を要請する。その結果，精神分析を自我心理学的枠組みを通して考えることの必然性は消散し，代わりに，各々の分析家の主観性のあり方と，その結果選ばれたものとしての理論的枠組みが問われることになる。

　自我心理学に対する関係精神分析的批判の内容は，関係性の場の重視という点においては対人関係論と軌を一にしているものの，精神分析における場の理論を心の精神内界的モデルと対比的に理解するのみならず，複合的な心のモデルを提示しているという点において対人関係論とは異なる。グリーンバーグとミッチェルは，精神分析理論は，動機づけシステムの中心に欲動を据える欲動／構造図式を基盤とする理論と，関係性を一次的と考える関係／構造図式を基盤とする理論の二群に分けられると論じた。関係精神分析は，後者の理論構成を取る考え方である。関係性の一次的重要性を強調する理論には，米国対人関係論と英国対象関係論があり，関係精神分析は，対人関係論に対象関係論を重ねるような理論構成を取っている。精神内界的か対人間

の場か,という二者択一的思考を離れ,関係性を軸に精神内界と現実の対人関係を横断する理論的・臨床的枠組みとしての関係精神分析的枠組みがここにある。

このような米国精神分析界における比較的最近の流れは,長い歴史的背景を持つ。全米で最も長い歴史を持つ精神分析研究所は,1911年に創立されたニューヨーク精神分析研究所であるが,1941年,精神分析の理論・実践についての意見の相違が原因で,カレン・ホーナイがニューヨーク精神分析研究所を離れた。それをきっかけとして,クララ・トンプソンを含む何人かの分析家も同研究所を離れた。翌年,シャンドール・ラドーを含む何人かがさらに離反した。前者のトンプソンらのグループ(ハリー・スタック・サリヴァン,クララ・トンプソン,エーリッヒ・フロム,フリーダ・フロム=ライヒマン)は,1943年にホワイト研究所を創立した。一方,ラドーらのグループはコロンビア大学精神分析センターを創立した。これらの離反グループに共通していたのは,リビドーの中心性への疑問であった。ニューヨーク精神分析研究所という自我心理学の牙城の内部から,反正統主義的な動きが生まれたわけである。

グリーンバーグとミッチェルの仕事は,1940年代のそのような状況の揺れ戻しとして考えることができる。その意味で,彼らの仕事は,米国精神分析の重要な転回点として現在に至るまで重要視されている。その後フロイトの独自の読み込みを進め,比較的中道的な道を進んだグリーンバーグとは異なり,ミッチェルはその後,関係性理論をとことんまで突き詰め,関係精神分析のリーダーとなった。

その後ミッチェルは,2000年に早過ぎる突然の死を迎えるが,ミッチェル亡き後,その遺志を受け継いで自由で創造的な精神分析活動を継続している分析家の一人が,本書の著者ブロンバーグである。ブロンバーグの周辺には,エドガー・レヴェンソン,ドネル・スターン,ルイス・アーロン,ジェシカ・ベンジャミン,ダーリン・エーレンバーグ,ジョイス・スロッカワー,エイドリアン・ハリスなど,多くの独創的な分析家が集まっており,グリーンバーグとミッチェルによって示唆された精神分析的指向性は,順調に拡充され続けている印象を受ける。

これらの精神分析家の中で,ブロンバーグの仕事を特徴づけるものはなにか。精神分析へのブロンバーグのこれまでの多彩な貢献をまとめるのは難し

いが，その仕事の鍵概念として，自己の多重性，心的外傷と解離，エナクトメント論，知覚と経験の重要性などが挙げられる。この中の，自己の多重性について少し述べてみたい。

サリヴァンは心をシステム論的に捉え，対人間の経験が精神内界にもたらす変化を，良い私 good-me，悪い私 bad-me，私ではない私 not-me と呼んだ。それは自己の単一性を問い直す試みであった。そして，自己の多重性という概念を論じることでサリヴァンの思考を現代的に再開したのがミッチェルであり，ミッチェル以降，それをより包括的な形で展開してきた代表的分析家がブロンバーグである。

自己の多重性とは，自己の構造のある種の記述である。するとそのような多重性を維持する心のメカニズムが問われるわけであるが，それが解離である。いわゆる健常度の高い患者，言い換えれば神経症レベルの患者においては，各々の自己-状態間の葛藤は，精神内葛藤として経験される。これらの患者が，「分析可能な analyzable」患者ということになる。精神内葛藤を経験することのできる患者においても心の多重性が消失しているわけではないが，それは多重性というよりも心の局所性や精神内構造として認識される。心の多重性は，単一の心の中の諸相・諸問題として扱われることになる。

解離によって維持されている潜在的な心の多重性が顕在化する契機は，関係的外傷である。関係的外傷は，**耐えられなくなった自己-状態を**，解離のメカニズムによって隔離する。このようにしてアクセス不能になった自己-状態は，関係的文脈内でエナクトされることを通してしか呼び起こすことはできない。したがって，技法論的に言えば，古典的分析においては中立性と安定した治療構造による精神内葛藤の客観的分析が重視されるのに対して，ブロンバーグ的な多重の自己-状態論によれば，関係的文脈における対人間的交渉が要となる。

このようにスキーマ的理解は，しかし，ブロンバーグの仕事の十分な説明にはなっていないだろう。自己の多重性を，新しい類の精神内構造論として読むことは確かに可能であり，その誘惑も小さくないが，それでは，「内容からプロセスへ」という彼の意図を十分汲み取ったことにはならないだろう。自己の多重性論は，それよりも，臨床的な，実際の関係性についてのプロセス理論として理解されるべきである。

自己の多重性論の臨床的意義は，本書の随所に垣間見ることができるが，

たとえば，本書第5章のクローディアの症例を見てみよう。ある日ブロンバーグは，この，障害を持つ兄による虐待の影と関係的外傷を持つ女性との面接を前にして，彼女が留守番電話に残した短いメッセージを聞く。ブロンバーグは，電話を掛け直して欲しいという彼女の切なる願いをその中に聞き取り，しかしそれに対して行動をもって応ずることなく，彼女がメッセージを通して自分の中に残したものを内的に理解しようと試みる。それは分析家にとって至極当然の作業であり，ブロンバーグもまた，このような型通りの道を一度は進む。そして，電話を掛け直して欲しかったという今の彼女の気持ちと，兄からの虐待の際に母親に真剣に応じて欲しかったという過去における彼女の切望とをつなげて理解を試みる。しかしブロンバーグは，このようにもっともらしい「真実」に手を伸ばそうとしている自分とは異なる自分，形式的な理解を探している自分に対して違和感を感じている別の自分を見つけ，この多重性を耐えることを選ぶ。その結果が，ブロンバーグの次の叙述である。「もっとうまく『働いてくれるwork』ものはその中には何も残っていなかった。問題は，私の考えではなく，私にあった。だから私は，探すのを止めた」（傍点筆者追加）。ブロンバーグは続いて，自分の分析的理解と，そしてそれについて自分がどう感じているかを彼女と共有してみることにする。彼女は，その理解そのものは役に立たないが，役に立たないということを二人が共有していること自体は役に立つと思う，と述べた。ブロンバーグとクローディアは，正しい理解あるいは内容に辿り着かなかったかもしれない。しかし，二人の間にあった絶望的な距離間は，このプロセスを通して明らかに縮まった。

　本書では，他にも，無意識的空想についての関係論的思索，関係論的技法論，さらには関係精神分析と神経生物学の最新知見との関連（神経精神分析学）など，野心的な論説がたくさん織り込まれている。これらの論説は，その斬新さの故に，読む者に熱い支持を，あるいは逆に強い抵抗を引き起こすことは想像に難くない。しかし，大切なのは，ブロンバーグの仕事をひたすら全面的に受け入れることでも安易に拒絶することでもなく，それをより広い文脈から臨床的に生かしていこうという努力だと私は考える。本書自体のテーマと重なるが，本書と読者諸賢の間の個人的な交渉のプロセスが肝要だろう。『国際精神分析誌 International Journal of Psychoanalysis』に掲載された本書の論評の中で，リチャード・ズィマー Richard Zimmer は次のよう

に述べている。「外傷，解離そしてエナクトメントについてのブロンバーグの理論は，臨床精神分析への価値ある貢献である。ほとんどの精神分析家は，すべての患者，特にその精神生活において外傷が中心的な役割を果たしている患者についての理解を広げ，そして効果的に仕事を行っていく能力を高めてくれるものを本書の中にたくさん見出すだろうと私は信じる」。ズィマーは続けて，ブロンバーグの貢献を精神分析的知識の広い体系に統合していくことの重要性を論じているが，私も彼の意見に賛成したい。ブロンバーグの分析的感性を，関係精神分析的な考え方に関心を持つ臨床家のみならず，精神分析的実践に携わるより多くの臨床家に体験していただきたいというのが訳者としての私の願いでもある。本書が，読者諸賢が広がりゆく現代精神分析の眺望を得るための助けとなり，他の精神分析的知識と併せて日々の臨床の質を高めてゆくための役に立つならば，訳者として幸甚である。

【訳者あとがき2】

Brombergの「人」「なり」「魅力」

山　愛美

　翻訳の作業がほとんど終わった頃，一度ご挨拶をとブロンバーグにメールを書いたところ，すぐに返信が届いた。「これまで私の中ではあなたはMegumiという名前を通してだけの存在だったのが，今リアルな存在になってとても嬉しい」とあった。その後も少しやり取りをする中で，印象に残ったことがある。

　その頃ちょうどブロンバーグは，日本の読者に対して序文を書いてもらえないか，という共訳者の一人である岸本先生からの依頼に対して，何を書けばいいんだろうと，とても悩んでおられるようだった。私から，日本の読者に対しての気軽な挨拶程度でいいと思いますよ，と伝えてみても，「分かるけれど，それでは自分の紹介にも，自分の考えの紹介にもならないし……，かといって自分の考えについてlinearなものは書きたくないし……」といった具合だった。自分が，日本や日本文化のことをよく知らないのに，日本の読者に対して何かを言うことに対しての不安も持っておられるようだった。

　私は，本書の，特に事例についてのとても生き生きとした記述から，面接室の中の彼の表情が目に浮かぶように感じていたので，「訳しながら，事例の面接の中で生じたことの詳しい記述と，流暢に言葉にされたものを楽しんで読みました。本のカバーにあなたの写真が載っているので，どんなふうに患者さんと喋っておられるのか，姿を想像しながら読みました」と伝えたところ，「そんなふうに読んで下さったとは，とても嬉しい」という返信と共に，"More than meets the eye: A professional autobiography"（『目に見える以上のもの──職業上の自伝』2004）という論文が送られてきた。「これをもとに，私のことを日本の読者に紹介してくれませんか」とのことだった。そこで「これを読んで私たちが（あなたの）紹介文を書きましょう。そうすれば『本当の意味 in a true sense』で，私たちがあなたを日本の読者に紹介することになりますね」と書いたところ，「とても嬉しい。確かに『本当の意味』でそうなりますね」と喜ばれた。

*

電子メールを通して交わされるのは文字になった言葉だけである。本著の本文同様，ブロンバーグはメールでもとても饒舌ではあるが（流れるように言葉が出て来るようだ），相手の姿も見えないし，もちろん声も聞こえない。しかし，不思議なことに，私には，ブロンバーグの中の「動き」のようなものが伝わって来るように感じられ，第8章の『あなたの近しさ（The nearness of you）』という言葉と，上記の論文の『目に見える以上のもの』というタイトルが，即座に頭に浮かんだ。短期間のメールのやり取りの中でも，そのような関係を築き上げる力と温かさのようなものを感じた。

　関係の中にある『目に見える以上のもの』を共有し，（ほとんど無意識に）感じ取るところまでは，比較的日本人の多くが得意とするところかもしれない。しかし，それを詳細に描写しながらも，知的に走り過ぎず，セラピストと患者の間で展開している「生」の感じを損なうことのない，ブロンバーグの語り口の独特の魅力が，本著から伝わってきた。翻訳を進めているときには，何行にもわたって延々と続く，長い一文の訳出に苦労し，閉口したこともしばしばではあったが。

＊　＊　＊

　ブロンバーグは，送られてきた上記の論文の中で次のように述べている。

　　われわれのオフィスを訪れるたいていの人たちは，心の中に，言葉にできる以上のもの——目に見える以上のもの——が，感情的に孤立することなく存在する，というパラドックスを扱うことができる。彼らは単一の自己経験として，その世界の中にいながらそこから離れていることもできる。ところが，私的な内的世界と日々暮らしていくこととを，別々のまったく関係のない出来事として経験する人たちがいる。そして，彼らはそれぞれのやり方で，感情の生き残りのために労力を使い果たしている。治療の多くの部分は，他者性と自己性の両方を含む移行空間を作ることに使われる。そのような患者にとっては，分析過程は，自己の調和しない側面同士の内的な戦いの引き金となり，分析家はそこに必然的に引き込まれる。診断名にかかわらず，このグループの患者を，われわれは「難しい」患者として経験するのだが，経歴のごく初期から，私はいわゆる難しい患者たちとの仕事に惹かれた。……

このような患者から自分は多くを学び続けている，とブロンバーグは言う。彼の根底には「大人」の現実(リアリティ)の言葉を頑なに拒否した子どもの頃の自分の姿がずっとあるようだ。本人の語る，小学校４年生頃の逸話についてここで紹介してみたい。なぜなら，そこにブロンバーグの治療の真髄があるのではないかと思われるからである。

　　小学校４年生になる頃，面白いことが起こった——私が「難しい子ども」になったのだ。
　　それ以前にも，ただの言葉，「大人」のリアリティの言葉を，私自身の内的な経験の私的な「本物のリアリティ」の代償として受け入れるのを頑なに拒んだことで，私は，私に教えることを仕事としている人たちとたくさんのトラブルを起こしていた。学校から通知表を持って帰ると，たいてい，とても利発だが自分自身の世界の中で生きているように見える，と書かれていた。「彼（ブロンバーグ）の心がどこにあるのか決して分からない。何をしてみても，何を言ってみてもそれは変わらない」とあった。両親も，私をどう扱っていいか困っていたので，……先生が何を言っているのかすぐに理解できた。私を教育しようという大人たちにとっては，まるで別の世界に消えてしまうかのように「内側」に消える私の能力は明らかに悪い習慣で，変えなければならないものだった。もちろん私はそのようには思っていなかったし，他のすべての人にとって，なぜそのことがそんなに重要なのか分からなかった。だから私はずっとそのままだった。母は，私が（彼女を）無視するのをやめさせようと，私に母の言ったことを繰り返して言わせるのを習慣にしていたほどだった。母がその「テクニック」が通用しないことを知った日のことをよく憶えている。母は私の前に立ち，腰に手を当てて，怒鳴った。「あなたは私の言うことを聞いたためしがない。私の言うことを一言も聞いてない！　私が今からすぐに何か言うから，正確に繰り返しなさい」。私は，母が言ったことを一言一句正確に繰り返した。母は，混乱と驚きが奇妙に入り混じったように私を見つめた。「どうやってやったのかは分からない。でも，耳は傾けていたけれど，それでも聞いていなかったということは分かるわ」。言うまでもなく，母はまったく正しかった。私は「教育」されている間，聞こえてきたことを分かろうと（process）していなかったけれど，それよりも重要なことに，

そのときの母のユーモアのセンスのおかげで，大きくなるにつれて，私は自分の「内面」を心地よく感じるようになった。……おそらく，このお陰で，今日患者と似たような状況になった瞬間に，ユーモアを見出すことができるのだろう。それは，ユーモアが見出せなければ，私たちの現実(リアリティ)が衝突して不快に対立する可能性を孕むかもしれない瞬間である。

　母とのその瞬間はずっと新鮮なままであるし，その詳細は今も味わい深い。おそらく，それは，ずっと「味わい深くあり得る」。本物のリアルな瞬間は永続し，その他の分析に重要と思われる瞬間は，チェシャ猫＊のように「洞察」だけを残して霧散してしまう。おそらくこれが，言葉にできる以上のもの，目に見える以上のものが私の心の中にあるという，共有されながらも言葉にはされない秘密による理解の互いの繋がりとの，私の最早期の，個人的な出会いだった。……〔それは〕知られているけれどまだ個人的なままである，世界の中にいるけれどそこから離れてもいる，というパラドックスの体験だった。このパラドックス——創造的な内面と社会的な関係との間が，本来的に和解不可能であることは，しばしば，子どもの頃私が大人を困惑させたように，精神分析家たちを困惑させるものである。新しい自己の経験の獲得は，言葉によってのみもたらされるものではない。(親であれ，教師であれ，分析家であれ)いわゆる大人の言葉が，自己の経験として快適に安全に統合されるためには「他者」とのコミュニケーションが必要である。私は，分析状況とは，簡単に言えば，この統合をもたらすような治療的な関係だと理解している。

　本書を読み進める上で，この小学校４年生頃のブロンバーグ少年の経験をイメージとして背景に持っていると，臨床場面の様子がより生きたものとして伝わってくる。そして，ブロンバーグの「人」，「なり」，「魅力」を特徴づけているのは，自分の内面を大事にし，内側に留まりながらその様子を複数の視点を持って的確に摑み，「目に見える以上のもの」を生き生きと描写する，子どもの頃から育まれてきた彼の才能(タレント)である，と私は思う。

＊(訳注)『不思議の国のアリス』(ルイス・キャロル) に登場する架空の猫。いつもにやにや笑いを浮かべて，人の言葉を話し，自分の体を自由に消したり出現させたりできる不思議な猫。

【訳者あとがき3】

関係するこころ

岸本寛史

　精神分析の専門家ではない筆者が関係精神分析の本書を翻訳することになった経緯から話しておきたい。2012年1月26日の夜，ユング派分析家のロビー（ロバート・ボスナック）から，関係精神分析の領域で最もリスペクトされているアメリカの臨床家，フィリップ・ブロンバーグの新著が出たが訳してみないか，というメールが届いた。ユング派のロビーが関係精神分析の本の翻訳を勧めること自体が異例のことだと思われたが，何よりもそのタイトルは強い印象を残さずにおかなかった。題して *The Shadow of the Tsunami and the Growth of the Relational Mind*。ロビーによると，Tsunamiをトラウマのパラダイムとして論じているが，日本で実際に耳にしたTsunamiの体験とも深く関わる内容だとのこと。ロビーと出会ってこの方15年，彼から翻訳を持ちかけられたのはこれが初めてである。彼は日本を深く愛している。でなければ，約四半世紀の間，ほぼ毎年来日するはずがない。そして彼は，日本の長所も短所も日本人以上によく見える立場にいる。阪神大震災のときも，今回の震災にも，強く心を痛め，自分に何かできることはないかと思い続けている。その彼が，本書を翻訳してほしいと相談してきた。その思いに私も応えたいと思った。

　ロビーからのメールでは，本書を日本に紹介する意義として，少なくとも四つのポイントが挙げられていた。まず第一に，本書は，二者関係（本書では特にクライエントとセラピスト）に焦点を当てた精密な描写がなされている。セラピストとクライエントの間で交わされた言葉だけでなく，セラピストの側で生じていること（実際に発せられた言葉も，心の中にとどめた言葉も，さらには表情や行為に現れていることまで）を，そしてクライエントの側で生じているであろうことを，可能な限り言葉にすることで，一見クライエントの病理と見える言動も，分析家自身の解離的な反応に応じて現れてくるという側面があることが明らかにされている。ともすると見過ごされてしまいがちな治療的相互交流の襞や彩を細大漏らさず厳密に記述しようとするような本書の姿勢は，日本人のセラピストの盲点となりやすい部分だとロ

ビーは見ており，そしてそれがトラウマ治療の要に触れる部分でもあると考えるからこそなおさら，今の日本に紹介したいと感じたのだと思う。

ところで，言葉はそもそも線形(リニア)に展開する性質を持つが，本書でなされているように言語化の極限に迫ろうとすると，ストーリーラインを示すというよりは，二次元的に広がっていくような記述，いわば，絵を言葉で描写するような記述になっていく。裏を返せば，それが記述しようとしている「絵」をつかまないと，ブロンバーグの文章は理解できない。共訳者の山先生が「何行にもわたって延々と続く，長い一文の訳出に苦労し，閉口した」と書かれた背景にはこのような事情があると思われる。訳出にあたっては，この背景をなす「絵」が見えるようにと心を砕いた。その試みがどの程度成功しているかは読者の判断にゆだねたいが，いずれにせよ，本書でなされているこのような非線形的な記述は，事例記述の一つの様式として，範例的な意味をもつと思われる。

ロビーが挙げている第二と第三の意義は，いずれも外傷（トラウマ）に関わる。ブロンバーグの外傷に対する基本的なスタンスは「安全だが安全過ぎない」というフレーズによく表されている。安全を提供するだけでは当座の安定は得られても，そこから一歩踏み出すことができない。一方で安全が十分に保証できていないのに外傷に直面させると事態はかえって悪化する。ブロンバーグの「安全だが安全過ぎない」というスタンスは，トラウマ治療の本質を端的に示しているのではないかと思う。

さらに，ブロンバーグは三部作の第三作にあたる本書において，外傷概念を拡大して「発達的外傷」もしくは「関係的外傷」が人格形成において一定の役割を果たすという立場を取っている。すなわち，心の中の葛藤（これは精神分析における一般的なテーマだが）としては扱うことのできないレベルの，耐えられない経験全般のことをブロンバーグは外傷と考え，それをtsunamiというメタファーで呼んでいる。そして，その解離されてしまった情動の残滓をshadow（影）と呼んでいる。したがって，ある特定の外傷的瞬間を含まなくても，関係の慢性的在り方そのものが堪え難い場合も「関係的外傷」と捉えることになる。そのような外傷体験は，その耐え難い性質のために葛藤として感じられることすらなく，代わりに，「解離」されてしまうことになる。クライエントのみならず，分析家自身も解離を生じ，意識されない情動の「影」が知らずと行為として現れる（エナクトメント）。した

がって，エナクトメントは，分析家が自分自身の「解離」に気づく手がかりとして，重要な位置を占めることになる（以上の外傷概念についての説明は共訳者の吾妻先生からのご教示に拠る）。

ところで，Tsunami というメタファーをブロンバーグはすでに 2008 年に用いていて，本書は震災に便乗したものでは決してないし，東日本大震災を想定して書かれたものでもない。しかしながら，ロビーも述べているように，本書は震災後の支援の在り方を考える上でも重要な意義をもつと信じる。本書は震災後の PTSD にマニュアル的に活用されるような類いの本ではないが，一般にトラウマの治療を行うためには，心の葛藤モデルのみならず，ブロンバーグが提示しているような，心の解離モデルを念頭に置く必要があり，その意味でも本書がトラウマ臨床に寄与するところは大きいと考える。トラウマを乗り越えるために津波の影におびえるだけでは十分ではなく，トラウマを安全な形でもう一度乗り越えていく必要がある（「再度生きる」と彼は述べている）というのがブロンバーグの基本的なスタンスである。そして，ロビーは，このスタンスは被災者の援助というパーソナルなレベルだけでなく日本という集合的なレベルにおいても，重要になると考えている。本書の翻訳を私に勧めてくれた背後に，日本の復興を強く願うロビーの熱い思いが込められていることを私は感じずにはいられなかった。

第四の意義として，ニューロサイエンスとの接合の可能性をロビーは挙げている。これについては，アラン・ショアの，原著で 30 頁を超える序文が力説している通りである。筆者自身は，アラン・ショアの名前は神経精神分析学会を通じて知っていたが，彼の大著には手を出せずにいた。今回序文を訳出するにあたり，彼の著書にも目を通したが，特に *Affect Regulation and the Origin of the Self* (Psychology Press, 1994) にみられる，彼の緻密な議論と論文の渉猟力，そして精神分析の知見と対応させながらさまざまな仮説を提唱していく統合の視点は見事という他ない。そのショアが本書を高く評価し，ブロンバーグの論考が現代のニューロサイエンスの知見ともよく呼応していると述べているのは見逃せない。精神分析とニューロサイエンスが合流した国際神経精神分析学会は今年で 14 回目を迎えた（この原稿も実は，明日からケープタウンで開催される第 14 回国際神経精神分析学会に向かう飛行機の中で書いている）が，欲動／関係にようやく光が当たるようになってきたところであり，今後，二者関係に光が当たるようになってくると

ニューロサイエンスの面からも本書の意義が増すことになるだろう。

　本書の翻訳にあたっては，これまでも多くの仕事をご一緒させていただいてきた京都学園大学の山先生に協力をお願いした。とはいえ，われわれは精神分析の専門家ではないため，精神分析家に加わっていただきたいと思っていた。折しも，関係精神分析の本場のホワイト研究所で学ばれた吾妻先生が，『心理臨床学研究』などに精力的に論文を発表しておられたので，先生にご協力をいただくべく直接お願いに伺ってわれわれの思いを伝えたところ，この共訳が実現することになった。山と私が既に第1章の翻訳を始めていたこともあって，第1章から第5章とアラン・ショアのまえがきを山と岸本が，第6章から第8章と序文を吾妻が分担した。これらの草稿を基に，両者がお互いの訳文をチェックして，全体の文体なども統一を図った。最後になったが，誠信書房の児島雅弘氏には大変お世話になり，感謝申し上げる。氏のご理解がなければ本書の翻訳は日の目を見ることはなかったであろう。

〔2013年8月21日〕

人名索引

ア 行

アウエルハーン　Auerhahn, N. C.　26, 224
アッカーマン　Ackerman, D.　46, 47
アルトマン　Altman, N.　215
アレン　Allen, J. G.　xvii, xviii, xxi, 57
アーロウ　Arlow, J. A.　188
アンマニーティ　Ammaniti, M.　xiii
イシュロンスキ　Ischlondsky, N. D.　142
イップ　Ipp, H.　v
イトゥーリア＝メディナ　Iturria-Medina, Y.　xxxvi
ヴァン・デア・コーク　Van der Kolk, B. A.　xxi, 18
ウィットリング　Wittling, W.　xviii
ウィニコット　Winnicott, D. W.　xvii, xxiii, 65, 83, 121, 126, 133, 134, 135, 136, 137, 151, 194, 197, 198
ウィーリス　Wheelis, A.　208
ウィルキンソン　Wilkinson, M.　230
ウルフ　Woolf, V.　25
ウルマン　Ullman, M.　216
ウンターメイヤー　Untermeyer, L.　2, 3
エインズワース　Ainsworth, M.　124, 173
エデルマン　Edelman, G. M.　118, 122, 124, 201, 202
エプスティン　Epstein, S.　xxvii, xxviii, 168, 169, 193
エリクソン　Erickson, M. H.　33
エンリケス　Enriquez, P.　xx
オグデン　Ogden, P.　v, 24, 26
オスボーン　Osborne, J. W.　119
オッペンハイム　Oppenheim, L.　v, 82
オールマン　Allman, J. M.　xviii

カ 行

ガイノッティ　Gainotti, G.　xxix
カヴィッチ　Cavitch, M.　217, 218, 219, 220, 221, 222
カヴェル　Cavell, M.　121
カスタネダ　Castaneda, C.　209
ガッディーニ　Gaddini, E.　126
カーデナ　Cardeña, E.　xxxiv
カニンガム　Cunningham, M.　25
カネストリ　Canestri, G.　126
カプラン　Kaplan, C. M.　221
カーマイケル　Carmichael, H.　207, 231
カリゴア　Caligor, E.　93
カルシェッド　Kalsched, D.　xxiii
ガレーゼ　Gallese, V.　227
カーン　Khan, M.　55, 65
カーンバーグ　Kernberg, O.　93
キーナン　Keenan, J. P.　xxviii, xxix
キールストロム　Kihlstrom, J.　27, 97
ギンズバーグ　Ginsberg, A.　182
グッドマン　Goodman, S.　160
クーニオス　Kounios, J.　125
グプタ　Gupta, R. K.　xii
クライン　Klein, M.　83, 183, 184
クラウバー　Klauber, J.　151
グリーンエーカー　Greenacre, P.　126
グリーンバーグ　Greenberg, J. R.　83, 157
クレー　Klee, P.　191
グロットスティン　Grotstein, J. S.　182, 183, 184, 185
ケステンバーグ　Kestenberg, J.　xvii
コイン　Coyne, L.　xviii
コージブスキー　Korzybski, A.　183
コーステン　Corstens, D.　225

ゴーディリア　Gaudillière, J.-M.　131
コフート　Kohut, H.　83
ゴールドバース　Goldbarth, A.　183
ゴールドフリード　Goldfried, M.　178, 179
ゴールドマン　Goldman, A.　227

サ　行

ザカロフ　Zakharov, L. V.　2
サフォン　Zafon, C. L.　163, 209
サリヴァン　Sullivan, H. S.　27, 36, 60, 83, 120, 202
サリヴァン　Sullivan, R. M.　xiv, xxxiv
サルバーグ　Salberg, J.　11
サン　Sun, T.　xii
サンズ　Sands, J.　xii
サンチェス=カルデナス　Sanchez-Cardenas, M.　170
シェイクスピア　Shakespeare, W.　35, 36, 38, 39, 219
シェイファー　Schafer, R.　159, 161, 198
ジェイムズ　James, W.　4
シェリー　Shelly, M.　209
シェルドレイク　Sheldrake, R.　215
シーゲル　Siegel, D. J.　xiii, 170
シマムラ　Shimamura, A. P.　xxii
シム　Sim, T.-C.　xxx
シモンズ　Symonds, L. L.　xxiv
ジャネ　Janet, P.　62
シャミナード　Chaminade, T.　xxviii
シュヴァイガー　Schweiger, E.　xviii
シュッツ　Schutz, L. E.　xiv
ジュリスト　Jurist, L.　57
ショア　Schore, A. N.　v, vii, viii, ix, x, xi, xiii, xiv, xvi, xviii, xix, xx, xxi, xxiv, xxv, xxviii, xxix, xxxi, xxxii, xxxiii, xxxiv, xxxv, xxxvi, xxxviii, 2, 21, 32, 33, 39, 52, 85, 121, 124, 125, 132, 150, 151, 168, 170, 209, 228, 231
ショア　Schore, J. R.　x
ジョンソン　Johnson, S.　201
スタイナー　Steiner, R.　192
スタイン　Stein, G.　47

スタージョン　Sturgeon, T.　209, 216
スターン　Stern, D. B.　v, 34, 48, 57, 63, 118, 167
スターン　Stren, D. N.　168
スターン　Sterne, L.　113
ステクラー　Stechler, G.　99, 100
ストラウト　Strout, E.　171
ストーン　Stone, L.　157
スピーゲル　Spiegel, D.　xxxiv
スピッツァー　Spitzer, C.　xx, xxv
スピリウス　Spillius, E. B.　184
スレード　Slade, A.　57
セアルケイラ　Cerqueira, J. J.　xiv
ソービン　Sobin, G.　222, 224, 225, 226, 227, 229
ソームズ　Solms, M.　192

タ　行

タルジェ　Target, M.　62, 80, 81, 102, 196
チアルディ　Ciardi, J.　3
チェッコリ　Ceccoli, V.　v
チェフェツ　Chefetz, R.　v, 55, 57, 118, 211
チロン　Chiron, C.　xii, xviii
ツァッキリス　Tsakiris, M.　xxiv
ディキンソン　Dickinson, E.　142, 143, 183, 217, 218, 220
ディセティ　Decety, J.　xxviii
デヴルー　Devereux, G.　214
テネス　Tennes, M.　213, 215
デュフレネ　Dufresne, M. M.　xxxiv
ドイル　Doyle, A. C.　209
ドゥトラ　Dutra, L.　xviii
ドゥフレスネ　Dufresne, M. M.　xiv
ドスケ　Døske, A. A.　156
ドビング　Dobbing, J.　xii
トーマス　Thomas, M. T.　162, 163
トーマス　Thomas, N.　212
ドラン　Dolan, R. J.　xiv
トレンティーニ　Trentini, C.　xiii
トロニック　Tronick, E. Z.　8, 133

人名索引 271

ナ 行

ナイエンハイス　Nijenhuis, E. R. S.　xxi
ナイト　Knight, R. T.　xxii
ネーゲル　Nagel, T.　96, 97

ハ 行

パイザー　Pizer, S. A.　175
パイン　Pine, F.　159
ハウエル　Howell, E. F.　57
パーカー　Parker, R. B.　209
バーク　Burke, E.　68
バークレー　Burkley, M.　215
バス　Bass, A.　v, 19, 157
パーソンズ　Parsons, M.　157
バック　Buck, R.　xiii, xxxi, 21, 52, 121
ハッパニー　Happaney, K.　xxii
ハート　Hart, L.　45, 56
パトナム　Putnam, F.　124
バーナー　Bergner, S.　57
バーバス　Barbas, H.　xxii
パペオ　Papeo, L.　xxiii
ハーマンズ　Harmans, H. J. M.　119
ハリス　Harris, A.　v, 88
バリント　Balint, E.　199
バルター　Balter, L.　155
バーンズ　Burns, R.　16
ハンセル　Hansel, A.　xiv
ピアーズ　Piers, C.　201
ビオン　Bion, W. R.　184
ヒルガード　Hilgard, E. R.　95
ファイナー　Feiner, A.　208
ファイン　Fine, B. D.　188
フィリップス　Phillips, A.　127, 128
フィンガレット　Fingarette, H.　191
フェアバーン　Fairbairn, W. R. D.　83
フェレンツィ　Ferenczi, S.　83, 216, 217
フォナギー　Fonagy, P.　56, 57, 62, 80, 81, 102, 168, 195, 196, 197
フォン・カネル　von Kanel, R.　xiv

ブキャナン　Buchanan, T. W.　xxix
フッター　Hutterer, J.　xxix
ブッチ　Bucci, W.　v, xxii, 27, 48, 63, 98, 167, 191, 195
ブラウン　Brown, L.　v
ブランクッチ　Brancucci, A.　xiv, xxx
フリース　Fliess, W.　182
ブリス　Burris, B. L.　156
フリードマン　Friedman, L.　115, 116, 156
ブルーナー　Bruner, J.　200
プルマン　Pullman, P.　209
ブレナー　Brenner, C.　83
ブロイアー　Breuer, J.　199
フロイト　Freud, S.　xxi, xxii, xxxi, xxxvii, 59, 83, 86, 125, 151, 156, 157, 158, 159, 164, 166, 168, 169, 182, 183, 184, 195, 199, 213, 214
フロスト　Frost, R.　2, 3, 4, 5, 10, 47, 48, 52
ブロディ　Brody, S.　209
ブロンダー　Blonder, L. X.　xxix
ブロンバーグ　Bromberg, P. M.　vii, viii, ix, x, xi, xiii, xiv, xv, xvii, xix, xxi, xxii, xxiii, xxiv, xxv, xxvi, xxvii, xxviii, xxx, xxxi, xxxii, xxxiii, xxxiv, xxxv, xxxvi, xxxvii, xxxviii, 6, 20, 21, 26, 29, 46, 47, 49, 52, 54, 55, 57, 62, 65, 67, 68, 69, 85, 94, 103, 108, 118, 121, 124, 127, 129, 158, 163, 167, 179, 182, 185, 192, 193, 194, 199, 207, 208, 209, 211, 217, 218, 219, 221, 224
ベアリング=グールド　Baring-Gould, W. S.　209
ヘッセ　Hesse, E.　xvii, 33
ペッテルソン　Peterson, P.　156
ペトルチェッリ　Petrucelli, J.　v, 45, 207
ベノヴィッツ　Benowitz, L. I.　xxix
ベム　Bem, D. J.　215
ヘルトン　Helton, W. S.　xx
ベルナベウ　Bernabeu, E.　xx
ヘルメケ　Helmeke, C.　xiii
ヘロン　Herron, A.　v
ベンジャミン　Benjamin, J.　v, 21, 167
ヘンリー　Henry, J.　225
ボウルビィ　Bowlby, J.　xiv, 123
ボゴレペヴァ　Bogolepeva, I. N.　xviii

ポージス　Porges, S. W.　xiv, xvii, 124
ボスナック　Bosnak, R.　v
ボーデン　Bowden, E. M.　125
ボノヴィッツ　Bonovitz, C.　193
ポープ　Pope, A.　183
ボラス　Bollas, C.　192
ボールドウィン　Baldwin, J. R.　119

マ 行

マオルフィーヴァ　Maolfeeva, L. I.　xviii
マギルクライスト　Mcgilchrist, I.　xxii, xxiii, xxxvi, xxxvii, 96, 97
マクドナルド　MacDonald, G.　209
マーコフ　Markoff, J.　177
マルティネス　Martinez, C.　xxx
マルーフ　Malouf, D.　164
マローダ　Maroda, K. J.　xxix
ミアーズ　Meares, R.　4, 129, 154
ミッチェル　Mitchell, S. A.　83, 114, 119, 120, 157, 190, 191
ミナガワ＝カワイ　Minagawa-Kawai, Y.　xiii
ミール　Meehl, P.　178, 179, 180
ムーア　Moore, B. E.　188
メイヤー　Mayer, E. L.　10, 87, 88, 149, 171, 172, 173, 174, 175, 176, 214, 215
メイン　Main, M.　xvii, 33, 123
メリーニ　Merini, A.　230
モーガン　Morgan, H.　123
モスコウィッツ　Moskowitz, A.　225
モノー　Monnot, M.　xxix
モラン　Moran, G. S.　196
モリス　Morris, J. S.　xiv, xxvi

ヤ 行

ヤング　Young, W.　59
ユング＝ビーマン　Jung-Beeman, M. J.　125

ラ 行

ライオンズ＝ルース　Lyons-Ruth, K.　168, 186, 189
ライク　Reik, T.　179
ラウブ　Laub, D.　26, 224
ラザー　Rather, L.　127, 128
ラズ　Raz, A.　xxiv
ラスキー　Lasky, R.　155
ラニウス　Lanius, R. A.　xx
ランガン　Langan, R.　v, 182
リス　Liss, M.　xxix
リース　Reese, J.　222
リズート　Rizzuto, A.-M.　192
リングストロム　Ringstrom, P.　21
リンド　Lynd, H.　28
ルイス　Lewis, C. S.　166
ルドゥー　LeDoux, J. E.　67, 97, 130, 190
ルール　Rule, R. R.　xxii
レイン　Laing, R. D.　21, 37, 69, 76, 77, 130, 131, 185
レヴェンクロン　Levenkron, H.　128, 189
レヴェンソン　Levenson, E. A.　v, 155, 183, 202
レコーダティ　Recordati, G.　xx
レーラー　Lehrer, J.　125, 170
レーン　Lane, R. D.　xxiii
ローウェンシュタイン　Loewenstein, R. J.　xx
ロジャース　Rogers, R.　45, 56
ロス　Ross, E, W.　xxix
ロセイン　Lothane, Z.　161
ローゼンバウム　Rosenbaum, T.　209
ローゼンフェルド　Rosenfeld, H.　169
ロバートソン　Robertson, S.　104

ワ 行

ワインバーグ　Weinberg, M. K.　133
ワシントン　Washington, N.　207, 231

事項索引

ア 行

間 xvii
　──に立つ　24, 61, 62, 67, 176, 177
愛着　x, 94, 130
　──外傷　xxiv
　──外傷の世代間伝達　xviii
　──システム　xvi
　安全な──　123
　不安定な──　xxiv
あなたの近しさ　8, 10, 11
歩く不合理　104
安全だが安全過ぎない　20, 25, 41, 129, 132, 229
安全な驚き　20, 67, 145, 221
安全なショック　68
暗黙の自己　xxi
意識的空想　184
一者心理学　xxxviii
逸脱者　10
イド　151
　──-関係性　133
癒し　8
右脳　xii, xiii, xviii, xxiv, xxviii, xxix, xxx, xxxv, xxxvi, xxxvii, xxxviii, xxxix, 97, 125, 209, 210
　──から右脳へのコミュニケーション・プロセス　2
　──から右脳への状態 - 共有　32
　──同士　132
　──同士の状態 - 共有　xi, xxviii
　──皮質辺縁系　xviii
HPA 軸　xxxvi
エヴィデンス　188
エナクトメント　xxv, xxvi, xxvii, xxviii, xxix, xxx, xxxi, xxxii, 8, 19, 20, 23, 24, 25, 26, 27, 29, 49, 52, 67, 69, 71, 74, 75, 90, 96, 98, 99, 102, 118, 130, 134, 137, 147, 150, 166, 171, 177, 186, 189, 191, 193, 194, 197, 202, 203, 219, 231
エピソード記憶　27

カ 行

開示　131
解釈　3, 86, 146, 192, 193, 196
外傷　27, 28, 29, 57, 59, 85, 123, 131, 142, 200
　──-解離モデル　xxvi
　──記憶　xx
　──後ストレス障害　xx
　──的感情　xxxiv
　──的情動　xxxv
　──の縮小版　29
海馬　xxii, 94, 97
解離　xv, xvi, xviii, xx, xxi, xxv, xxxiii, xxxv, xxxvii, 17, 28, 31, 32, 59, 60, 62, 71, 84, 85, 89, 90, 95, 101, 106, 124, 125, 126, 128, 130, 139, 141, 148, 173, 174, 190, 193, 194, 197, 200, 217, 221, 225
　──的間隙　218, 224
　──的な繭　34, 67, 189
　──のギャップ　82, 94
過覚醒　xvi, xvii, xix, xxvi, xxxiii, xxxiv, 27, 40, 86, 135
隠れた観察者　95
影　6
過去　88
葛藤　84, 90, 94, 95, 125, 126, 141, 148, 175, 197
　──解釈　29
　──理論　93, 95
眼窩前頭皮質　xiv, xxi, xxii, xxxvi
眼窩前頭 - 辺縁系レベル　xxi
関係精神分析　83
関係的愛着外傷　xix
関係的外傷　xv, xviii, xix, xxxvii, 16, 32, 70, 123

関係的交渉　26
関係的無意識　88, 153, 161, 164, 175
間隙　xvii
観察自我　55, 61, 196, 197
間主観性　xxvii, 17, 22, 32, 65, 86, 130, 167, 168, 193, 213, 214
間主観的衝突　xi
感情図式　98
感情脳　xiii
記憶
　エピソード――　27
　宣言的――　53
　長期――　27
　手順――　46, 63, 118, 123, 124, 173, 185
　非宣言的――　63
技法　153, 154, 155, 156, 157, 158, 159, 160, 162
逆説　175
虐待　xvi
キュービット　177
共構築された王道　xxxiii
偽陽性　18
共創造　4, 9, 21, 231
共同処理過程　xxvi
共同創出　136
共同創造　24
強迫　100
恐怖システム　67, 130
恐怖動機づけシステム　xvi
ぎりぎりの体験　xxxv
偶然　214
空想　184, 185, 192, 203
ぐちゃぐちゃ　99
クラップス　84
形態の場　215
ゲシュタルト心理学　171
煙探知機　xiv, xxxiv, 18, 40, 60
言語行為　161
現実　120, 121
行為言語　198
交感神経　xx, xxxii, 124
交渉　21, 32, 58, 64, 65, 120, 131, 132, 151, 156, 166, 175, 193

恒常性　122, 124
個人の総合　62
ごっこモード　81
コンテクスト　viii, 157

サ　行

雑音　132, 136, 229
サードネス　21, 167
左脳　xxviii, xxxviii, xxxix, 96
詩　4
自我　151
　――－関係性　133
自己　53
　――の状態のシフト　198
思考転移　213, 214
自己‐虐待　32
自己‐状態　xvii, xxxi, 2, 6, 7, 8, 17, 23, 24, 26, 37, 46, 52, 55, 57, 58, 61, 62, 68, 71, 84, 85, 89, 95, 103, 108, 118, 121, 122, 123, 125, 126, 129, 130, 134, 139, 154, 166, 176, 186, 194, 197, 198, 202, 212, 222
　――間の不連続　33
　――の交替　89
　――のシフト　86
　――の組織化　122
　――の布置　xxii
自己‐組織化　121
　――システム　99, 201, 203
自己‐調整　xi, xii
自己‐物語　192, 194, 203
視床下部‐下垂体‐副腎（HPA）ストレス軸　xvi, xxii
主観性　21
主体　21
上演　21
詳細質問　203
状態依存的　120
　――な記憶　95
状態‐共有　xi, 2, 3, 21, 33, 39, 85, 107, 132, 149, 168, 169
状態の共有　164
状態の切り替わりの知覚　xiv

事項索引　275

象徴化以前の　xxii, xxxi, 48, 63, 98, 167, 191, 193
　　──コミュニケーション　xxiii, xxvii, xxxii
象徴的‐象徴化以前　xxii
象徴的な　xxii, xxxi
　　──コミュニケーション　xxiii
情動　viii, xxxvi, 157, 186
　　──調整　x, 150
　　──的意思決定　xxii
　　──的シフト　202
　　──の洪水　xv
　　──の調節異常　xix
衝突　21, 58, 64, 72, 86, 97, 99, 101, 132, 137, 139, 151, 166, 229
　　──と安全の間の交渉　xxxiii
自律神経系　xiii, xx
　　──の過覚醒　xv
神経のダーウィン説　122, 124
真実　18, 52, 61, 85, 91, 114, 115, 119, 120, 121, 122, 129, 130, 132, 135, 137, 139, 146, 149, 151, 161, 172, 193
身体表現性の解離　xxi
心的等価物モード　81
擦り傷の痛み　48
正常な解離　118, 123
精神‐身体　xxiii
成長　153
切望　50, 51, 54
瀬戸際　72
前意識体系　xxii
線形的思考　87
宣言的記憶　53
全体　134
前帯状回　xxxvi
前頭皮質　94
早期警告システム　xiv, xxiv, xxxi, 103
相互認知　85
喪失　173
即興　21

対人間的交渉　186
対人間的神経生物学　ix
対人間の神経生物学的モデル　xiii
大脳辺縁系　xx
　　──間の会話　21, 121
タイプD　33
　　──の愛着　xviii
耐え抜くこと　66
他者　28, 65, 127, 224, 225
多変性　122, 124
知覚　199, 200
注意散漫　100, 101
中核自己　xiii, xix, 69, 70, 123, 124
長期記憶　27
調整異常　xxiv, xxix
調整理論　xxvi, xxxviii
調律　xi, xxv, 198
　　──する　28
　　──の失敗　xviii
津波　5, 8, 16, 19
　　──の影　viii, xxxiii, 6, 7, 20, 25, 40, 60, 125, 135, 143
　　──を収める　20
低覚醒状態　xvii
抵抗　92, 95, 127, 128, 173
ディタッチメント　xx
手順　70
　　──記憶　46, 63, 118, 123, 124, 173, 185
　　──的　xi
デッドスポット　xvii
転移解釈　94
転移‐逆転移　199
島　xxxii, xxxvi
同期　33
動機づけシステム　xxi
統合課題　xxxvi
洞察　125, 191
頭頂側頭葉　xxiii
ドグマ心的　117

タ 行

対象　21
　　──関係論的　83

ナ 行

内因性オピエイト　xvii
内在化　134, 137
内側前頭前皮質　xxi
内的葛藤　193
内的作業モデル　123
内的世界　xxi
内容　viii, ix, xxxviii, 94, 128, 141, 157, 187
何となく知っている　210
二者関係的状態　9
二者心理学　xxxviii
二重の恥　28
認知　157, 186
ネグレクト　xvi
脳幹　xx
　　──覚醒系　xxii

ハ 行

背側の迷走神経複合体　xvii
背側迷走神経核　xxiii
背面迷走神経　xxxii
恥　27, 28, 51, 53, 54, 66, 94, 97, 98, 106, 107
発達的外傷　xv, xxvi, 6, 15, 16, 40, 48, 70, 85, 93, 123, 229
発達的津波　6
発達モデル　x
ハッピー思考　36
『ハムレット』　35
パラダイム・シフト　viii, xxxviii, 157, 158, 190
反復強迫　185
皮質辺縁系　xiv
非宣言的〔記憶〕　63
左大脳半球　xxx, xxxvi
否認　69, 139
病的な解離　xxii
平等に漂う注意　158, 159, 160
不安　59
　　重度の──　27
「フェイル・セーフ」機構　25

フェイル・セーフ防御システム　93
副交感神経　xvi, xvii, xx, xxxii
　　──性低覚醒　xxiii
腹側の迷走神経複合体　xvii
不在の自己　55
布置　85
プロセス　viii, ix, xxxviii, 128
辺縁系　18
　　──－自律神経系　xxxvi
　　──－自律神経系回路　xxxv
　　──の間の会話　xiii, xxxi, xxxii, 52, 228
変化しながら同じままで留まること　47
変則的　174
　　──な経験　87, 171, 172, 176, 214
　　──認知　174
扁桃体　xiv, xxi, xxii, xxvi, xxxii, xxxvi, 97
防衛　93
　　──的解離　59
亡霊　183, 192, 218
翻訳　3

マ 行

繭　26, 48, 63, 149, 190
マントラ　30, 31
右眼窩前頭（腹内側）皮質　xiv
右大脳半球　xiv, xx, xxix, xxxiv, xxxvi
右半球　xi, xxi, 150, 170
右扁桃体同士のコミュニケーション　xxxii
未構成の　63, 118, 167
ミラー・ニューロン　177
無意識　xxxi
　　──体系　xxi
　　──的空想　129, 160, 182, 184, 185, 187, 188, 189, 191, 192, 194, 196, 203, 231
　　──的他者　127
　　──への王道　164
難しい6　84
無秩序／無方向型愛着　33
迷走神経　xvii
　　──系回路　xiv
　　──背側核複合体　124

目覚め　137
メンタライゼーション　57, 61, 64, 68, 69, 72, 102, 168, 195
もう一度生きる　96, 130

ヤ　行

野生性　4, 10
夢見る自己　127
抑圧　29, 59, 125
欲望　50, 51, 52, 53, 54
予知的防御システム　17

ラ　行

離人症　124
量子もつれ　177
類催眠機能　201

ワ　行

私ではない　xxxii, 27, 75, 101, 118, 127, 136, 148
　——自己-状態　92
　——もの　38
　——私　xxiii, xxvii, 6, 16, 26, 37, 52, 54, 85, 173, 183, 187, 189, 190, 192, 193, 197, 203, 212
「私ではない」状態　xxxvi

訳者略歴

吾妻　壮（あがつま　そう）
1994 年　東京大学文学部卒業
1998 年　大阪大学医学部卒業
2000 年　渡米。アルバート・アインシュタイン医科大学精神科，コロンビア大学精神分析センター，ウィリアム・アランソン・ホワイト研究所を経て
2009 年　帰国。大阪大学精神医学教室を経て
現　在　神戸女学院大学人間科学部教授，精神分析プラクティス（西宮市）。精神科医，精神分析家，臨床心理士，医学博士。国際精神分析学会（IPA）正会員，米国精神分析学会（APsaA）正会員。
著訳書
『関係精神分析入門』（共著）岩崎学術出版社，リア『開かれた心』（共訳）里文出版，ビービーら『乳児研究から大人の精神療法へ』（共訳）岩崎学術出版社，ほか

岸本寛史（きしもと　のりふみ）
1991 年　京都大学医学部卒業
2004 年　富山大学保健管理センター助教授
2007 年　京都大学医学部附属病院准教授
現　在　高槻赤十字病院緩和ケア診療科部長
著訳書
『癌と心理療法』『緩和のこころ』誠信書房，『山中康裕著作集　全6巻』（編集）岩崎学術出版社，『臨床バウム』『臨床風景構成法』（編集）誠信書房，コッホ『バウムテスト［第3版］』（共訳）誠信書房，Duffy & Valentine 編『MD アンダーソン サイコソーシャル・オンコロジー』（監訳）メディカル・サイエンス・インターナショナル，ほか

山　愛美（やま　めぐみ）
1987 年　京都大学大学院教育学研究科博士課程学修認定退学，博士（教育学）
2001 年　成安造形大学造形学部教授
現　在　京都学園大学人間文化学部教授，臨床心理士
著訳書
『言葉の深みへ』誠信書房，*Jungian and Dialogical Self Perspectives*（共著）London: Palgrave Macmillan，『臨床風景構成法』（編集）誠信書房，クォールズ－コルベット／マクマキン『「女性」の目覚め』（共訳），エディンガー『心の解剖学』（共訳）新曜社，ほか

フィリップ・M・ブロンバーグ
関係(かんけい)するこころ──外傷(がいしょう),癒(いや)し,成長(せいちょう)の交(まじ)わるところ

2014年7月20日　第1刷発行

訳　者　　吾　妻　　　壮
　　　　　岸　本　寛　史
　　　　　山　　　愛　美
発行者　　柴　田　敏　樹
印刷者　　田　中　雅　博
発行所　　株式会社　誠　信　書　房
　　　〒112-0012　東京都文京区大塚 3-20-6
　　　　　　　　　電話　03 (3946) 5666
　　　　　　　http://www.seishinshobo.co.jp/

創栄図書印刷　イマヰ製本所　　落丁・乱丁本はお取り替えいたします
検印省略　　　　　　　　　　無断で本書の一部または全部の複写・複製を禁じます
ⒸSeishin Shobo, 2014　　　　　　　　　　　　　　　　Printed in Japan
　　　　　　　　　　　　　　　ISBN978-4-414-41457-8 C3011

精神分析における未構成の経験
解離から想像力へ

D. B. スターン著　一丸藤太郎・小松貴弘監訳

本書は，対人関係学派の最先端に立つ著者が，解釈学を背景に，無意識を未構成の経験という視点から読み解きなおすことで，転移‐逆転移関係，解釈，抵抗といった現象について臨床的に新しく有益な見方を提示する刺激的な書である。

目　次
第Ⅰ部　構成された経験と未構成の経験
　①差し出されたものと作り上げたもの／②未構成の経験／③慣れ親しんだ混沌／④創造の源となる無秩序と自然に生じてくる知覚
第Ⅱ部　自己欺瞞についての再検討
　⑤想像と創造的な語り／⑥詳細に思い浮かべないこと／⑦物語の硬直性／⑧私的な自己の問題
第Ⅲ部　分析家の仕事における未構成の経験
　⑨解釈と主観性／⑩患者に関する分析家の未構成の経験／⑪ガダマーの解釈学／⑫思いがけないものに寄り添うこと

A5判上製　定価(本体5600円＋税)

終わりのない質問
臨床における無意識の作業

C. ボラス著　館直彦訳

本書は，独立学派の分析家クリストファー・ボラスによる，無意識を聴く技法書である。著者は，自らに質問を発し，それに対する答えを求めるという形で無意識が活動することを，実際の臨床素材を用いて示している。フロイトが見出した自由連想法は，まさにこうした質問を発する衝動に基づいたものであると，著者は主張する。本書は，精神分析に関心がある人はもとより，無意識に興味を持っているすべての臨床家に有用である。

目　次
第1章　終わりのないこの世界
第2章　特別で固有なつながり
第3章　思考の工場で織り成すこと
第4章　耳を傾けること
第5章　真意を掴む
第6章　無意識を記譜する
第7章　アーリーン
第8章　キャロライン
第9章　アニー
第10章　無意識の作業
第11章　終わりのない質問

A5判上製　定価(本体3400円＋税)